마음이 정리가 된다

마음이 정리가 된다

초판 1쇄 발행일 2025년 5월 10일

지은이 임철웅
펴낸이 박희연
대표 박창흠

펴낸곳 트로이목마
출판신고 2015년 6월 29일 제315-2015-000044호
주소 서울시 강서구 화곡로 68길 82, 강서 IT 밸리 1106-2호
전화번호 070-8724-0701
팩스번호 02-6005-9488
이메일 trojanhorsebook@gmail.com
페이스북 https://www.facebook.com/trojanhorsebook
네이버블로그 https://blog.naver.com/trojanhorsebook
인스타그램 https://www.instagram.com/trojanhorse_book/
인쇄·제작 ㈜미래상상

ISBN 979-11-92959-50-4 (13190)

* 책값은 뒤표지에 있습니다.
* 잘못된 책은 구입하신 곳에서 바꾸어 드립니다.

** 이 책은 도서 《마음 설계의 힘》의 개정판입니다.

복잡한 생각과 불안한 감정으로부터 자유로워지는 법

마음이 정리가 된다

| 임철웅 | 지음

트로이목마

◉ 책 속 '실습 도구' 일러두기

1. 이 책은 감정과 심리, 그리고 삶의 균형에 관한 30가지 주제를 다루고 있습니다. 그리고 자신의 속마음과 깊은 내면을 들여다볼 수 있는 여러 심리 도구들을 직접 실습해볼 수 있도록 구성되어 있습니다.

2. PART 1~3까지 30개의 내용이 EXERCISE 1~30까지 실습과 각각 매칭됩니다.

3. 따라서 이 책을 읽는 독자께서는, 각 주제 내용을 읽은 직후 해당 부분의 실습 페이지로 이동하여 바로 실습해볼 수도 있고, 30가지 내용을 다 읽은 후 실습 부분을 하나씩 진행해볼 수도 있습니다.

프롤로그
: 마음이 정리가 되면 삶이 움직입니다

"그냥 마음이 복잡해서 아무것도 손에 안 잡혀요."

"생각은 많은데, 정리가 안 되니까 자꾸 피하게 돼요."

"내 마음을 내가 모르겠어요."

상담실에서, 강의장에서, 혹은 일상 속에서 가장 많이 듣는 말입니다.

우리는 문제를 '풀기'보다 그전에 '정리'하지 못해 더 막막해지는 경우가 많습니다. 무엇이 문제인지, 어떤 감정이 얽혀 있는지, 내가 왜 이런 반응을 보이는지조차 모른 채 하루하루를 넘기다 보면, 몸은 멀쩡해도 마음은 점점 무거워집니다.

그래서 이 책은 시작부터 해결을 말하지 않습니다. 당신의 마음을 먼저 하나씩 꺼내어 정리하는 일로부터 출발합니다.

감정, 생각, 습관, 기억······. 지금 당신을 붙잡고 있는 모든 내면의 요소들을 낱낱이 들여다보고 자리를 찾아주기 위해, 이 책은 지금부터 당신과 함께 호흡할 것입니다.

우리는 흔히 이렇게 말합니다.

"나는 왜 이렇게 감정에 휘둘릴까?"
"이성적으로 생각하고 싶은데, 그게 잘 안 된다."
"사람들 앞에서는 괜찮은 척하지만, 사실 많이 힘들다."

하지만 이런 고민들에는 공통된 출발점이 있습니다. 바로, 마음이 흐트러졌다는 신호입니다. 마음이 흐트러지면, 해야 할 일을 미루게 되고, 소중한 사람에게 상처를 주기도 하고, 스스로를 깎아내리며 자존감을 잃게 됩니다.

반대로, 마음이 정리되면 감정에 휘둘리는 대신 중심을 잡게 되고, 다른 사람의 말보다 자신의 목소리를 먼저 듣게 되며, 무너졌던 일상도 조금씩 복원되기 시작합니다.

이 책은 읽고 마는 책이 아닙니다. 당신의 내면을 정돈하기 위한 실습 중심의 책입니다. 짧은 이야기와 질문, 그리고 실제 연습을 통해 복잡했던 감정의 매듭을 하나씩 풀어갈 수 있도록 구성되어 있습니다.

당신은 이 과정을 통해 자신의 감정을 더 잘 알아차리고, 불필요한 생각을 줄이며, 삶을 '조절'하고 '선택'하는 힘을 조금씩 회복하게 될 것입니다.

당신은 이미 알고 있습니다. 무언가를 억지로 바꾸려 하기보다 마음을 정리하는 것만으로도 삶은 조금씩 달라지기 시작한다는 것을.

이제 그 변화를 시작할 시간입니다. 이 책이, 당신이 더 이상 마음에 휘둘리지 않고 자신의 삶을 주도할 수 있도록 작은 항해의 안내서가 되어주길 바랍니다.

임철웅

• 이 책을 처음 펼친 나에게 책을 다 읽은 내가 전하는 말 •

나는 지금 어떤 마음으로 이 책을 펼쳤을까?

무엇이 가장 정리되었으면 좋겠다고 생각하고 있을까?

책을 다 읽고 실습도 하고 난 후, 나는 어떤 상태이길 바랄까?

지금의 내 마음을 짧게 적어보세요.

"지금 나는 ……"

....

....

....

....

....

이 책을 다 읽은 후, 다시 이 글을 꺼내 읽어보세요.

그땐 아마 지금과는 다른 이야기를 하고 있을 겁니다.

• 내 마음 점검 체크리스트 •

지금 내 마음은 어떤 상태인가요?

아래 문장들을 읽고, 해당하는 항목에 표시해보세요.

(※ 각 항목에 √ 로 체크하세요.)

⊙ 감정 인식

☐ 감정이 올라와도 그게 어떤 감정인지 잘 모르겠다.

☐ 감정에 휘둘려 후회할 말을 자주 한다.

☐ 최근에 나의 감정을 말로 설명해본 적이 거의 없다.

⊙ 불안과 우울

☐ 이유 없이 불안한 느낌이 자주 든다.

☐ 내 기분은 남들이 보기엔 괜찮아 보여도 속은 다르다.

☐ 아무것도 안 하고 싶은 무기력한 시간이 자주 온다.

⊙ 자기 이해

☐ 왜 내가 이런 반응을 보이는지 나도 잘 모를 때가 많다.

☐ 감정이 폭발한 뒤에야 내가 힘들었다는 걸 깨닫는다.

☐ 내가 원하는 것이 뭔지 잘 모르겠다.

⊙ 자존감과 자부심

☐ 실수를 하면 며칠 동안 나 자신을 괴롭힌다.

☐ 남들과 나를 자주 비교하며 스스로를 깎아내린다.

☐ 나를 잘 안다고 생각하지만, 스스로 좋아하진 않는다.

⊙ 생각의 정리와 논리

☐ 머릿속에 생각이 너무 많아서 하나도 정리가 안 된다.

☐ 고민은 많은데 해결 방향은 떠오르지 않는다.

☐ 생각을 적거나 말로 정리해본 적이 거의 없다.

⊙ 반복되는 감정 패턴

☐ 비슷한 상황에서 비슷하게 상처받고 반응한다.

☐ 나도 싫은 줄 알면서 똑같은 습관을 반복한다.

☐ 마음을 다스리고 싶지만, 의지가 오래 가지 않는다.

• 점검 결과 해석 •

⊙ 3개 이하 체크

→ 지금은 비교적 안정된 상태입니다. 하지만 일상에서 감정과 생각을 놓
  치지 않도록 계속 관찰이 필요합니다.

⊙ 4~8개 체크

→ 감정의 흐름이나 사고 패턴이 흔들릴 수 있는 상태입니다. 마음 정리 훈
  련을 시작하기에 가장 적절한 시점입니다.

⊙ 9개 이상 체크

→ 마음의 중심이 흐트러져 있을 가능성이 큽니다. 지금 바로 감정 다루기,
  자기 이해, 삶의 리듬 정리가 절실합니다. 이 책을 통해 한 걸음씩 마음을
  정돈해가시길 바랍니다.

지금 가장 정리하고 싶은 감정은 무엇인가요?

(예. 분노, 불안, 외로움, 시기, 우울함, 두려움, ……)

지금 떠오르는 감정을 한 단어로 적어보세요.

....

·차례·

PART • 2 내 마음 되찾기

PART · 3 내 인생을 위한 마음 정리

EXERCISE · 마음 정리를 위한 실습

"당신의 마음은 지금 어디쯤 와 있나요?"

마음이란 늘 곁에 있지만, 정작 우리는 그것을 잘 모릅니다.
기분이 나쁜 이유를 설명할 수 없고,
왜 그런 말을 했는지 스스로도 당황할 때가 많죠.
이 첫 번째 여정은, 당신 안의 마음을 '발견'하고
그 정체를 하나하나 이해하는 데서 출발합니다.
감정은 나의 적이 아닙니다.
그건 단지 방향을 알려주는 '표지판'일 뿐입니다.
이제 당신의 마음을 제대로 바라볼 시간입니다.

"마음은 이해될 때 비로소 조용해진다."

PART · 1
내 마음의 발견과 이해

1. 감정의 이해
: 감정의 정체와 자기 감정을 알아채는 방법

"근데 나는
내 감정을 도통
모르겠는데요?"

많은 사람들이 자기 마음을 몰라 힘들어하곤 합니다. 여러분은 어떤가요? 자신의 마음이 무엇을 말하려 하는지 잘 아시나요? 아마 쉽지 않을 겁니다. 마음, 참 알기 어렵죠. 알겠다가도 모르겠는 것이 사람 마음이잖아요. 그러면 마음의 소리를 들으려면 어떻게 해야 할까요?

마음은 '감정을 통해 드러나는 현재 상태 혹은 걱정되는 것' 등을 말합니다. 그래서 감정을 이해하는 것이 마음을 아는 첫걸음이죠.

그런데 감정은 대체 뭘까요? 뭐기에 우릴 힘들게 하기도 하고 원동력이 되기도 할까요? 없어도 되는 건 아닐까요? 우리가 온전히 다룰 수는 없을까요?

마음의 주인이 되기 위한 마음 정리의 첫 시간으로 감정, 그 자체에 관해 이야기해보겠습니다.

• 부족한 뇌의 한계를 극복하기 위해 태어난 감정 •

감정이 존재하는 이유는 인간이 완벽하지 않은 존재이기 때문이라고 볼 수 있습니다. 만약 인간에게 무한한 능력이 있다면 감정은 필요 없었을지도 모릅니다. 왜냐하면 감정은 부족한 뇌의 한계를 극복하기 위한 목적도 있기 때문입니다.

우리가 느끼는 좋고 싫은 감정은 우리의 생존과 직결되어 있었습니다. 감정이 없다면 모든 정보와 경험을 다 기억하고 다 떠올려 비교한 후 의사결정을 내려야 합니다. 만약 우리가 정보를 찾고 계산하는 능력이 아주 빠르고 무한하다면, 감정이 없어도 순간적으로 합리적인 판단을 내릴 수 있을 겁니다. 하지만 인간은 그렇지 못하죠. 생존을 위해서는 빠른 판단이 필수인데 말입니다. 뇌의 한계에도 우리는 거친 환경에서 살아남기 위해 순간적으로 무언가를 판단해야 했습니다. 모든 데이터를 샅샅이 훑어보다 도태되는 것보다 정확도가 좀 떨어져도 당장 빨리 어떤 결론을 내려 살아남는 것이 더 중요했습니다. 그때 필요한 것이 감정이었죠.

무섭다, 불안하다, 기쁘다, 슬프다, 화난다 등의 감정은 생존하는 방향으로 빠르게 우리를 인도합니다. 위협적인 것에는 두려움이란 감정을 느껴 피하도록 만들고, 해야 하는 것에는 그것을 이뤘을 때 기쁨이란 감정으로 보상을 줍니다. 그것이 방해받았을 땐 분노라는 감정으로 방해요인을 제거하도록 부추기죠. 이처럼 감정은 완벽하지 않은 우리를 도우려 합니다. 설령 그것이 분노처럼 부정적인 감정이라 할지라도 우리를 해치는 것이 아니라 우리를 보호하려는 것입니다. 물론 부정적인 감정을 제대로 이해하지 못하면 자신을 파괴하는 방향으로 흘러가게 됩니다. 마치 화재경보기가 울리는데, 그 시끄럽고 부정적인 소리에 귀를 막고 있는 것과 비슷하죠. 이에 대해서는 뒤에서 더 자세히 다루겠습니다.

자기 감정을 잘 이해하고 지식과 경험을 토대로 제대로 활용할 줄 아는 사람은 직관력도 뛰어납니다. 감정이 없다면 합리적 판단이 가능할지는 몰라도 직관이나 통찰력은 갖기 힘듭니다. 분석적이고 치밀한 사람들이 타이밍을 놓쳐서 실패하는 것은 보통 직관이 부족하기 때문입니다.

사고로 감정에 문제가 생긴 사람이 그후로 많은 사기를 당했다는 사례도 있습니다. 감정이 없으면 사기를 치고 다닐 것 같은데 실상은 반대였던 것이죠. 그동안 쌓아 왔던 직관력이 발휘될 수 없었던 겁니다.

감정은 우리의 내면이 보내는 메시지와 같습니다. 하지만 그것이 꼭 옳다고 볼 수는 없죠. 예를 들어 초원에 서 있던 인류의 감정과 지금 컴퓨터 앞에 앉아 있는 인류의 감정은 크게 다르지 않습니다. 그 상황은 너무나도 크게 변했는데 말이죠. 그래서 가끔 감정은 불필요하게 우리를 힘들게 만들거나 잘못된 방향으로 이끌기도 합니다. 그리고 적은 경험으로 만들어진 감정의 어떤 부분을 가지고 다른 모든 문제에 적용하려다 낭패를 볼 수도 있습니다. 직관으로 모든 것을 해결하려 들면 자기가 파놓은 함정에 빠질 수도 있는 것이죠. 감정은 모든 것을 다 확인하지 않아도 빠르게 어떤 느낌을 주는 지름길이지만, 지름길로만 다니다 길을 잃을 수도 있습니다.

• 자극에 대한 마음의 반응, 감정의 세 가지 얼굴 •

그럼 감정에 대해 좀 더 알아보죠. 감정은 어떤 것일까요? 감정은 '어떤 자극에 대한 마음의 반응'입니다. 여기서 자극이라는 것은 어떤 현상이나 사건일 수도 있고 다른 사람일 수도 있죠. 감정은 사람처럼 복잡한 뇌를 가진 동물만이 가지고 있습니다. 그럼 감정이 없는 더 단순한 개체들은 자극에 대해 어떻게 반응할까요? 그것부터 살펴보면 감정이 어떻게 생겨났는지 이해할 수 있습니다. 자극에 대한 반응은 크게 세 가지 수준이 있습니다.

자극에 대한 가장 단순한 반응은 '반사'입니다. 자극에 대해 즉각적으로 반응이 일어나는 것이지요. 이건 무생물도 하는 겁니다. 예를 들어 물컵을 치면 물이 쏟아지죠. 물컵을 치는 자극에 대해 쓰러지는 반사 반응이 즉각적으로 일어나는 것입니다. 파리를 툭 쳤을 때 날아가는 것도 이와 거의 비슷한 반응입니다.

그보다 좀 더 높은 수준의 반응은 '지연'입니다. 자극이 왔을 때 상황을 판단하고 선택하여 행동하는 것이죠. 동물들은 눈앞에 서 있는 다른 존재를 잡아먹을지 도망갈지 판단합니다. 반사와 거의 시간 차이가 없다고 하더라도 본질적으로 완전히 다릅니다. 행동을 선택한다는 측면에서 훨씬 더 고차원적인 능력이 요구되는 반응입니다.

가장 높은 수준의 반응은 '예측'입니다. 이는 인간을 포함해 아주 소수의 동물만이 가능한 반응입니다. 자신의 선택이나 상대의 반응, 상황의 변화 등을 예측하고 행동하는 것이죠. 타인과 소통하고 사회적 존재로 살아가려면 중요한 능력입니다.

반사, 지연, 예측. 수준이 올라가면서 어떤 변화가 있는지 눈치채셨나요? 두 가지 차이가 있습니다. 하나는 '시간의 차이'입니다. 반응이 이뤄지기까지 더 많은 일이 일어나는 것이 더 높은 수준의 반응입니다. 그래서 수준 높은 반응은 더 많은 시간이 필요합니다. 물론 순간적으로 이를 처리하기 때문에 실제로 시간 차이는 거의 없을 수도 있습니다. 다른 하나는 '목적성의 차이'입니다. 반사는 아무런 목적이 없어도 일어나는 반응입니다. 무생물도 가능한 것이니까요. 지연부터는 어떤 목적에 따라 선택을 하는 과정이 필요해집니다. 순간적이라 할지라도 자기가 생각했던 목적에 따라 선택합니다. 예측은 더 먼 미래를 목적으로 한 반응입니다. 그래서 예측하는 인간은 당장 손해를 보는 것 같은 반응을 하게 될 때도 있습니다. 목적이 없다면 즉각적인 반사만으로도 충분히 살아갈 수 있습니다. 하지만 목적이 있는 삶이라면 예측 반응을 더 많이 해야 하고, 또 하게 되죠.

이것은 뇌가 진화하는 과정과도 일치합니다. 어류나 파충류의 뇌는 현재와 본능에 충실합니다. 반사가 가능한 뇌입니다. 포유류의 뇌는 과거에 집중할 수 있는 능력이 더해집니다. 그래서 과거 경험에 비추어 현재를 판단하고 행동을 선택합니다. 지연이죠. 인간과 같은 영장류의 뇌는 거기에 미래를 예측하는 것이 더해집니다. 그 과정에서 감정이 발달하는 것이죠.

그래서 주요 감정인 기쁨과 분노 등은 목적과 깊은 연관성이 있습니다. 목적을 이루었을 때 느끼는 감정이 기쁨이고, 그것을 방해받았을 때 느끼는 것이 분노입니다. 이는 뒤에서 더 자세히 다루겠습니다.

· 복잡하지 않게 복합적으로 예측 ·

예측 반응처럼 당장 하나의 행동이 나에게 도움이 되지 않는 것 같아도 행동들이 모였을 때 미래의 목적을 향해 가고 있는 것, 우리는 이것을 '복합적인 행동'이라 부릅니다.

복합적이라는 것은 복잡한 것과는 다릅니다. 복잡한 것은 취해서 비틀거리는 것과 같습니다. 계속 움직이지만 제자리에 머물러 있는 것이죠. 아무 방향도 없이 쉴 새 없이 움직이면서 힘을 빼지만, 아무것도 이루지 못하는 상태에 가깝습니다. 반면 복합적이라는 것은 행동 하나하나는 아무 관계가 없어 보이지만, 그것들이 모였을 때 하나의 방향을 가지고 있는 것입니다. 예를 들어 자전거도 복합적인 것입니다. 자전거가 목적지로 가기 위해 바퀴와 페달 같은 것들만 필요한 것이 아니죠. 그냥 의자인 안장이나 손잡이도 다 필요합니다. 떨어뜨려 놓고 보면 관계가 없어 보여도 모두 나아가는 방향을 위해 각자의 역할이 있습니다.

반사적인 반응 위주로 살아가는 사람은 삶이 복잡해질 수밖에 없습니다. 목적 없이 외부 상황이나 다른 사람들에 의해 즉각적인 반응만을 하고 살다 보니 앞으로 나아가지 못합니다. 누군가 자신을 무시하는 것은 아닌가 전전긍긍하지만, 정작 자신이 무엇을 해야 하는지 알지 못합니다. 눈앞의 것에만 기뻐하고 분노하며 자신의 삶이 뜻대로 흘러가지 않음을 한탄합니다.

반면 복합적인 사고를 할 줄 아는 사람은 예측 위주로 반응합니다. 현재의 행동이 지금 당장의 기분이 아니라 앞으로의 상황에 어떤 영향을 미칠지 예측합니다. 과거의 경험을 토대로 자신의 선택이 어떤 미래를 가져다줄지 예측하고, 조금이라도 더 합리적인 행동을 하죠. 이를 통해 목표에 가까워집니다.

감정을 아예 알아채지 못하고, 있는지도 모른 채 순간순간 살아가는 것은 반사적인 인생일 뿐입니다. 복잡할 뿐 무생물도 할 수 있는 삶입니다. 자기 감정을 알고 감정에 솔직한 것은 지연이라고 볼 수 있습니다. 진짜 자기 감정에 맞게 살아가는 것이죠. 예측은 그러한 감정을 다스리고, 때에 따라서는 감정에 반하는 일도 해야 합니다.

감정이란 자극에 대한 반응입니다. 그런데 수준 높은 반응을 위해서는 오히려 감정을 다스릴 줄 알아야 한다는 아이러니가 있습니다. 진짜 센 힘을 만들려면 완전히 힘이 빠지고 근육이 찢어지는 고통을 계속해서 경험해야 하는 것과 비슷합니다. 한 번도 힘을 완전히 빼보지 않은 사람들은 자기 한계를 극복하지 못합니다. 순간순간 힘을 쓰는 것은 단지 노동을 하고 있는 것이지 진짜 강해지기 위한 운동은 되지 못합니다. 감정도 마찬가지입니다. 순간의 감정에만 충실하면 감정노동을 하고 있을 뿐이지 감정을 다스리기는커녕 진짜 감정조차 알 수 없게 됩니다. 자기 감정을 다스리지 않고 당장 반응하는 것이 더 강한 것이라고 착각하는 사람들이 있습니다. 하지만 그것은 무생물적인 반응이고 목적을 잃은 삶으로 흐르게 됩니다.

감정이 무엇인지 알게 되었다면 이제 다음의 질문을 시작해야 합니다.

'이 감정은 나에게 무슨 메시지를 보내고 있는 걸까?'

'이 감정은 왜 이 메시지를 보내고 있는 것일까?'

'이 감정은 나중에 어떤 모습으로 나에게 영향을 주게 될까?'

2. 우울함
: 서서히 드리워져 좀처럼 지워지지 않는 어둠

"대체 왜
난 항상
우울한 걸까요?"

이번에는 알아채고 이겨내려 해봐도 좀처럼 씻기 힘든 감정, 우울함에 대해 말해보겠습니다. 우울해서 아무것도 할 수 없다거나 그런 감정이나 느낌이 일상을 지배하는 것 같은 때가 있었다면, 이번 주제가 도움이 될 것입니다.

• 우울증은 정말 마음의 감기일까? •

우리는 우울함이 지속되는 마음의 병을 '우울증'이라 부릅니다. 일반적으로 15% 정도의 사람들이 평생 한 번은 우울증에 걸린다고 하죠. 특히 여성은 20% 정도로 더 높은 비율을 보입니다. 5명 중 1명꼴입니다. 이렇게 많은 사람이 겪기 때문에 마음의 감기라고 부르기도 합니다.

그런데 감기에 관한 농담 중에 이런 것이 있죠. "감기약을 안 먹으면 7일이나 걸려서 낫고, 약을 먹으면 일주일 만에 낫는다." 약을 먹으나 안 먹으나 큰 차이도 없고 그냥 지나가길 기다리는 수밖에 없다는 말입니다. 그런데 우울증도 그럴까요?

유감스럽게도 우울증은 일반 감기와 다릅니다. 만약 우울한 상태를 도저히 떨쳐버릴 수 없다면 전문가의 진단을 받고 약을 먹는 것이 가장 효과적인 방법입니다. 그런데 안타깝게도 우울증은 아직까지 원인이 완벽하게 밝혀지진 않았습니다. 인류가 우주로 진출하고 그런 인류를 훌쩍 능가하는 인공지능이 대세인데도 아직 우울증에 대해 명확하게 알지 못한다는 것이 참 아이러니입니다.

우울증에 관한 많은 연구 중에는 우울증이 의외로 당뇨병 같은 유전성 병이라고 주장하는 것들도 있습니다. 그들에 따르면, 유전적으로 우울증에 취약하게 태어난 사람이 있다는 것이죠. 물론 그런 유전자를 가지고 있다고 해서 무조건 병에 걸리는 것은 아닙니다. 좀 억울한 면이 있긴 하지만 남들보다 더 조심하고 노력해야 하는 사람도 있다는 얘기가 되죠. 그래서 우울함과 같은 감정은 타인과 비교하거나 타인을 기준 삼아서는 안 됩니다. 타인과 똑같이 행동하며 자신의 우울을 이겨내려고 하면 안 되는 사람도 있는 거죠. 그리고 전혀 우울해 보이지 않는 어떤 사람도 자신만의 우울함과 싸우고 있을 수도 있습니다. 타인의 내면으로 들어가보지 않으면 쉽게 알 수 없죠.

그럼 이제 우울한 상태를 벗어나는 방법에 대해 알기 위해 '감정'에 대해 좀 더 깊은 이야기를 먼저 해보겠습니다.

• 파괴적인 마음의 병, 조울증 •

주변에 보면 간혹 감정기복이 심하다며 자기는 조울증이 있다고 이야기하는 분들이 있습니다. 약간 조울증 기가 있다고 표현하기도 하고요. 하지만 그중에는 실제로 조울증 진단을 받은 사람은 거의 없죠. 아마 저런 말을 쉽게 하는 사람이라면 그 자신이 실제 진단을 받았기는커녕 주변에 그런 진단을 받은 사람조차 없을 겁니다. 실제로 진단을 받은 사람은 그 고통과 위험을 알기 때문에 쉽게 언급하지 못해요. 이런 말을 하는 사람들은 대부분 그냥 스스로 느끼기에 감정이나 성격이 널뛰듯 획획 변한다는 생각에 그렇게 말하는 것뿐이죠. 실제로 보통 '조울증'이라 불리는 '양극성 정동장애'는 연구마다 결과가 조금씩 다르지만, 평생 발생할 확률이 많이 잡아도 1% 미만입니다.(양극성 정동장애 대신 익숙하게 알려진 조울증이라고 부르겠습니다.)

　더구나 조울증을 간접적으로라도 겪어본 사람들은 알고 있는 사실이지만, 그건 단순히 우울했다가 기분이 좋았다가 하는 수준이 아닙니다. 조울증에 대한 큰 오해가 있죠. 우울할 땐 안 좋지만, 조증일 땐 좋으니 우울증보단 좋은 게 아닌가 하는 것입니다. 우울할 때 자신을 해칠 수도 있다는 위험은 많이 알려져 있지만, 그보다 더 위험할 수 있는 조증 상태일 때의 위험에 대해서는 잘 모르죠. 극단적으로 말씀 드리자면 조증 상태에서는 타인까지 해칠 수도 있습니다. 그리고 조증 상태에서 한 실수와 파괴적 행동 등으로 인해 다시 우울한 상태가 되었을 때 더 심한 자책에 빠지며 더 큰 고통을 겪게 됩니다. 술에 취해 행패를 부린 것이 생각난 다음날 아침을 떠올려보세요. 그보다 몇 배는 더 심한 자괴감에 빠질 겁니다.

　조울증은 일종의 과한 에너지의 흐름 같은 것인데, 우울증은 에너지가 계속해서 안으로 파고들면서 자신을 내리누르는 고통입니다. 말도 안 되는 생각으로 자신을 괴롭히기도 합니다. 우울증 상태에서 빠져나왔을 때는 '왜 그랬을까?'라고 후회하게 되죠. 반면 조증은 과한 에너지가 밖으로 분출되는 것과 같습니다. 일종의 폭발이죠. 그래서 막 웃고 기분이 좋아 보일 때도 있습니다. 하지만 어린아이처럼 생각하며 망상을 하거나 사소한 것에도 쉽게 화를 내고 실제로 타인을 공격하기도 합니다. 힘도 굉장히 세지죠. 왜냐하면, 다른 것에 신경 쓰거나 생각하지 못하고 한 가지에 꽂혀버린 상태이기 때문이죠.

이런 조증 상태를 거친 후 우울한 상태로 들어가면 어떻게 될까요? 똑같은 계곡이어도 평지보다 산 정상에서 떨어지는 것이 두 배의 충격을 받는 것은 당연한 일이겠죠.

• 우울함을 극복하는 데 꼭 필요한 논리력 •

그런데 왜 우울함을 이야기하기 위해 조울증을 언급하고 있을까요? 그 이유는 바로 감정 상태와 지능이 연결되어 있다는 것을 알려드리기 위함입니다. 많은 이들이 감정과 지능은 따로라고 생각합니다. 그렇지만 감정의 기복이 심하면 지능도 그에 맞춰 기복이 심해진다고 볼 수 있죠. 그래서 앞서 말한 대로 조증 상태일 때는 아이처럼 허황된 말을 늘어놓기도 하고, 울증 상태일 때는 말이 안 되는 피해의식을 드러내기도 합니다. 우리가 감정을 다스리지 못하고 어느 쪽이건 요동치는 그 순간, 우리의 지능은 순간적으로 떨어집니다. 즉, 내가 몹시 우울한 상태라면 그 순간 나의 지능은 제대로 작동을 못 하고 있을 수 있다는 말입니다. 그래서 우울함을 이겨내는 데 가장 필요한 능력은 역설적이게도 바로 이성, 즉 논리력입니다. 그런데 우울해지면 지능도 정상적으로 작동하지 않기 때문에 원래의 논리력을 유지할 수 없습니다. 그러면 어떻게 해야 할까요?

우울한 순간의 감정을 우울하지 않게 되었을 때 분석해야 합니다. 우울한 자신과 논리적인 자신을 분리해보면 악순환의 고리에서 벗어날 수 있습니다. 우울할 때 머릿속에 떠오르는 메시지들을 이성을 통해 확인하고 잘못되었음을 깨닫고 나면, 우울한 순간이 다시 찾아왔을 때 마음속 메시지들에 저항할 수 있습니다. 서서히 우울한 상태에서도 이성의 목소리를 들을 수 있게 되고 점점 더 평온한 상태가 일상이 되죠.

우울함이 우울증으로 발전하는 이유 중 하나는, 우울한 순간이 반복될 때 그 우울한 순간에 스스로 남긴 메시지에 익숙해지고 수긍해버리기 때문입니다. 우울한 순간의 목소리가 논리적이지 않음에도 그것을 평소에도 의심하지 않고 그냥 원래 그런 것처럼 여겨버리면 그 우울함은 일상으로 침투합니다. 우울함이 일상이 되면 우울증이 될 수 있습니다. 문제가 지속되지 않으면 언제든 해결할 수 있습니다. 우리는 인간이니까 우울할 때도 있지만, 우울한 것이 일상이 되어서는 안 됩니다.

3. 불안과 두려움
: 마음을 요동치게 만드는 두 폭풍우

"가만히 있어도
불안한 마음이
불쑥불쑥 들이닥쳐요!"

마음속 감정에 대해 투명하게 알 수 있어도 그것이 무엇인지 정의할 수 없다면 문제의 원인을 찾고 변화하는 데 어려움을 겪을 수도 있겠죠. 그래서 지식을 쌓는 것도 중요합니다. 이번에 준비한 이야기도 그런 도움을 드릴 겁니다. 지금부터는 불안과 두려움에 대해 이야기해볼 텐데요. 혹시 두 가지 감정의 차이를 아시나요?

• 실체가 있는 두려움, 실체가 없는 불안감 •

막연하게 다른 느낌은 드는데 딱 구분해서 말하려고 하면 쉽지 않을 겁니다. 하지만 예시를 들으면 구별이 될 거예요.

여러분이 뱀을 무서워한다고 가정해봅시다. 그런데 언제 그 무서움을 느낄까요? 당연히 뱀이 나타난 후겠죠. 그럼 나타나기 전 뱀이 나타날 것 같을 때는 어떤 감정을 느끼나요? 뱀이 나올지도 모른다는 불안감이겠죠. 이것이 바로 두려움과 불안의 차이입니다. 대상이 실체가 있다면 그것은 불안이 아닙니다. 두려움입니다.

항상 불안하다면 그것을 두려움으로 바꿔보는 것도 하나의 해결책이 될 수 있습니다. 폐가에 들어서서 불안하다면 그곳을 샅샅이 뒤져서 공포의 실체를 마주해보거나 그 실체가 없음을 알게 되면 불안은 없어집니다. 물론 큰 공포가 따라올 수도 있습니다. 하지만 공포는 실체가 있기 때문에 그에 맞는 해결 방법을 찾는 것이 불안보다 명확하죠. 아니면 그냥 폐가에서 나가는 방법도 있습니다. 불안을 이기는 방법에 대해선 뒤에서 더 자세히 다뤄보기로 하고, 여기에서는 좀 더 기본적인 질문을 해보겠습니다.

공포나 불안은 나쁠까요? 만약 공포나 불안이 없다면 우린 어떻게 될까요? 마음이 편하고 원하는 바를 이룰 수 있을까요?

• 우리를 살아남게 해준 공포와 불안 •

공포와 불안은 인류가 살아남고 발전하는 데 필수적인 요소였습니다. 거친 자연이 무섭고 내일도 오늘처럼 살아남을 수 있을지 불안해서 인류는 계속 고민하고 성장해야 했습니다. 현대의 인류도 마찬가지입니다. 아무런 공포와 불안을 못 느끼는 사람이 있다면 그는 발전하기 어렵습니다. 불안하지 않으니 노력할 이유를 잘 느끼지 못하죠. 적당한 불안은 성과를 높이는 데도 도움이 됩니다.

이에 대해선 이미 많은 연구 결과가 있습니다. 그중에 유명한 실험 하나는 원숭이의 뇌에서 편도를 제거한 실험입니다. 편도는 공포 등을 느끼는 곳입니다. 그 실험의 결과, 보통의 원숭이들은 뱀 모형을 던지면 깜짝 놀라 도망가는데, 편도를 제거한 원숭이는 그 모형을 가지고 놀더라는 겁니다. 만약 자연에서 이런 일이 벌어진다면 어떨까요? 그 원숭이의 생존 확률은 현저히 떨어질 겁니다. 비슷하게 사고로 편도에 문제가 생긴 이가 공원에서 칼을 든 괴한에게 공격을 당했다는 사례도 있죠.

공포심은 우리가 생존하도록 도와주는 감정입니다. 불안도 우리에게 전해지는 신호죠. 놀라서 긴장해야 맞서 싸울지 도망갈지 선택할 수 있으니까요. 그렇지만 두려움과 불안은 우리에게 분명 안 좋은 영향을 많이 끼치는 것도 사실입니다. 그런 것들에 짓눌려 앞으로 나아가지 못하거나 후회할 일을 하기도 하죠.

마음에 문제를 겪는 분들을 상담해주려 만나다 보면 두려움보다 불안으로 인한 경우가 대부분임을 알게 됩니다. 두려운 일을 겪고 그것이 다른 상황에도 적용되면서 불안으로 남은 경우도 있죠. 실체는 사라졌는데 스트레스는 남아 있다 보니 불안으로 바뀌는 경우죠. 다른 문제로도 어떤 스트레스 상황에 계속 놓여 있다 보면 불안이 시작되고 지속되게 됩니다. 이런 불안 상태가 지속되면 많은 문제를 일으키고, 심할 경우 공황장애나 강박증 같은 장애가 되기도 합니다. "스트레스가 만병의 근원"이라는 말은 제법 맞는 말입니다.

불안이 심한 분들은 미리 걱정하고 쉽게 놀랍니다. 실체가 없는 두려움을 겪고 있기 때문에 항상 두렵지만 왜 두려운지 모릅니다. 일부는 자신의 불안이 정당해지도록 더 불안한 생각을 하고, 불안해야 하는 이유를 만들어내고 불안한 상황을 가까이 하는 경우도 있습니다.

불안이 계속된다는 것은 스트레스가 지속되는 것으로 항상 교감신경이 긴

장해 있고, 일종의 흥분상태가 지속되는 것과 같습니다. 근육이 경직되고 소화도 잘 안 되죠. 만성피로에 시달릴 수도 있습니다.

• 불안을 이겨내는 세 가지 방법 •

그러면 이러한 불안은 대체 어떻게 이겨내야 할까요?

우선 불안을 해결할 수 있는 문제로 만들어야 합니다. 문제라는 것은 일상적이지 않은 일이 벌어진 겁니다. 즉, 편안한 상태가 일상이 되도록 노력해야 합니다. 이를 위해 우리는 불안과 두려움이 무엇인지 배운 것입니다. 불안에 대해 알면 불안이 왜 생겨나는지 알 수 있습니다. 불안은 크게 불확실성, 생소함, 신체 반응이라는 세 가지 이유로 생깁니다. 각 이유를 알면 어떻게 이겨낼 수 있을지 알 수 있죠.

첫 번째로 불확실성을 먼저 살펴보겠습니다. 불확실하던 불안의 실체를 확인하면 불안은 두려움이 되거나 사라집니다. 두려움이 되면 방법을 찾을 수 있습니다. 경찰이나 전문가 같은 주변의 도움을 받을 수도 있고, 상황에 맞는 준비를 할 수도 있겠죠. 발목도 안 되는 깊이의 물 앞에서 그것이 무서워 발도 못 담그는 것이 불안입니다. 일단 발을 담그면 겨우 이런 것에 내가 불안해했나 허탈할 수도 있습니다. 그리고 점점 깊어지는 수심에도 대처하는 방법을 찾을 수도 있겠죠. 그러니, 불안의 정체를 마주하세요!

그리고 마주해보는 시도를 자주 하면 어떤 상황이 펼쳐질지 예측할 수 있게 됩니다. 한 번도 시도해보지 않으면 계속 불안합니다. 하지만 예측은 불확실성을 줄여줍니다. 더 나아가 미리 체험하듯이 시뮬레이션해볼 수도 있겠죠.

홀륭한 스포츠 선수들 대부분은, 경기 전에 자신의 경기를 수없이 시뮬레이션해봅니다. 지는 경우, 이기는 경우, 지다가 이기는 경우 등 최소한 열 번 넘게 그 시합을 머릿속으로 경험합니다. 그렇게 불안을 이겨내죠.

두 번째는 생소함입니다. 낯선 상황에 놓이면 불안해지게 되죠. 원래 사람은 낯선 것에 스트레스를 받습니다. 출근길도 매일 다른 경로로 가야 하면 그만큼 스트레스가 증가하죠. 하지만 그것은 하나의 활력이 되기도 합니다. 매일 같은 것만 하다 보면 지루하죠. 뇌가 할 일이 별로 없습니다. 그래서 뇌 건강을 위해서 적당한 스트레스는 필요합니다. 새로운 것을 계속 마주할 필요가 있죠. 이를 위해서는 불안을 완전히 떨쳐내고 없애야 하는 것이 아니라, 적당한 불안은 필요하다고 생각해야 합니다. 계속 새로운 것을 찾고 낯섦을 즐겨야 하죠.

모든 것은 한계효용의 법칙을 따릅니다. 아무리 맛있는 음식도 계속 먹으면 처음의 감동을 느낄 수 없죠. 결국 질립니다. 불안도 마찬가지입니다. 불안도 점점 높아지다가 정점에 이르면 감소합니다. 이는 실체가 없는 불안이라 할지라도 인정해버리고 새로운 도전 자체를 즐길 수 있게 되면서 가능해집니다. 이 과정을 반복하면 부정적인 기억도 긍정적으로 변합니다. 힘들었던 시기를 추억하게 되는 것도 이 원리입니다. 하지만 불안에 짓눌려 시도하지 않으면 부정적 기억은 그냥 부정적으로 남습니다. 그러니 리허설을 한다는 생각으로 계속 새로운 상황에 마주하고 불안과 같은 감정도 필요한 것임을 인정해야 합니다.

세 번째는 불안한 신체 반응입니다. 이는 불안의 결과이면서 원인이 되기도 합니다. 불안할 때 일어나는 신체 반응이 나타나면 자기도 모르게 불안해집니다. 원래 불안은 실체가 없는 것이기 때문에 그렇게 이유를 모를수록 더 불안해지죠. 그래서 평소 불안을 자주 느낀다면 불안한 신체 반응이 나타날 수 있는 것들을 할 수 있는 한 모두 제거하는 것으로 예방할 수 있습니다.

그럼 불안할 때 나타나는 신체 반응은 어떤 것이 있는지 살펴보겠습니다. 이는 스트레스를 받을 때와 비슷합니다. 호흡이 가빠지고 가슴이 두근거립니다. 그리고 볼이 화끈거리는 느낌이 들죠. 그러면 평소 이런 신체 반응을 불러오는 일은 어떤 것이 있나요? 몇 가지만 예를 들어보겠습니다.

우선 굶는 것이 있습니다. 굶어서 혈당량이 떨어지면 불안할 때와 비슷한 신체 반응이 나타납니다. 그러다 폭식을 하면 스스로 불안을 선택하는 것이나 다름없습니다. 그래서 정상적인 식습관을 가지는 것이 꼭 필요합니다. 그리고 술을 마시면 그다음 날 이런 증상이 나타날 수 있습니다. 혹시라도 술에 특별히 강한 체질도 아닌데 불안함을 줄이려고 술에 의존하면 그 불안은 점점 더 커지게 됩니다. 술을 안 마시고 있을 때 이미 몸에서 불안한 반응이 나타나고, 마음은 그것을 감지하고 불안해지게 될 겁니다. 과도한 카페인도 이와 유사한 반응을 일으킬 수 있습니다. 불안을 자주 느끼시는 분들은 카페인이 없는 음료로 바꿔 마시는 것이 좋겠죠. 마지막으로 가장 중요한 것 중 하나인 불규칙한 수면입니다. 잠을 제대로 자지 못하면 불안할 때 나타나는 반응이 그대로 나타납니다. 그래서 자기 마음을 다스리기 위해 노력해야 하는 것 중 하나가 바로 잘 자는 것입니다.

몸과 마음은 선후관계가 없이 밀접하게 연결되어 있습니다. 그래서 반대로 몸이 불안한 반응을 나타내지 않도록 주의하면 마음의 불안도 줄어들게 됩니다.

4. 외로움
: 우리 마음에 남은 경보장치

"혼자 있어도,
함께 있어도 외로워요.
남들도 다 그런가요?"

많은 분들이 떨쳐내길 원하는 감정 중 하나가 외로움입니다. 아무리 많은 사람들이 함께 겪고 있다 해도 혼자인 느낌이니 아이러니입니다. 이번 시간에는 외로움에 대해 이야기해보죠.

모든 감정은 부족한 우리를 채워주고 돕기 위한 것이라 말씀드렸죠. 그럼 외로움은 왜 생겨났을까요? 없는 것이 더 나을 것 같은데 굳이 왜 우릴 괴롭히는 것일까요?

• 인류가 외로움을 두려워하던 시절 •

인간이 느끼는 외로움은 두려움에서 시작되었다고 볼 수 있습니다. 한번 상상해보세요. 어두운 밤, 낯선 초원에 홀로 서 있는 것을 말이죠. 알 수 없는 동물들의 소리와 스산한 바람처럼 예측할 수 없는 자연환경. 주변에는 아무도 없고 무엇 하나 가진 것 없이 거친 자연 속에 홀로 놓인 것을 떠올려보세요. 인간은 누구나 그런 상황에서는 두려울 수밖에 없습니다. 아마 무리를 지어 사는 대부분의 동물들도 그렇겠죠. 무리에서 떨어지면 거의 확실히 먹잇감이 되고 말 테니까요. 혼자인 인간은 확실히 너무 나약합니다. 이처럼 혼자라는 것은 우리 인류에게 실체가 있는 공포였습니다.

그런데 현대의 인간은 어떤가요? 우리가 혼자 있다고 해서 과거처럼 극단적인 생존의 위협을 받는 것은 아니죠. 하지만 그 두려움은 남아 있습니다. 실체가 없는 두려움은 불안이 된다는 것을 우리는 잘 알고 있죠. 그래서 과거 인류에게 외로움은 두려움과 비슷했던 데 반해, 현대인의 외로움은 불안과 비슷한 모습입니다. 우리는 불안이 두려움보다 더 큰 문제가 될 수 있음을 알고 있습니다. 정확한 원인을 알 수 없으니 해결하기 어렵죠. 혼자라는 사실은 우리를 불안하게 만듭니다.

외로움 입장에서 보면 살짝 억울한 면이 있습니다. 외로움도 우리를 도우려는 겁니다. 혼자 있다 죽을 수 있으니 혼자 있지 말라고 경보를 울리는 거죠. 그런데 문제는 현대의 우리가 실은 그렇게까지 위험한 상황은 아니라는데 있습니다. 외롭다고 죽는 것도 아닌데 생존 경보가 울리니 미칠 노릇이죠. 무더운 날씨에 화재경보가 계속 울려 사람들을 힘들게 하고 있는 것 같네요. 뜨거운 것은 맞지만 경보가 울릴 정도는 아니죠. 소방차가 출동해선 안 되죠. 그런데 그 경보를 그냥 무시하고 꺼버려야 할까요? 그건 아닙니다. 무더운 날씨도 오래 노출되면 충분히 위험하니까요. 일사병에 걸려 쓰러지거나 짜증이 늘고 업무의 효율이 떨어지는 등의 크고 작은 문제들이 발생할 수 있습니다. 그러니 왜 경보가 울렸는지 살펴봐야 합니다. 그래야 경보기를 좀 손보든, 시

원한 곳으로 가든 선택을 할 수 있겠죠.

순간적인 분노, 공격 성향, 회피 성향 등의 원초적인 감정과 느낌은 원래 우리를 보호하려는 의도가 있었습니다. 하지만 이런 것들 중 많은 것들이 현대인의 사회생활과 인간관계를 망칩니다. 왜 그런 것들이 존재하고 발생했는지 파악은 해야 하지만 휘둘려서는 안 됩니다. 외로움도 이와 같습니다. 왜 외로운 마음에 휩싸이는지 살피지 않고 그냥 외면해버리면 쌓이고 쌓여 결국 쓰러질지도 모릅니다. 그렇다고 외로움의 경보에 휘둘리면 일상을 망치게 되죠.

• 외로움을 벗어나는 방법 •

외로움도 우울함을 대할 때처럼 이성의 힘으로 바라볼 수 있어야 합니다. 외로울 때 떠오르는 생각을 먼저 찾아보는 겁니다. 그리고 그 생각을 비판적으로 바라보는 거죠. 반박해보고 다른 가능성과 오류를 찾아보는 겁니다. 그렇게 외로움의 진짜 모습을 마주해보는 거죠. 외로움이 심한 분들은 이런 생각을 합니다.

'나는 언제나 혼자 있어서 항상 외로워.'

그런데 정말 항상 혼자 있던 것이 맞나요? 아마 절대 아닐 겁니다. 순간적으로 혼자 있을 땐 항상 외로웠다고 생각했을지도 모르죠. 하지만 그건 외롭다는 생각을 합리화시키기 위해 과거 기억을 왜곡시킨 거예요.

어린 시절 혼자 놀 때 외롭기도 했겠죠. 하지만 놀이에 열중하기도 했을 겁니다. 블록을 쌓아올리기 위해 다른 생각 못 하고 집중했을 수도 있고, 발달에 맞는 어떤 집중력을 순간순간 발휘했을 겁니다. 그러지 않았다면 지금 이런 글을 읽을 정도의 능력을 쌓지 못했을 테니까요.

계속 혼자였다면 무언가를 먹기 위해 간단한 것이라도 요리를 하는 순간도 있었겠죠. 요리를 하는 순간에도 외로웠나요? 만약 한번도 요리를 해보지 않았다면 요리를 하지 않아도 되는 시간들을 보냈으니 누군가 항상 요리를 해주었겠군요. 아니면 음식을 항상 사 먹었나요? 그랬다면 그것을 먹기 위해 돈을 버는 일을 했을 텐데 그 순간에도 외로움을 느꼈나요? 재밌는 영화를 보거나 사소하게 무언가 할 때도 계속 외로웠나요? 혼자 있을 때는 정말 항상 외로웠나요?

한 걸음 떨어져서 돌이켜보면 외롭지 않았던 순간은 얼마든지 있습니다. 실은 진짜 모든 소통이 차단된 인간은 오래 버티지 못하고 환각과 환청을 경험하고 혼잣말을 시작합니다.

그러면 혼자 있었는데도 외롭지 않았던 순간을 떠올려보세요. 만약 도저히 떠오르지 않는다면, 그 순간이 떠오르면 합리화해둔 것이 깨지기 때문에 무의식적으로 애써 막고 있는 것일 수도 있습니다. 만약 그렇다면 일단 책을 덮고 산책을 하거나 식사를 하고 다시 오세요. 만약 그 순간이 떠올랐다면 다음 질문에 대답해보세요. 혼자 있었는데 외롭지 않았던 과거의 자신과 지금의 차이는 무엇인가요?

....

....

....

그리고 한 가지 질문에 대해 더 생각해보세요.

혼자 있지 않을 때는 정말 외롭지 않았나요? 혹시 다른 사람과 함께 있어도 외로움을 느낀 적은 없었나요?

....

....

....

....

사람은 언제나 혼자가 되곤 합니다. 혼자 있는 시간이 필요하기도 하죠. 협업할 때도 있지만 일도 혼자 하고, 책을 읽을 때도 공부를 할 때도 혼자 합니다. 어떤 기업은 직원들이 혼자서 몇 시간 집중할 수 있도록 보장해줌으로써 효율을 올리기도 합니다. 주변에 사람이 많으면 에너지를 뺏기고 피곤함을 느끼기도 하죠. 그래서 혼자일 수 없는 사람들은 오히려 혼자일 수 있는 사람들을 부러워할 때도 있습니다.

• 외로움의 세 가지 원인과 대응법 •

앞의 질문들에 대해 생각해나가다 보면 혼자여서 외롭다는 막연한 생각에서 벗어나 좀 더 구체적인 생각을 하게 되었을 겁니다. 이렇게 진짜 원인을 찾아가다 보면 보통 세 가지로 좁혀집니다.

① 과거에 존재했거나 존재하길 바랐던 특정 인물이 없어서

② 다른 누군가의 삶과 자신의 삶을 비교해서

③ 과거 너무 좋았던 순간과 다른 매 순간을 비교해서

이런 원인을 찾는 것만으로도 큰 도약입니다. 왜냐하면 어떻게 외로움을 이겨낼지 알 수 있기 때문입니다. 혼자 있어서 외롭다면 사람이 많은 곳에 가는 것으로 해결이 됩니다. 그런데 그것이 실제 이유가 아니라면 외로움을 해소하지도 못하고 시간만 낭비하고 외로움은 그대로여서 좌절감만 더해질 겁니다. 그래서 계속 질문을 드렸습니다. 외로움과 관련된 좀 더 깊은 진심을 마주했길 바랍니다.

자, 그럼 각 이유별로 좀 더 자세히 알고 어떻게 대응할지 알아봅시다.

① 과거에 존재했거나 존재하길 바랐던 특정 인물이 없어서

특정한 사람으로 외로움을 채우면 그 사람이 없을 때 견딜 수가 없습니다. 새로운 사람을 찾아도 예전 그 사람이 아니니 외로움도 없애지 못하고 만족하지도 못하면서 오히려 그 사람에게 더 집착하게 되죠. 일종의 중독입니다. 외로움이나 우울한 감정을 이성적으로 보고 분석하면서 평온한 상태가 일상이 되도록 해야 하는 이유가 바로 여기에 있습니다. 평온하지 않은 상태에서 갑자기 그것이 해소되는 느낌을 받으면 중독될 수 있습니다.

예를 들어 우울할 때 술을 마시고 기분이 좋아지면 중독에 빠지기 쉽습니다. 술에서 깨어나면 다시 우울하니 또 술을 찾게 됩니다. 술이 좋고 나쁘고를 얘기하는 것이 아닙니다. 일상의 감정을 평온하게 만들어야 한다는 것을 얘기하고 있는 것입니다. 어떤 일을 겪어서 감정이 떠오르기도 하지만, 겪었던 일을 떠올려 그런 감정을 스스로 만들기도 하죠. 가끔 일부러 그런 감정을 만들어내고, 또 의존하고 있는 존재에 더 의존하는 사람들이 있습니다. 고통을 만들고 의존해서라도 해소하면 다시 원점일 것 같지만, 의존성이 점점 더 강해져서 스스로 무언가를 하기가 더 어렵게 됩니다.

외롭다는 느낌을 다른 사람을 통해서 극복하게 되면 그 외로움은 평생 안고 가야 합니다. "혼자일 줄 알게 될 때 비로소 사랑할 준비가 된 것"이라는 말이 있습니다. 외로움에 사랑을 시작하면 그건 중독이 되는 겁니다. 결국 자신도 온전히 혼자 서지 못하고 상대는 지쳐버리죠. 혼자여도 괜찮을 때 타인을 만나야 의존하지 않습니다. 사랑은 의존이 아닙니다. 물론 의지할 수도 있고 의존할 때도 있죠. 하지만 의존하기만 해선 결국 상대가 지쳐버립니다.

상대가 지쳐서 밀어내려 하거나 잠시 쉬려고 하면 보통 사람은 좀 시간을 주거나 상대와 맞춰 가려 합니다. 중독된 사람들은 금단증상에 시달리듯이 상대를 더 괴롭힙니다. 제발 의존하게 해 달라고 매달리죠. 이렇게 되는 순간 더 이상 평등한 관계는 없습니다.

원하는 것이 있는 사람들은 그것을 얻기 위해 지치지 않는 척하거나 자신도 지칠 것을 예상하지 못할 수도 있죠. 이런 연기나 무지는 결국 사라집니다. 그래서 의존성이 강한 사람들은 결국 상대가 변한다고 느끼게 되죠. 하나같이 나쁜 사람만 만난다고 상대들과 운을 탓합니다. 실제 이유는 자기 의존성인데 말이죠.

가끔 상대가 의존하는 것에 지치지 않는 사람들도 있습니다. 그들 중 대부분은 상대가 의존하길 바랍니다. 그들과 의존성이 강한 이들은 잘 맞을 것 같지만 그건 관계 초반에나 그렇습니다. 그들은 상대를 온전한 하나의 인격체로 여기지 않습니다. 인형이나 새장의 새처럼 여깁니다. 의존하는 상대를 통해 자기 자존감을 높이기 때문에 상대가 하나의 인격체로 자립하길 원하지 않습니다. 자신이 만들어놓은 새장을 벗어나는 것처럼 혼자서 무언가를 잘

해내려 하는 것을 견디지 못하죠. 그래서 그런 부류의 사람들과 관계를 이어 가면 갈수록 오히려 의존성이 커집니다. 상대의 마음에 들려면 계속 의존하는 모습을 보여야 하죠. 더 심각한 문제에 빠지게 되는 것이죠. 이런 관계가 길어지면 점점 더 의존성이 강해지고 외로움에 더 취약해집니다.

"사람은 자기에게 맞는 상대를 만난다."는 말이 있습니다. 가끔 불운할 수 있지만, 운도 반복되면 실력이라고, 결국 자신에게서 문제를 찾아야 하는 시점이 옵니다. 이런 상황은 연인뿐 아니라 가족이나 직장 등 다양한 관계에서도 벌어질 수 있습니다. 이 중 가장 깨고 나오기 힘든 관계가 바로 가족입니다. 힘들어도 일단 자립할 수 있는 방법을 찾아야 합니다. 재정적으로나 심리적으로나 홀로 서야 다음 단계로 나아갈 수 있습니다. 당장 힘들어도 차근차근 시도할 수 있는 것을 해봐야 하죠.

② 다른 누군가의 삶과 자신의 삶을 비교해서

일부러 외로움을 부르는 일에는 일부 SNS 활동도 포함됩니다. 타인의 SNS를 보면서 자신만 외롭고 우울하다는 생각으로 자신을 괴롭히고 있는 것이죠. 그런데 이상하게 외로움을 타는 분 중에는 SNS 보는 것을 좋아하는 경우가 많습니다. 외롭고 심심하니 대리만족도 하고 다른 사람들의 일상이 궁금해서 보는 거겠죠. 이는 원인을 잘못 판단하고 찾아낸 잘못된 해결책입니다. 쫄쫄 굶어서 배가 고픈데 먹방을 보고 있는 것과 같습니다. 그 시간만큼 더 굶게 되고 먹는 것을 보면서 더 배가 고파질지도 모릅니다. 그 시간에 레시피를 보고 요리를 해야겠죠.

외로움을 달래려고 남의 SNS를 보고는 우울함에 빠져버리는 것은 일부러 악순환을 만드는 것과 같아요. 우리의 이성은 SNS 속 모습들이 타인의 일상이 아니라는 것쯤은 알고 있죠. 대부분 특별한 순간 중에서도 특별한 순간을 더 특별해 보이도록 연출하고 그중에서도 특별한 사진이나 영상을 선별합니다. 누구나 그렇습니다. 제대로 된 한 장의 사진을 건지기 위해 몇 백 장도 넘는 사진을 찍는다는 얘기들을 하죠. 한번 계산해볼까요? 정말 많이 양보해서 우리가 부러워하는 그 사람의 일상이 그 사람의 삶에서 3일마다 벌어지는 일이고, 24시간 중에 6시간 동안의 일이며, 사진은 10장 중 선별된 1장이라면 어떨까요?

$$1/3 \times 6/24 \times 1/10 = 0.00833......$$

즉, 그 사람 삶의 1%에도 못 미치는 모습이라는 거죠. 이것도 실은 많이 양보한 것이고 계산에 넣지 않은 여러 요소들도 있을 겁니다. 따라서 실제로는 0.1%에도 훨씬 못 미칠 겁니다. 초등학생도 할 수 있는 계산이죠. 어쩌면 정말 0.1%의 특별한 삶을 사는 사람들이 존재하겠죠. 하지만 보는 사람들은 여러 사람의 특별한 순간을 모아서 봅니다. 타인의 1% 특별한 순간들만 모아 보면서 100%를 만듭니다. 그렇게 모인 건 누구의 일상인가요? 세상에 존재하지 않는 사람을 비교 대상으로 삼은 거죠. 그 대상을 보며 자신의 삶이 외롭다고 느끼는 것은, 그냥 외로우려고 외로운 것이나 다름없습니다.

판타지 영화를 보고 마법이나 초능력을 쓰지 못한다고 한탄하면 얼마나 우스울까요? 타인의 SNS를 보며 자신과 비교하는 일은 그와 크게 다르지 않습니다. 그런 순간은 존재할지언정 그런 순간만 모은 삶은 세상에 존재하지 않습니다. 모든 일에는 빛과 그림자가 존재하죠. 삶에는 그림자가 있지만, 순간적으로는 그 그림자를 숨길 수 있죠. 그런데 외로움과 우울함에 침식된 상태로는 이렇게 생각하기 힘듭니다.

이런 외로움에 대한 해결책은 SNS를 보는 시간을 다른 것으로 대체하는 것입니다. 현실의 삶을 바라보는 것이죠. 사소하고 작아 보이더라도 실제 자기 삶에 영향을 주는 일을 좀 더 하도록 해야 합니다. 일기를 쓰거나 책을 읽거나 좋은 재료로 요리를 해보는 것 등 다양하죠.

③ 과거 너무 좋았던 순간과 다른 매 순간을 비교해서

일부러 외로움을 만들어내는 행위 중에는 과거의 화려했던 기억을 떠올리는 것이 있습니다. 이는 SNS를 보며 외로워하는 것과도 비슷하죠. 과거 좋았던 것도 결국 순간이니까요. 빛만을 기억하며 현재 그림자를 혐오하는 것은 기억 왜곡입니다. 빛만 있을 수는 없습니다. 혹은 어떤 사람과의 기억이 지금의 외로움을 만들고 있을 수도 있죠.

이런 외로움의 모습을 이해하기 위해 알아야 하는 것이 있습니다. 바로 시간관입니다. 이는 스탠포드 감옥실험으로 유명한 필립 짐바르도 교수의 《타임 패러독스(The Time Paradox)》에 담긴 내용입니다. 그에 따르면 우리는 각자 시간을 다른 관점으로 바라보고 있고 이는 우리의 행동과 생각을 만든다고 합니다. 이들이 모여 우리의 삶이 되니 이것은 인생관에도 가까운 것이죠.

아주 간단하게 요약하자면, 시간관은 과거, 현재, 미래 각각 2개씩 총 6개가 있습니다.

과거는 과거의 행복한 일을 떠올리는 '과거긍정형'과 부정적인 일을 곱씹는 '과거부정형'이 있습니다. 트라우마가 남은 것처럼 과거의 상처에서 벗어나지 못하고 괴로워하는 사람은 대개 과거부정형의 시간관을 가지고 있죠.

현재는 현재를 즐기는 '현재쾌락형'과 현재는 정해진 것이라 생각하는 '현재 숙명형'이 있습니다. 미래는 미래를 준비하는 '미래지향형'과 내세 등을 생각 하는 '초월적 미래 시간관'이 있습니다.

　이 중에 과거의 행복한 시절을 비교 대상으로 삼고 우울해하는 이들은 과 거긍정형의 시간관을 가진 것입니다. 실은 과거긍정형 자체는 아무 문제가 없습니다. 6개의 시간관 모두 장단점이 있죠. 과거긍정형도 즐거운 기억을 되 살려 삶이 풍요로워지고 행복한 삶을 만들어주는 좋은 면이 있습니다. 다만 그것이 과도하게 크고 현재 쾌락과 미래지향적 시간관이 너무 적기 때문에 문제가 되는 것이지요.

　예를 들어 과거의 즐거운 순간은 떠올리면서도 현재는 그냥 어쩔 수 없다 고 생각하고 단지 내세 등을 꿈꾸고 있다면 현실의 노력이 아무 의미가 없겠 죠. 무기력해질 것입니다. 무기력에 빠져 이런 시간관을 갖게 되었을 수도 있 죠. 이해합니다. 그런 무기력에 빠지기까지 얼마나 많은 좌절을 겪었을까요? 우리는 곧 좌절에 대해서도 이야기를 나눌 겁니다. 지금 혹시라도 좌절과 같 은 것을 겪고 있더라도 달라지고 있고 더 달라질 것임을 믿어주기 바랍니다. 원래 과거의 자신과 현재의 자신을 비교하는 것은 좋은 행동입니다. 발전하 는 것을 제대로 알 수 있죠. 하지만 무기력에 빠져버린 상태에서 도피처로 사 용되는 경우에는 얼른 빠져나와야 합니다. 그래서 이런 경우에는 미래지향적 시간관을 장착하려고 애써볼 필요가 있습니다. 목표를 만들고 미래의 자신을 위해 시간을 쓰는 거죠. 지금까지 그런 노력이 좌절을 안겼어도 이제 다를 거 라고 믿고 하나씩 해보는 겁니다.

• 외로움을 부추기는 생각들 •

마지막으로 외로움을 벗어나지 못하게 만드는 잘못된 생각에 대해 이야기해 보겠습니다. 가끔 이런 말을 하는 분이 있습니다.

"나는 남들보다 외로움을 많이 타는 스타일이야."

인간은 누구나 외롭습니다. 초원에서 홀로 두려움에 떨던 이들의 후예로서 혼자 있으면 불안한 게 당연해요. 그럼에도 우리는 외로움을 이겨내는 방법을 학습하고 목표를 이뤄나가며 어른이 되어 온 겁니다. 하지만 외로움에서 완전히 자유롭기는 힘들죠. 그런데 자신만 외로움을 많이 타는 스타일이라고 말하는 건 좀 과장해서 말하자면 "나는 배고프면 우는 스타일이야."라고 칭얼대는 아이와 같습니다. 누구나 그렇게 시작합니다. 하지만 누군가는 이겨내는 법을 못 배워서 그 자리에 머물기도 합니다. 그건 스타일이라고 말하면서 자신을 규정지을 성격의 것이 아닙니다.

마라톤을 한다고 생각해볼까요? 누군가는 몇 시간 안 걸릴지 모르지만 어떤 이들은 며칠이 걸릴지도 모릅니다. 아무리 오래 걸렸어도 마라톤을 한 것이죠. 그런데 "나는 출발 안 하는 스타일이야."라고 말하면서 시크하게 서 있다면, 그걸 마라톤이라고 할 수 있을까요? 그냥 이상한 사람입니다. 스타일이라는 좋은 말을 써서 그럴듯하게 들릴지 몰라도 그냥 칭얼대면서 관심을 더 받길 원할 뿐이죠. 누군가는 더 주겠죠. 하지만 성인이 되고 인간관계가 쌓이고 길어지면 아무도 그런 사람을 곁에 두려 하지 않습니다.

비슷하게 이런 말을 하는 사람도 있습니다.

"나는 애정결핍이라 외로움을 더 많이 타."

애정과 결핍이라는 그럴듯한 단어들이 모여 멋져 보인다고 생각하는 사람이 있을지도 모르겠네요. 그런데 결핍이란 것은 있어야 할 것이 없는 장애, 혹은 남들보다 부족하게 가지고 있다는 뜻입니다. 더구나 타인과의 관계에서 얻을 수밖에 없는 애정이 부족한 것입니다. 그러니 남들보다 모자라서 타인에게 부탁해 받아야 하는 거죠. 돈이 없는 재정 결핍은 어떤 대가를 치러서 누군가에게 돈을 받아야 합니다. 극단적으로는 구걸해야겠죠. 다른 사람의 도움을 받아야만 하는 모자라는 사람이 자기 상태를 그렇게 자랑스럽게 얘기할수 있는 걸까요? 운이건 노력이건 어떤 이유에서건 지금 부족한 것은 상대의 탓이 아닌데, 상대가 그에 대해 신경 쓰고 책임져야 할 이유가 있을까요? 만약 정말로 애정결핍인데도 관계를 이어가고 싶으면 최소한 부탁해야 하는 게 아닐까요? 그런데 애정은 어떤 대가를 치러야 상대가 내어줄까요?

위와 같은 말을 하는 사람들은 이 질문에 애정은 아무 대가 없이 줘야 하는 거라고 말합니다. 그런데 왜 자신의 애정결핍을 내세우면서 상대가 무언가 베풀기를 당연하게 요구할까요?

위 문장은 공정성의 오류가 있습니다. 애정결핍은 대부분의 사람이 겪는 일입니다. 왜냐하면 부모라는 존재가 애초에 완벽하지 않기 때문입니다. 어른이라고는 하는데 세상이나 인간에 대해 잘 알지도 못해요. 그냥 배워 가는 부족한 인간이죠. 다들 아이를 키우면서 시행착오를 겪습니다. 그러니 모든 자식들은 조금씩은 애정결핍 같은 심리적 문제를 겪는 부분이 있어요.

애정결핍과 재정 결핍을 비교해보면 어떤가요? 돈은 벌수록 버는 능력도 생기고 자본도 생기면서 해소되는 방향으로 갑니다. 그런데 애정은 남에게 구하려 할수록 자기 가치는 떨어져 결국 구걸하는 수준으로 떨어져버리죠. 끔찍합니다. 자신은 특별하고 당당한 사람이라고 생각하며 스타일이나 애정 결핍을 말하고 다녔는데, 어느 순간 애정과 관심을 구걸해야 되는 인간으로 전락해버릴 수 있는 거죠.

여기까지 정리한 외로움의 이유들 말고 자신만의 이유를 찾았을지도 모릅니다. 오늘 모든 외로움을 해소한다는 것이 힘들 수도 있죠. 앞으로도 완전히 해소된다고 말할 수는 없습니다. 그래도 최소한 외로움의 진짜 이유를 찾고 조금이라도 해소되는 방향으로 가는 방법을 찾으셨길 바랍니다.

특히 외로움 때문에 만든 인간관계들은 그것을 이성적으로 바라보지 못하면 오히려 외로움을 커지게 만들 수도 있습니다. 외로움의 원인을 잘못 해석하고 비뚤어진 방향으로 가게 되는 악순환의 시작이 될 수 있습니다.

누군가의 말처럼 어쩌면 인간은 외로울 수밖에 없는 존재일지도 모르죠. 조상이 남긴 진화의 산물일 수도 있고, 이룰 수 없는 것을 갈망하는 욕망 때문일 수도 있습니다. 외로움은 원동력이 되어주기도 합니다. 외로우니 힘들어도 소통하려고 하고 협업도 배우며 사회성도 좋아지는 등의 무언가를 이뤄나가게 되는 거죠.

"사람은 많은데 누구 하나 아는 이 없는 군중 속을 헤치고 다닐 때만큼 참기 어려운 고독은 없었다."

- 괴테 기행시 중 -

5. 기쁨
: 우리의 삶에서 더 많이 수확해야 하는 열매

"기쁨이 충만한 삶?
그게 가능하긴
한 건가요?"

불안을 이겨내기 위해 우리가 처음으로 했던 것은 불안과 두려움을 구분하는 일이었죠. 이번에 배울 감정은 기쁨과 분노입니다.

이들은 기본적 정서로 모두 목표와 관계가 있습니다. 기쁨은 목표가 달성되었을 때 얻을 수 있는 감정입니다. 그런데 우리가 보통 기쁨의 반대말이라고 하는 슬픔은 목표달성이 좌절된 상태를 뜻하는 말이 아닐 수도 있죠. 슬픔은 정신적으로 고통스러운 상태이고 그것이 지속되는 감정입니다. 그러면 목표가 좌절되었을 때 느끼는 감정은 무엇일까요? 그것은 바로 분노입니다. 그래서 감정적으로는 기쁨과 대치되는 것은 슬픔이 아닌 분노입니다.

• 목표가 달성되었을 때 나타나는 감정, 기쁨 •

그럼 먼저 기쁨에 대해 더 자세히 얘기해보겠습니다. 목표가 달성되면 기쁘다고 했는데, 아무 목표가 없어도 기쁜 것처럼 느껴질 때도 있습니다. 그런데 정말 아무 목표가 없었던 것일까요?

기쁨을 만드는 목표는 우리가 생각하는 것보다 큰 의미의 목표가 아닙니다. 책상 앞에 써 붙이고 이루려고 몇 년을 노력하는 것만이 우리의 목표가 아니라는 것이지요. 버스를 타는 것이나 샤워를 하고 잠을 자는 것, 음식물 쓰레기를 버리는 것, 영화를 보거나 게임을 하는 것처럼 작지만 확실한 목표를 가지는 일들이 많습니다.

반면에 아무런 목적이 없다고 생각되는 일들도 있습니다. 생각 없이 산책하며 예정에 없던 쇼핑을 한다거나 인터넷 서핑으로 시간을 보내는 것, 즉흥적으로 카페에 들어가 커피를 마시거나 보던 책에 무심코 낙서하는 것 같은 일들은 목표가 없었던 돌발적 행동처럼 느껴지기도 합니다.

하지만 무심코 카페에 들어간 것처럼 의식한 목표가 없다 해도 정말 아무 목표가 없었다고 말할 수 있을까요? 당시 존재하던 공허함 등의 부정적 감정을 밀어내고 예전에 카페에 가봤을 때 느꼈던 좋은 기억과 감정을 되살리고 싶어서, 혹은 처음 가본다 하더라도 카페를 통해 소속감을 느끼거나 궁금증을 풀기 위함 등의 마음이 있었을 겁니다.

무심코 하는 행동이라 할지라도 그 사람이 겪은 경험과 쌓인 지식으로 인해 선택되는 것입니다. 이를 '가치관'이라 하기도 하죠. 이런 것들이 의식하지 않은 순간에도 우리의 수많은 목표를 만듭니다. 길을 가다 돈을 주웠다면 기쁜 마음이 들겠죠. 그런데 길에서 돈을 줍는 것 자체를 하나의 인생 목표로 삼는 사람은 없습니다. 하지만 돈이라는 현대인의 약속을 배워 지식이 되고 돈을 사용해 무언가를 얻은 경험을 통해 돈이 늘어나는 것은 우리의 수많은 목표 중 하나가 됩니다. 돈을 써본 적도 없고 무엇인지 몰랐다면 기쁨은 없었을 겁니다. 지식과 경험이 없는 경우죠. 또한 속세의 것을 멀리하며 수행 중인 성인이라면 돈을 줍는다해도 기쁘지 않을 겁니다. 물론 속세의 사람인 저는 그 마음을 이해할 수 없습니다만. 이는 다른 가치관을 가진 경우죠.

감정을 통해 사람을 보면 우린 모두 수많은 목표를 가지고 살고 있음을 알 수 있습니다. 그래서 우리가 무엇에 더 기뻐하고 더 분노하는지 알면 어떤 목표를 더 중요하게 여기고 있는지 알 수 있죠. 내면을 이해하는 데도 큰 도움이 됩니다.

• 기쁨의 크기를 결정하는 세 가지 요소 •

자, 그럼 어떻게 하면 더 기쁘게 되는 것일까요? 이 기쁨의 크기를 결정하는 요소는 크게 세 가지가 있습니다.

첫 번째는 목표의 중요한 정도입니다. 목표가 더 중요한 것일수록 그것을 이루었을 때 기쁨의 크기가 더 커집니다. 그러니 기쁨이 충만한 삶을 위해선 중요한 목표를 가지고 이루며 살아가는 것이 필요하겠죠. 여기에서 중요하다는 기준은 자신이 선택해야 합니다.

그런데 만약 이룰 수 없거나 이루는 데 너무 오랜 시간이 걸리는 목표는 어떨까요? 그만큼 기쁠 일이 적은 삶을 살게 되겠죠.

예를 들어 타인의 삶 중에서도 멋진 순간만을 모아둔 SNS를 보며 그것이 무의식적으로라도 목표로 인식되면 어떨까요? 그건 그 SNS의 주인조차도 이룰 수 없는 목표입니다. SNS에 중독되면 이루지 못할 목표가 매일 쌓이는 거죠. 물론 SNS가 나쁘다거나 그것을 그만두어야 한다는 얘기는 아닙니다.

좋고 나쁘고는 모두 우리에게 달린 일이고, 그만두는 것도 모두 우리가 선택할 수 있는 것입니다. 다만 SNS를 보면서 이룰 수 없는 목표가 계속 생겨나 부정적인 감정이 쌓이는 식의 문제가 발생하고 있다면 나쁜 것이죠. 하지만 얼마든지 긍정적으로 활용할 수 있습니다. 정도의 차이는 있지만, 세상의 모든 도구나 행동은 주인을 해칠 수 있습니다. 우리 몸의 필수인 물마저도 중독되면 죽습니다. 실제로 2007년 캘리포니아에서 물중독으로 사망한 안타까운 사례가 있었죠.

두 번째는 목표를 이루기까지 들어간 자신의 노력입니다.

사람은 원래 자신이 투자를 많이 한 것일수록 더 지지하는 심리가 있습니다. 목표와 노력도 마찬가지죠. 중요한 것이기 때문에 노력을 많이 쏟는 것이지만, 노력을 많이 쏟으면 그것이 아까워서라도 목표가 중요하다고 합리화하는 것이죠. 마음은 합리적이지 않을 때가 많습니다. 합리적으로 생각하면 포기하는 것이 나을 때도 있습니다. 하지만 기쁨은 합리적으로 행동할 때 생겨나는 것이 아닙니다. 그래서 사람들은 손해를 감수하고라도 노력하던 것을 이루려고 하는 것입니다. 이는 심리적인 매몰비용이라 말할 수 있습니다. 내 것을 더 투자했으니 그것이 더 커 보이고 과하면 빠져나갈 수 없습니다.

기쁨이 이렇게 생겨나는 감정이다 보니 기쁨을 더 크게 만들기 위해선 한번 정한 목표를 포기하지 않고 이루려고 해보는 것도 중요합니다. 목표를 이루려고 노력하는 중에 그 과정이 힘들다고 다른 목표를 찾는 것은 기쁨을 놓치는 행동일 수 있습니다. 과정이 힘들면 도망가고 싶은 마음이 고개를 들고 마음의 주인에게 핑곗거리를 줍니다. 하지만 자신이 과한 목표를 정한 것이 아니라면 포기하지 말고 뭔가 이뤄보는 것이 중요합니다. 무언가를 정할 때에는, 지식을 충분히 쌓고 심사숙고하고 한번 정한 결정은 번복 없이 이룬다! 참 어려운 일이죠.

세 번째는 목표가 이뤄질 것을 예상하지 못했을 때입니다. 우연히 얻은 달성이 큰 기쁨을 주죠. 이는 기쁨의 특성이라기보다 마음의 원리라 볼 수 있습니다. 예를 들어 공포영화를 볼 때 관객을 안심시킨 후에 무서운 장면을 보여주죠. 예측하지 못했을 때 더 강한 느낌을 받습니다. 물리적으로도 그렇습니다. 몸에 힘을 주지 않고 예상을 못 한 상태에서 맞으면 훨씬 더 아프죠. 예를 들어 이소룡이 창시한 절권도가 강력한 이유 중 하나는 상대의 근육이 대비할 시간을 주지 않고 갑자기 타격을 주기 때문이라는 실험 결과도 있습니다.

이것은 우리가 제어할 수 있는 부분은 아닙니다. 하지만 확률적으로 더 늘릴 수는 있습니다. 새로운 시도를 많이 해서 우연히 무언가를 얻을 확률을 높이는 겁니다.

그런데 새로운 시도를 하면 뇌는 스트레스를 받습니다. 안 하던 부위로 운동을 하는 것이나 다름없죠. 하지만 힘들다고 아무 운동도 하지 않으면 그 부위는 결국 못 쓰게 됩니다. 뇌도 같습니다. 적당한 스트레스는 스트레스 자체에 저항성을 높여주고 우리의 뇌를 더 튼튼하게 만듭니다.

처음 운동을 하면 힘들지만 이겨내고 계속하다 보면 더 강한 몸으로 변하고 더 힘든 것도 해낼 수 있죠. 해야만 해서, 어쩔 수 없이, 시켜서 하게 되는 것은 노동입니다. 몸이 오히려 약해질 수도 있습니다. 하지만 직접 선택해서, 자신의 통제하에, 하고자 해서 하는 것은 운동입니다. 보통 더 강해집니다. 그래서 우리의 마음이 가장 중요한 것이죠.

여러분이 선택해서 새로운 환경을 많이 접하고 새로운 것을 많이 시도한다면 그만큼 기뻐질 확률도 높아집니다. 물론 그 과정에서 부정적인 일과 감정이 발생할 수도 있지만, 대부분 그보다 기쁨의 크기가 더 크게 됩니다. 왜냐하면, 우연히 생각지 못했던 목표들이 달성되는 기쁨을 얻을 것이니까요. 그리고 보통 생각지 못했던 목표들이 좌절된다고 크게 분노가 생기지는 않기 때문이죠.

처음 운동을 시작하면 아프고 운동을 마치고 쉬어도 잠이 드는 순간까지 괴롭습니다. 운동을 잘하는 사람들이 부럽고 자신만 약하게 태어난 것 같은 착각이 들기도 합니다. 기쁨도 마찬가지입니다. 처음 기쁘려면 기쁘지 않더라도 시도해야 합니다. 이 책은 그 길을 함께하는 책이죠. 처음엔 힘들더라도 기쁨으로 충만한 삶을 위해서는 많이 시도하는 방향으로 가야 합니다.

참고로 많은 부모가 자기 자식들이 부모가 되어보길 바랍니다. 그 이유는 세상에 유전자를 남겨야 한다거나 노후를 대비해야 한다는 것일 수도 있습니다. 하지만 더 많은 부모가 그렇게 말하는 이유는 부모가 된 것이 본인의 인생에서 가장 큰 기쁨이었기 때문일 것입니다.

육아는 앞서 본 기쁨의 모든 요건을 다 충족합니다. 자녀의 존재는 중요하고, 육아에는 큰 노력이 들어가며, 자녀의 행동으로 우연한 일들이 많이 생깁니다. 그래서 낳은 정보다 키운 정이 더 강하다고들 하죠. 물론 그 과정에서 그만큼 부정적인 감정도 생기기 쉽습니다. 그래서 어떤 가족은 씻지 못할 상처를 안고 있는 경우도 있죠. 기쁨과 분노 같은 감정이 생겨나는 원리를 생각해보면 그럴 수도 있는 일입니다. 모든 것은 항상 빛과 그림자가 존재하니까요. 큰 기쁨을 줄 수 있는 일에는 그만큼의 분노가 생겨날 여지가 존재하는 것이죠.

6. 분노
: 다룰 줄 알면 유용한 엔진

"분노 때문에 힘들어요.
대체 세상은
왜 이렇게 무례한가요?"

우리는 앞에서 기쁨을 함께 분석해봤습니다. 기쁨은 목표가 이뤄졌을 때 생기는 감정이죠. 그에 반해, 분노는 목표를 달성하지 못하도록 방해하고 좌절시키는 사람이나 사물, 상황에 대해 생기는 감정입니다. 아무런 목표가 없는 사람은 기쁨도 분노도 없다는 얘기가 되는군요. 그러면 정말 그렇게 분노를 없애는 것이 가능할까요?

• 목표를 방해한 대상에게 생기는 감정, 분노 •

다음 질문에 대해 한번 생각해보기 바랍니다.

"아기들은 분노가 없을까?"

답부터 말씀드리자면, 예상하셨겠지만, '아니오'입니다.

사람이 태어나면 처음에는 불쾌하다거나 편하다는 느낌만 있습니다. 그를 통해 편하고 좋은 느낌을 더 얻으려는 목표가 생깁니다. 그리고 거기에서 감정이 나타나죠. 그렇게 가장 먼저 배우는 감정이 바로 분노입니다. 아기들에게는 생존과 직결된 위협이 곳곳에 도사리고 있습니다. 그리고 그렇게 느끼죠. 우린 보통 배고픈 것으로 분노하지 않습니다. 그런 것으로 생존을 위협받지는 않으니까요. 하지만 아기들에게 생존은 인생의 첫 목표입니다. 유일한 목표죠. 그러니 배고프면 당연히 분노하게 됩니다. 아기들에게 이런 분노가 없다면 생존하기 어려웠을 겁니다. 생존이라는 하나의 목표를 위해 더 힘차게 먹으려 애쓰게 되고, 그렇게 먹는 것 자체가 또 하나의 목표가 됩니다. 젖을 달라고 우는 것이 수단이었다가 그것이 또 목표가 됩니다. 더 힘차게 울기 위해 온몸에 힘을 쓰게 되죠. 그렇게 점점 더 많은 목표를 만들어가며 커나갑니다. 우린 그렇게 우리도 알지 못하는 사이에 수많은 목표에 둘러싸인 셈이죠. 그래서 기쁨도 분노도 계속 느끼고 있는 것입니다.

그러면 한 가지 질문을 더 해보겠습니다.

"목표를 없애면 분노도 없앨 수 있을까요?"

이 질문에 대한 대답은 좋은 소식과 나쁜 소식이 있습니다. 좋은 소식은 저 질문에 대한 대답이 '그렇다'라는 것이죠. 나쁜 소식이요? 그런데 '거의 불가능하다'는 것입니다.

성인들은 욕심을 버리고 희로애락에서 벗어나 진리를 추구하라고 말합니다. 삶의 수많은 목표가 기쁨과 분노를 만들어내니 벗어나라는 것이죠. 기쁨은 언제든 분노가 될 수 있고, 결국 끝이 있으니 괴로움일 뿐이라는 말입니다.

그런데 그것이 가능해지려면 자신과 타인의 감정을 이해하고 감정의 원인을 아는 것이 필요합니다. 알아야 벗어날 수도 있죠. 자신과 타인을 통해 인간을 이해하려면 얼마나 많은 고민과 경험이 필요할까요? 욕심을 버리고 싶다면 일단 자기 감정부터 배워야 합니다. 자기 감정을 이해하고 타인의 감정을 이해하려고 애쓰며 부대껴야 하죠. 그걸 모르면 욕심을 외면하는 것이지 벗어나는 것이 아닙니다. 존재하는 것 자체가 괴로울지라도 그 안에서 즐거움도 찾고 괴로움에 저항해보며 성장해나가는 것이죠. 그후에야 욕심을 버리는 삶을 살지, 다루는 삶을 살지 선택하는 것이 가능해집니다. 이런 과정을 헤치고 나가본 적도 없이 단지 괴롭지 않으려 욕심을 버린 척하거나 모든 인간관계를 저버리는 것은, 단지 성숙해나가는 과정이 힘들어 도망가는 것이거나 좌절에 빠진 상태일 수도 있습니다.

평범한 우리들의 삶에서 욕심은 목표를 향해 가는 비행기입니다. 그리고 기쁨과 함께 분노가 그것의 엔진이죠. 제대로 다루면 빠르게 원하는 바를 얻는 데 도움이 됩니다. 하지만 대상을 잘못 판단하면 방향을 잃고 끌려다니며 살게 됩니다. 과하면 엔진이 터져 추락해버리죠. 극단적으로는 인간관계도 망가지고 삶 자체도 재기불능이 되기도 하는 겁니다. 그렇다고 분노를 없애려고 하면 목적을 잃고 멈추거나 그냥 둥둥 떠다닐 뿐입니다.

• 분노의 감정이 사라진 것 같은 사람들의 특징 •

분노가 없는 것처럼 보이는 사람들은 두 종류가 있습니다.

하나는 분노를 다룰 줄 아는 사람들입니다. 흔하진 않지만 우리가 목표로 삼아야 하는 사람들입니다. 다른 경우는 정말 목표가 없는 것처럼 사는 사람들입니다. 그들은 분노하지 않습니다. 이들은 세 가지 중 하나의 감정에 빠져 헤어나오지 못하는 상태에 있는 사람들입니다. 바로 좌절, 공포, 분노입니다.

한 가지씩 살펴보겠습니다.

좌절은 반복된 실패로 인해 목표가 의미 없다고 여기는 경우입니다. 좌절은 사람을 무기력하게 만들죠. 새로운 시도가 의미 없다는 생각에 어떤 목표도 목표로 여겨지지 않고 모든 것에서 의미를 잃게 되는 거죠.

공포는 다시 좌절을 겪는 것이 두려워 스스로 목표가 없다고 믿게 만든 경우입니다. 가족 등 가까운 사람의 좌절을 따라 가게 될까 봐 두려워하고 있는 경우도 있습니다. 세상에 부딪히면 깨질까 봐 겁이 나는 것이죠. 스스로 겁이 난다는 것을 인정하고 싶지 않으니 목표가 없다고 합리화합니다. 목표가 없어서 욕심이 없는 것이지 겁내는 것은 아니라고 자신을 속입니다. 그런데 누구나 겁이 납니다. 오히려 겁나지 않는 게 이상한 거죠. 욕심내고 겁나도 이겨내며 익숙해지는 과정이 필요합니다.

분노에 빠지면 분노가 없어진 것처럼 행동하기도 합니다. 목표가 좌절되어 분노가 생겨났는데 그 분노조차 드러낼 수 없는 상황을 겪은 이들에게서 주로 발생합니다. 수동공격적인 상태라고 볼 수도 있습니다. 고의로 아무것도 하지 않으며 자신이나 누군가를 괴롭히는 것입니다. 목표를 잃은 것처럼 행동하는 것 자체가 목표가 되어 어떻게든 아무것도 하지 않고 생각하지 않으려고 노력합니다. 세상과 단절하려고 애를 씁니다. 단순히 목표가 없는 상태가 아니라 분노의 잘못된 방향으로 인해 부정적인 에너지를 쏟고 있는 상태죠.

분노 등 부정적인 감정을 제거하는 것은 보통 사람에게는 불가능한 일입니다. 분노를 못 느끼면 오히려 큰 문제입니다. 그렇다고 분노에 휘둘리면 삶에 큰 문제가 발생하죠. 그러면 어떻게 해야 할까요? 분노를 알고 다룰 수 있어야 합니다. 이제 하나씩 알아보겠습니다.

• 분노를 다스리는 방법 •

분노를 합리적으로 보고 분석하여 방향을 잡으려면 일단 분노에 붙어 있는 미움을 떼어내고 바라봐야 합니다. 그것이 분노를 다스리는 첫 번째 준비입니다.

앞서 아기들이 분노한다는 사실을 불편하게 생각하는 사람들이 있습니다. 하지만 그것은 분노와 미움을 구분하지 못해 그런 것입니다. 아기는 분노한다고 상대를 미워하진 않습니다. 목표가 이뤄지면 분노는 보통 사그라집니다. 물론 항상 분노를 유발하는 상대라면 결국 미워하게 될 수도 있습니다. 하지만 상대가 밉다고 그 상대에게 분노하는 것은 원인과 결과가 바뀐 것입니다. 그냥 불필요한 에너지를 써서 스스로 더 부정적인 방향으로 빠져드는 것이죠. 미운 상대라 할지라도 목표 달성에 도움이 되면 언제든 함께 갈 수 있는 것이 인간입니다. 인간은 그렇게 생존해 왔습니다. 집단으로 사냥을 하며 공통의 목표가 생기면 미운 사람과도 협업을 해 왔죠. 살아남는 데 필요한 일입니다. 그래서 우린 이런 방향을 합리적이라고 생각합니다. 하지만 실제로 미운 사람을 보면 분노가 생기기도 합니다. 왜 그럴까요?

그것은 상대가 미워져 파괴하고 싶다는 목표가 생긴 경우입니다. 하지만 실제로 그럴 수는 없죠. 그러니 그 목표가 좌절되고 분노가 생겨나는 것입니다. 그런데 이는 과한 목표죠. 무단횡단을 했는데 무기징역을 받는 것은 너무 과한 처벌입니다. 물론 그 상대를 용서하기 힘든 경험을 했을지도 모릅니다.

하지만 상대가 가진 인간으로서의 한계와 입장을 이해하고 우리의 삶이 좀 더 나아진다면 더 좋은 방향이 될 것입니다.

다른 경우도 있습니다. 과거의 분노를 되새기고 있는 것입니다. 상대가 과거에 방해했을지도 모릅니다. 아니면 방해한 누군가와 닮았을지도 모르죠. 다른 방해한 사람이 있었지만 차마 그 사람에겐 분노하지 못하고 다른 상대를 찾아 미워하며 그 분노를 되새기고 있을지도 모르죠. 하지만 이런 것들은 비어 있는 스케치북에 새로운 그림 대신 예전에 버린 쓰레기를 다시 복사해 채워 넣는 것이나 다름없습니다. 자원과 시간의 낭비죠. 분노하게 만든 상대를 미워할 수도 있습니다. 하지만 상대를 미워하게 된 것과 관계없이 원래 원하던 목표가 이뤄졌다면 그 미움은 불필요한 부정적 에너지를 쌓는 일일 뿐이죠. 더구나 세상의 많은 일들은 한 가지 길만 있는 것이 아닙니다. 상대가 방해했어도 다른 길이 있는 경우가 많습니다. 하지만 분노에 휩싸이면 그 길은 보이지 않고 상대를 미워하기 시작하면 다른 길을 찾지 않는 것에 대한 합리화가 됩니다.

배고픔이 해소되고 나면 엄마를 미워하는 아기는 없습니다. 배고픈 순간에 분노로 소리칠 수도 있죠. 물론 어른이 생각하는 분노와는 차이가 있지만요. 그래도 미움이 남진 않습니다. 어른보다 훨씬 합리적이죠.

어른의 분노는 참 다양한 모습을 가집니다. 외부로 표출되며 폭발하기도 하고 조용하게 수동적이지만 공격적인 모습을 취하기도 합니다. 내면에서 자신만 괴롭히기도 하죠. 분노의 대상도 다양합니다. 자신, 가족, 타인, 현실, 과거 등등. 이렇게 다양한 모습이 되는 이유는 대안이 많기 때문입니다. 우리의 마음은 대안을 보지 못하게 하려고 복잡한 이유를 만들어냅니다. 누군가를 악당으로 만들어 미워하기도 합니다. 자신의 현재를 합리화하기 위해 여러 가지 이유를 만들어내기도 합니다. 자신도 문제가 있다거나, 분노할 대상은 따로 있다는 등의 실제 원인을 감추기 위해서입니다. 우리 마음은 목표를 이루지 못하는 현실의 이유를 부인하고 우리를 보호합니다. 그렇게 우리의 마음은 우리를 위해 우리를 속입니다. 그 과정에서 분노는 더 복잡한 형태를 띠고 잘못된 방향으로 가게 됩니다.

분노와 미움을 완전히 분리해내는 것은 쉽지 않은 일입니다. 하지만 분노를 이해하고 다루기 위해서는 필요한 일입니다. 그리고 여러분은 곧 가능하다고 느끼게 될 겁니다.

• 분노를 다스리는 3단계 •

분노를 다루기 위해서는 세 가지 단계를 거쳐야 합니다.

첫 번째는 분노가 발생한 원인인 자신의 원래 목표를 생각해보는 것입니다. 이 단계에서 목표가 없었음을 깨닫기도 합니다. 미움이나 귀찮음 등으로 먼저 분노가 생기고, 마음이 그것을 합리화해주기 위해 원래 무언가 목표가 있었던 것처럼 위장해주는 것이죠. 분노의 합리화입니다. 이것을 깨달으면 분노는 사그라듭니다.

두 번째는 분노의 목표에 맞는 대상을 찾는 일입니다. 분노도 목표를 이루도록 돕는 감정입니다. 그런데 방향을 잘못 잡으면 목표와는 더 멀어지고 쉽게 분노하는 사람이 됩니다. 분노가 타당한지 생각해보고 방향을 확실히 잡아야 합니다.

세 번째는 대안을 생각해보는 일입니다. 목표와 방해 대상을 제대로 확인했으면, 이제 목표를 이루기 위해 그 방해 대상을 어떻게 대해야 할지 생각할 수 있습니다. 우리는 예측이 가능한 존재이니까요. 이는 분노의 감정을 다스리고 전략적으로 행동하도록 만드는 열쇠입니다. 우린 초원에서 홀로 생사의 기로에 놓인 처지가 아닙니다. 미리 대비할 수 있고 그러면 언제든 대안이 존재합니다. 이런 것들을 떠올리는 과정에서 불필요한 분노는 사라집니다. 분노의 감정이 떠올라도 폭발하지 않고 전략적으로 행동을 선택할 수 있게 될 겁니다. 어떤 행동이 필요한지 예측하고 대안을 떠올려보세요.

한 가족의 사례를 보겠습니다. 밤늦게 들어온 자녀에게 분노하는 상황을 가정해보죠. 이 분노는 어떤 목표가 방해받은 것일까요? 정한 규칙을 지키는 것, 자녀가 위험요인 없이 귀가하는 것, 자녀가 퇴폐적인 문화를 접하지 않기를 바라는 것 등 다양할 수 있겠죠. 그 목표에 따라 분노의 대상은 자녀가 안심하고 다닐 수 없는 현실이나 늦게 온 자녀가 될 겁니다. 하지만 간혹 배우자에게까지 분노를 표출하는 사람이 있습니다. 잘못된 방향이죠. 실은 차라리 자기 자신을 향해야 맞습니다. 그리고 대안을 생각해서 목표를 이룰 방법을 찾아야 합니다. 하지만 자녀를 너무 사랑하는 나머지 그 자녀의 안전을 위해 분노를 강하게 표출하는 순간 그 대안들 중 많은 것들이 사라집니다.

운전할 때 끼어든 사람에 대한 분노는 어떤가요? 제시간에 도착하려는 목표, 그것은 결국 이뤄질 수 있다는 생각을 하면 분노가 불필요하다는 것을 깨닫게 됩니다. 사소하게 느껴질 수 있죠.

잘난 척하는 친구에게 분노가 생겨나기도 하죠. 그때 목표는 무엇이었을까요? 가장 잘나야 한다는 것? 그 친구보다 더 뛰어나야 한다는 것? 목표를 제대로 정의해보면 분노가 아니라 단순히 시기였음을 깨닫게 되기도 합니다.

마지막으로 여러분이 꼭 알아야 할 분노의 두 가지 특성이 있습니다. 중독과 전염입니다.

분노에 중독되면 점점 분노가 더 빨리 일어나는 뇌로 변합니다. 이는 실험으로도 증명되었는데, 정상의 뇌는 자극을 받고 분노가 일기까지 보통 0.5초가 걸리는 반면, 분노에 중독된 뇌는 0.1초밖에 걸리지 않았습니다. 그러니 다스리기가 더 힘들어질 수밖에 없죠. 더구나 작은 스트레스 자극에도 분노의 호르몬인 아드레날린과 코르티솔을 분비하기 시작하죠. 분노를 다스리지 않으면 점점 더 다스리기 힘들어지는 것이죠. 또한 분노에 중독된 뇌는 기억을 담당하는 측두엽 뇌세포의 손상 위험이 증가합니다. 그래서 치매와도 밀접한 관련이 있습니다.

분노가 전염된다는 사실도 실험으로 증명이 되었죠. 그중에 가장 유명한 것은 핫소스 실험입니다. 자신을 볼 수 없는 상대에게 보통의 스프, 매운 스프, 너무 매운 스프를 줄 수 있습니다. 이때 실험하러 들어오기 전 불쾌한 일을 겪은 사람은 상대를 더 괴롭혔습니다. "종로에서 뺨 맞고 한강에서 눈 흘긴다."는 속담과 같죠. 분노는 순식간에 전염됩니다. 그러니 자신을 위해서도 타인을 위해서도 분노를 다스리는 것이 필요합니다.

7. 사랑
: 관점에 따라 달라지는 보석

"사랑이
뭔지 알면
좀 덜 힘들까요?"

우리는 감정을 앎으로써 일상을 바꾸고 내면을 변화시켜 인생의 주인이 되는 법을 배우고 있습니다. 그런데 감정은 원래 사람마다 다른 모습을 띠죠. 모든 감정이 무지개처럼 명확히 구분되는 것은 아닙니다. 그럼에도 우린 먼저 정의를 해두면 자신의 감정에 과도하게 특별한 의미를 부여하지 않고 좀 더 객관적으로 볼 수 있습니다. 그리고 정말 특별한 것을 발견할 수도 있겠죠.

• 긍정적인 감정 부정적인 영향, 사랑의 두 얼굴 •

특별한 감정이라고 하면 많은 분들이 사랑을 떠올립니다. 그런데 사랑에 대한 생각은 천차만별입니다.

어쩌면 '사랑이라니? 나와는 관계없어.'라고 생각할 수도 있죠. 아니면 '지금 내 마음의 고통은 모두 사랑 때문이야.'라고 생각할지도 모르겠습니다. 아니면 '그래도 사랑이 있어서 난 인생이 행복해.'라고 생각하는 경우도 있겠죠. 그만큼 모두에게 다른 의미로 다가가는 것이 사랑입니다. 누군가는 최상의 가치로 보기도 하고 누군가는 사랑 자체를 부정적으로 보기도 하죠. 그리고 그 사랑의 대상도 정말 다양합니다.

사랑이 긍정적인 감정인 것 같지만 반드시 그런 것만은 아니죠. 우릴 아프게 하기도 하고 무언가를 못 하게 하거나 좌절시키기도 하죠. 기억에 남아 일상을 우울하게 만들기도 하고 가끔은 타인을 공격하는 원인이 되기도 합니다.

왜 이렇게 되는 것일까요?

지금부터는 사랑이 삶에 부정적인 영향을 미치기도 하는 이유와 벗어나는 방법을 알아보겠습니다. 이성 간의 사랑만이 아니라 부모와 자식 간의 사랑이나 다른 대상을 향한 사랑, 혹은 자신만의 사랑 등 다른 형태의 사랑 또한 포함하는 내용이 될 겁니다. 한번 같이 시작해보죠.

• 사랑이 고통으로 변해 가는 세 가지 방향 •

사랑이란 무엇일까요? 사랑을 정의하는 것은 책 한 권 전체를 써도 모자랄지 모릅니다. 그래도 우리의 마음과 인생에 미치는 영향을 알 수 있도록 최대한 접근해보겠습니다.

사랑은 "어떤 사람이나 존재를 아주 많이 아끼고 귀중히 여기는 마음 혹은 그리워하거나 열렬히 좋아하는 마음"으로 정의됩니다. 좋아한다는 것보다 더 강한 감정인 것은 확실하죠. 그런데 아끼고 귀중히 여기면 어떻게 대하나요? 누군가는 주변에 보이지 않고 꼭꼭 숨겨둡니다. 누군가는 그 대상이 완벽히 나만의 것이길 바랍니다. 누군가는 그 귀중한 것을 세상에서 가장 대단한 것으로 여기죠. 이따금 사랑은 사랑하는 대상이 하나의 인간이 아닌 것처럼 느껴지게 하기도 합니다. 이런 마음들로 인해 사랑은 고통이 되기도 하죠. 이처럼 사랑하는 대상을 어떻게 여기는지에 따라 크게 세 가지로 나눌 수 있습니다.

첫째, 상대를 자신의 소유라고 여기는 경우입니다. 상대가 자신이 정한 기준에서 벗어나는 것을 원하지 않습니다. 자신이 원하는 대로 상대가 변하거나 항상 그대로이길 바라고 요구합니다. 자기 소유물이라면 그렇게 할 수 있습니다. 하지만 사랑하는 대상이 인간이라면 이뤄질 수 없는 바람입니다. 잠시 동안은 이뤄진 것처럼 상대가 행동해도 어느 시점이 되면 결국 아무것도 이룰 수 없음을 깨닫게 됩니다. 상대를 바꾼 것 같다가도 아니었음을 알게 되는 것을 반복하며 좌절에 빠집니다. 상대도 나름 맞추려고 애를 쓰겠지만 결국 스트레스로 인해 그 마음이 쓰러질 겁니다. 단지 사랑한다 해서 그것을 견디라고 하는 것은 다른 모든 감정들을 다 과소평가하는 일이죠. 사랑은 물론 중요하고 특별한 감정이지만 수많은 감정 중의 일부일 뿐입니다. 사람은 스스로 선택했을 때에만 지속적인 변화가 가능합니다. 그마저도 쉬운 일이 아니죠. 타인을 바꾸려는 것은 불가능한 일에 도전하는 것과 같습니다. 당연히 좌절이 기다리고 있습니다.

그리고 이 경우에는 상대가 완벽하길 바라기도 하죠. 예를 들어 상대는 나태해선 안 되고 자신에게 충실해야 한다고 하면서 정작 자신은 그만큼의 시간을 제대로 활용하지 못합니다. 소유물이라면 나의 일상에 관계없이 소유물이 훌륭하길 바라는 것이 맞습니다. 누군들 더 좋은 것을 갖기 싫을까요? 하지만 사랑하는 대상은 다르죠. 사람은 그보다 더 복잡합니다. 대개 장단점이 연결되어 있습니다. 예를 들어 나태함으로만 보이는 모습도 타인을 여유롭게 대하는 특성일 수 있는 거죠. 그래서 상대를 바꾸려고 하는 것은 상대의 장점을 없애고 스트레스를 주는 행위가 되어버릴 수도 있습니다. 파괴적인 사랑입니다.

두 번째, 상대를 자신의 일부라고 여기는 경우입니다. 소유라고 여길 때와 달리 상대에게 높은 수준의 완벽함을 요구하지는 않습니다. 반대로 상대가 무엇을 해도 다 괜찮다고 넘겨버리기도 하죠. 자신의 일부로서 남기만 한다면 말입니다. 상대가 자신에게 의존하는 것에서 마음의 보상을 얻는 상태입니다. 예를 들어 자신의 일부인 팔을 무심코 휘둘렀다 벽에 부딪혔을 때를 떠올려보죠. 의식하지 못하긴 했어도 팔이 잘못한 건데도 팔을 나무라는 사람은 없습니다. 그 팔을 휘두른 자신을 나무라거나 (실제로는 뇌가 시키는 것이니 자책이 맞지만, 비유적으로 생각해주세요.) 벽이 왜 하필 거기 있었냐고 화를 내죠. 이런 사랑은 상대가 아플 때 자신도 아픔을 느끼고 상대가 무엇을 하더라도 지지하죠. 헌신적인 사랑처럼 보입니다. 사랑은 원래 헌신적이기도 하죠. 그래서 진정한 사랑처럼 여겨지기도 합니다. 그런데 이런 사랑은 어떤 관계로 흘러갈까요?

일부라 생각했던 상대가 자립하려 할 때, 저런 마음으로 사랑을 하던 사람은 그 사실을 절대 받아들이지 못합니다. 예를 들어 그 상대가 무언가에 몰두하거나 다른 대상과 어떤 중요한 것을 하게 된다면 화가 납니다. 상대가 자신이 없어도 살 수 있다는 사실을 견딜 수 없어 합니다. 몸 일부였던 팔이 갑자기 떨어져나가면 어떨까요? 고통은 이루 말할 것도 없겠죠. 그 팔이 자기 인생을 살겠다고 말하기까지 하면 얼마나 황당할까요? 더는 말을 듣지 않고 의존하지 않는 팔에게 얼마나 화가 날까요? 이런 경우 상대 관점에서 보아도 당황스러운 것은 마찬가지입니다. 한없이 사랑을 주던 사람이 갑자기 자신이 한 인간으로 서보려는데 응원은커녕 화를 냅니다. 그 이유를 알기조차 힘들 겁니다. 그래서 낯선 사람만도 못한 관계로 치닫기도 합니다. 서로 이해하지 못하고 원망하며 서로를 가해자라고 여기죠.

그럼 상대가 계속 일부인 상태로 남는 것은 어떨까요?

몇 가지 문제가 발생할 수 있습니다. 그중 하나는 일부인 그 상대가 공격적으로 변하는 것입니다. 의존하는 인생을 벗어나고 싶어도 잘 안 되고 벗어나기도 두렵다는 것을 깨달으면 의존하고 있는 대상을 괴롭힙니다. 원망하고 비난하며 심지어 공격하면서도 현재의 의존 상태를 유지합니다. 왜냐하면 의존에서 벗어나지 못하거나 벗어나기 싫은 이유를 상대의 탓으로 돌릴 수 있기 때문입니다. 자기 잘못이 없고 전부 자신을 인간으로 인정하지 않은 상대의 문제로 봅니다. 그래서 자립하지 못한 상황을 깨닫고도 의존성이 커질 때 오히려 공격성도 커질 수 있죠. 그런데 이런 상황에서조차 상대가 자신의 일부라고 여기는 사랑을 하는 사람들은 그런 공격을 기꺼이 받아들이기도 합니다. 상대가 그토록 공격적인 상태가 된 데에 자신의 잘못도 있음을 모릅니다. 지금처럼 헌신하면 언젠가는 상대가 알아주고 자신이 했던 것처럼 헌신해줄 거라 생각하기도 합니다. 큰 착각이죠. 헌신이라고 착각하고 있는 그 사랑이 상대의 공격성을 더 키우고 있는 겁니다.

다른 문제로는 자신에게 계속 의존하는 상대의 모습이 더이상 만족스럽지 않게 느껴질 수도 있습니다. 처음에는 자신의 일부처럼 여겨 아꼈던 상대였지만 이제 일부밖에 되지 않는다 여겨지는 것이죠. 그래서 사랑하는 다른 대상을 찾고 원래의 대상에겐 관계를 끝내자고 통보해버리기도 합니다. 애초에 인간은 다른 인간의 일부가 될 수 없습니다. 심지어 부모와 자식처럼 일부였던 적이 있는 관계라 해도 일부는 아닙니다. 이런 사랑의 모습은 가끔 아름답고 안정적인 것처럼 보이지만 시한폭탄 같은 사랑이라 할 수 있습니다.

세 번째, 상대를 신으로 여기는 경우입니다. 많은 신의 모습이 있지만, 그중에 기도를 올려 소원을 빌고 공물을 바치는 신을 떠올려보죠. 상대가 무엇이든 해줄 수 있는 존재로 여겨집니다. 자신이 바라는 모든 것을 해주길 바랍니다. 의존하고 있는 상태죠. 자신은 상대의 일부가 되고 상대는 자신의 신이 된다면 관계가 이어질지도 모릅니다. 하지만 둘 다 마음이 병들겠죠.

버림받지 않기 위해 자신을 상대가 원하는 모습으로 바꿉니다. 그 스트레스가 엄청나기 때문에 상대에게 바라는 것도 커지곤 하죠. 내가 이 신을 믿으며 공물을 바치니 신이 이 소원을 들어줄 것이라 믿는 것과 비슷합니다. 상대를 실제의 모습보다 훨씬 더 대단하게 여기기도 합니다. 그런데 의존적인 사랑을 하는 사람들은 상대가 없으면 죽을 것처럼 굴다가도 의외로 의존 대상을 쉽게 바꾸기도 합니다. 상대가 중요한 것이 아니라 의존할 대상이 필요한 것입니다. 사랑이라는 감정보다 의존하는 것에 중독되어 빠져나오지 못하는 경우입니다.

자신을 성숙하게 변화시키는 것은 필요한 일입니다. 그런데 이 경우처럼 자신을 상대에게 맞춰 바꾸는 것은 성숙해지는 것이 아닙니다. 가면을 쓰는 것일 뿐입니다. 심지어 상대가 그것을 원할지 아닐지도 모르는 가면입니다. 자기 기준에서 그럴 것으로 생각하는 가면이죠. 그리고 이 가면은 상대가 바낄 때마다 새로 만들어 써야 해서 장기적으로 삶에 큰 도움이 되지 않습니다. 그때그때 쓰고 버리는 가면입니다.

인간은 신이 아닙니다. 인간을 신으로 여기면 실망하게 되어 있습니다. 그런데 이런 사랑을 하는 경우엔 실망하지 않기 위해 상대의 다른 면을 아예 보려고 하지 않습니다.

의존하려는 상대와 오랜 시간을 함께할 수 있는 사람은 오히려 마음이 건강한 사람이 아닙니다. 건강한 마음을 가졌던 사람도 마음이 지치고 병들게 되기도 합니다. 존경하는 사람을 사랑할 수는 있어도 존경이 곧 사랑은 아닙니다. 스스로 감옥으로 들어가는 것과 같은 사랑입니다.

• 사랑을 위해 우리가 해야 하는 것 •

어떤가요? 사랑이라는 감정의 부정적인 모습만 본 것 같네요. 사랑은 아주 훌륭하고 행복한 감정인데 말입니다. 다만 사랑은 한 가지 실수로 인해 위와 같은 문제들이 생겨날 수 있다는 것을 보여드리려 했습니다. 그 한 가지 실수는 바로 누군가를 바꾸려 하는 것입니다. 자신의 소유일 때는 상대를 이상형에 맞춰 바꾸려 합니다. 자신의 일부일 때는 상대를 자신의 품 안에 그대로 있게 만들려 합니다. 신이라 여길 때는 자신을 바꾸려 하죠. 사랑이 고통이 되는 건 누군가를 바꾸려 하기 때문입니다.

물론 사랑이라는 감정은 상대가 나로 인해 바뀌어 더 행복하길 바라고, 나도 그 사람을 위해 바꾸고 싶은 마음이 생겨나게 만듭니다. 그리고 사랑하는 사람과 지내면 자연스럽게 상대와 닮아 가기도 하고 배우고 경험하며 성숙해집니다. 하지만 억지로 자기 기준대로 상대를 바꾸려 하면 그럴 기회조차 잃습니다.

누군가를 바꾸려고 하면 그 상대는 어떻게 될까요? 사람이 바뀌는 것은 스트레스입니다. 본인이 안 바뀌어도 바꾸려 하는 상대로 인해 스트레스를 받겠죠. 그래서 바뀐 척하고 안 들키길 기대합니다. 안 들키기만 하면 가장 스트레스를 적게 받는 선택이기 때문이죠. 누군가를 바꾸려 하는 순간 상대는 자신을 숨기기 시작할 겁니다. 사람은 보통 자신을 숨길 수 있습니다. 영원히 그럴 수는 없지만요.

물론 자신을 개량하고 발전시킬 수 있습니다. 상대를 위해서 노력할 수 있죠. 하지만 자신을 바꾸는 것은 정말 힘든 일입니다.

자신과의 사랑을 불안해하는 상대를 위해 자신만 바꾸면 될 것 같다고 생각하는 이도 있습니다. 착각이죠. 자신을 바꿔도 변할 것은 하나도 없습니다. 상대의 불안 중 대부분은 스스로 만들어낸 것이기 때문입니다. 사람을 바꾸는 방법으로 해결되는 일은 거의 없습니다.

그러면 우리는 무엇을 할 수 있을까요? 우리는 언제든 관점을 바꿔볼 수 있습니다. 타인의 관점으로 세상을 보면 그만큼 시야가 넓어집니다. 시야가 넓어지면 누군가를 바꾸려 하지 않고도 사랑이라는 감정을 키울 수 있습니다.

8. 질투
: 사랑이 만드는 파괴적 감정

"저 인간은 그럴
자격이 없다니까요.
왜 내가 이런 대우를
받아야 하죠?"

앞에서 우리는 사랑에 대해 알아봤습니다. 그런데 사랑을 알아야 이해할 수 있는 감정이 하나 있습니다. 바로 질투죠. 질투는 시기와 함께 타인을 대상으로 하는 가장 흔한 부정적인 감정이죠. 이 감정들은 자신의 내면은 물론이고, 타인을 공격하는 이유가 되기도 합니다. 시간이 지날수록 더 커지기도 하고 다루기도 어렵습니다. 과연 이 감정들은 어떻게 다룰 수 있는 걸까요?

지금부터는 질투에 대해 알아보겠습니다.

• 질투, 사랑 없이는 생길 수 없는 감정 •

질투는 누군가를 사랑하는데 그 누군가가 자신이 아닌 다른 사람에게 사랑을 준다고 느낄 때 생겨납니다. 누군가의 사랑을 받는 그 다른 사람을 질투하죠. 질투는 사랑이 있어야 생깁니다. 이에 반해 시기는 갖고 싶은 것을 누군가가 가지고 있다고 느낄 때 생겨납니다.

예를 들어 여러분이 사랑하는 연예인이 있다고 가정해보죠. 그 연예인이 SNS에 다른 이성과 드라이브하는 사진을 올렸다면 어떨까요? 다른 이성을 질투하게 될 겁니다. 그런데 드라이브하고 있는 그 차가 원래 자신이 너무 갖고 싶었던 것이라면 어떨까요? 사랑하는 연예인을 시기하게 될 수도 있습니다. 이처럼 질투와 시기는 대상 자체가 다른 겁니다.

물론 동시에 할 수도 있습니다. 짝사랑하던 이성과 친구가 결혼한다면 그 친구를 질투할 수 있습니다. 그 이성을 짝사랑했던 이유가 너무 좋은 집안과 환경 등이었다면 그 친구를 시기까지 하게 되겠죠.

자, 그럼 이번 장에서는 질투를 좀 더 이야기해보겠습니다.

기쁨이 목표와 연관이 있던 것처럼 질투는 사랑과 연관이 있습니다. 어떤 목표를 어떻게 달성하느냐에 따라 기쁨이 커지기도 하고 작아지기도 하죠. 그렇지만 질투는 사랑이 더 크다고 해서 커지는 것은 아닙니다. 사랑이 작아도 질투가 굉장히 클 수 있죠. 왜 그럴까요?

질투는 모순적인 감정이기 때문입니다. 사랑과 방향성이 너무 다릅니다. 사랑은 상대와 함께 행복하고 싶고 헌신의 특징도 갖습니다. 기쁨에 가까운 감정입니다. 질투는 목표를 빼앗긴 것이니 이는 분노에 가까운 감정이죠. 처음 질투가 생겨날 때는 사랑의 크기에 영향을 받을 수도 있습니다. 하지만 질투는 사랑하는 사람을 고립시키거나 그 사람이 실망하게 만들지도 모르죠. 결과적으로는 사랑을 잃게 되기도 합니다.

질투가 무조건 잘못되었다는 건 아닙니다. 사랑하는 대상의 잘못으로 질투가 생겨날 수도 있죠. 하지만 그 상황을 바로잡기 위해서는 질투를 키우는 것보다 이성의 힘을 이용해 생각하는 것이 더 좋습니다.

그리고 질투는 지속해서 관계에 영향을 미치죠. 혼자서 질투를 곱씹으며 자신을 괴롭히기도 한다는 점에서 우울함과 유사한 면도 있습니다. 그래서 질투가 심해지면 우울함처럼 기억을 왜곡시키기도 합니다. 자신의 과도한 질투를 정당하게 만들기 위해 사랑하는 대상이나 질투 대상의 행동을 더 나쁘게 기억합니다. 이것이 더 심해지면 그들이 무엇을 해도 다 나쁘게 보이기 시작하죠. 인식을 왜곡시킨다고 볼 수 있습니다. 이를 통해 질투로 한 행동이 그럴 만했다고 착각하게 됩니다.

그리고 사랑하는 사람이 떠날지 모른다는 불안감으로 인해 질투가 더 심해지기도 하죠. 그래서 불안 증세를 동반하기도 합니다. 사랑의 크기와 관계없이 불안이 큰 사람이 질투를 더 강하게 느끼기도 합니다. 이런 이유로 인해 질투는 혼자서 키워나갈 수도 있는 감정입니다. 그리고 질투를 더 쉽게 느끼게 될 수도 있는 거죠. 같은 일에도 쉽게 분노하는 사람이 있는 것처럼 말입니다.

• 질투의 감정을 다루는 세 가지 방법 •

그럼 이런 질투는 어떻게 다룰 수 있을까요? 실은 앞서 한 이야기에 그 답이 담겨 있습니다. 질투는 우울함, 불안, 분노와 비슷한 면이 있습니다. 그런데 우리는 우울함, 불안, 분노를 이겨내는 방법에 대해 알고 있죠. 그 잠재력으로 질투도 다룰 수 있습니다. 자, 그럼 이제 질투를 차근차근 다뤄봅시다.

첫 번째, 질투는 우울함과 닮았습니다. 우울함은 어떻게 다룰 수 있었나요? 이성의 힘을 활용했죠. 그럼 질투가 생겨난다면 이 세 가지 질문으로 이성의 힘을 이용할 수 있습니다.

'내가 사랑하는 것은 누구지?'

실은 이 질문만으로 질투가 해소되기도 합니다. 애초에 사랑이 없었다는 것을 깨닫는다면 질투는 바로 흩어집니다.

'내가 그 대상을 사랑하는 것이 맞을까? 이렇게 괴로울 정도로 사랑하는 것이 맞을까?'

이 질문에는 좀 깊게 생각해볼 필요가 있습니다. 질투가 커지면서 상대를 더 사랑한다고 착각해버렸을 수도 있습니다. 질투가 생겨나기 전 어땠는지 잘 떠올려보세요. 질투 때문에 더 욕망하는 실수를 하면 후회가 남습니다. 질투가 사라지면 사랑이 적음을 깨달을 테고 질투가 지속되면 일상이 괴로울 테니까요.

'사랑하는 대상이 다른 대상에게 사랑을 쏟는 것이 확실할까?'

다른 상황일 수도 있음을 생각해보세요. 사랑이 아니라 단지 사회적인 관계라거나 주변 다른 상황이 얽혀 있다거나 하는 등의 다른 이유를 찾아보세요. 이성의 힘을 이용해 우울함을 이기듯 질투와 관련된 사실들을 파악해보는 겁니다. 사랑이 맞고 질투가 확실하다면 이제 다음 단계로 넘어가보죠.

두 번째, 질투는 불안과 닮았습니다. 불안은 직면해서 이겨낼 수 있었죠. 질투의 상황이라면 사랑하는 상대에게 자신의 질투를 고백하는 것도 방법일 수 있습니다. 다른 사람에게 호의를 넘어 사랑을 주는 것처럼 느껴진다고 말하면, 상대가 그렇게 느껴지지 않도록 배려하게 될 수도 있을 겁니다. 사랑하는 상대가 배려할 기회를 주는 거죠. 서로 배울 기회를 얻는 것입니다. 그런데 이런 대화를 나눌 수 있는 상대가 없을 수도 있겠죠. 상대가 받아들이지 않을 수도 있고요. 아무튼, 이것으로도 되지 않거나 할 수 없는 상황이라면 다음 단계로 넘어가야죠.

세 번째, 질투는 분노와도 닮았습니다. 목표를 이루면 분노는 사라지죠. 질투도 같은 방식으로 다룰 수 있습니다. 상대의 태도를 변화시켜보는 거죠. 그런데 상대를 바꾼다는 것은 어렵습니다. 강압적으로 할 수 없죠. 전략적으로 해보는 겁니다. 그런데 그 전략은 상대의 마음을 이해함으로써 세워야 합니다.

예시로 한 드라마에서 나온 장면을 보겠습니다. 등장인물의 성별을 떠나 많은 드라마에서 자주 등장하는 흔한 장면입니다. 아마 보시면 어디선가 본 것 같을 겁니다.

성공한 사업가가 자신보다 어리고 멋진 외모의 배우자를 만났습니다. 비록 그 배우자가 사회적인 능력은 별로 없었지만, 많이 사랑했죠. 그런데 어느 순간부터 걱정이 생겨나기 시작했습니다. 바쁜 자신을 피해 친구들과 다니며 다른 이성과 놀고 있는 것은 아닌지, 자신이 도움을 준 직장에서 다른 이성과 친해지는 것은 아닌지, 상대의 일거수일투족이 다 걱정되었습니다.

사랑하는 사람이 자신에게만 쏟아야 할 사랑을 다른 곳에 흘리고 다니는 것은 아닌지 두렵습니다. 질투죠. 그래서 상대가 자신만 사랑하게 되는 것을 목표로 전략을 세우고 세 가지 행동을 실행합니다.

첫 번째, 상대의 주변 친구들에게 각서를 받았습니다. 자신의 배우자와 불건전한 만남을 갖지 않겠다는 각서였겠죠. 계약관계라면 이런 각서가 효력 있을지도 모르겠지만 마음은 이를 어떻게 받아들였을까요? 도망가고 싶었을 겁니다. 계약관계라는 생각이 더 강해지겠죠.

두 번째, 상대의 직장에 다른 직원을 매수해 스파이로 심어두었습니다. 상대를 의심하며 염탐하는 것이죠. 사랑이 아닌 불신을 보냈습니다. 불신을 보내면 뭐가 돌아올까요? 저 사업가가 기대한 것은 사랑이었을 겁니다. 그렇지만 그런 기대가 이뤄질 리 없죠.

세 번째, 상대가 가는 곳에 불쑥불쑥 찾아다니며 사사건건 감시했습니다. 이러면 상대가 쉽게 나쁜 행동을 하지 못할 거라 생각했겠죠. 하지만 상대는 언제 무슨 일이 벌어질지 몰라 불안했을 겁니다. 상대의 마음에 불안이 커졌으니 사랑이 들어갈 자리는 더 좁아지지 않았을까요?

어떤가요? 저 사업가는 제대로 전략을 세웠다고 생각했겠죠. 돈과 시간을 써 가며 그 전략을 실행시키는 추진력도 있고요. 그런데 원하는 바를 얻을 수 있었을까요? 저 상황이 드라마의 한 장면이다 보니 좀 과장된 면은 있겠죠. 그런데 질투에 휩싸였을 때 저렇게 행동하려는 마음은 충분히 이해가 됩니다. 질투심에 상대를 의심하고 감시하고 억압하려는 시도가 대단히 특별하거나 희귀한 일은 아니죠. 그런데 한 발짝 떨어져 보면 그런 시도는 절대 원하는 바를 이룰 수 없다는 것을 알 수 있습니다. 상대의 마음을 변화시키려면 입장을 바꿔 생각해볼 수 있어야 합니다. 이건 상대를 위하는 것이 아니라 자신의 목표를 이루기 위해서입니다.

역지사지는 자신의 목표를 이루기 위해 예측하고 전략을 세우기 위한 행동입니다. 예를 들어 물건을 팔 때 고객의 반응을 예측하는 것이 전적으로 고객만을 위하는 행동은 아니죠. 자신의 목표를 위하는 것입니다. 그 과정에서 고객도 좋은 경험을 하게 되는 것입니다. 나에게 좋은 일은 결국 타인에게 좋은 일이 되는 것이죠.

자, 그럼 저 사업가는 어떻게 해야 했을까요? 지금까진 목표와 무관한 쓸데없는 행동에 시간을 낭비하고, 상대방을 바꾸려고 했었죠. 이제 그것을 깨닫고 여러분을 찾아와 조언을 구한다고 가정해보죠. 가장 친한 사람으로서 조언을 해보세요. 뭐라고 말을 해줄 건가요? 그리고 어떻게 하라고 말해줄 건가요? 한번 적어보세요.

....

....

....

....

....

....

잘했습니다. 어떤 사람의 조언은 이랬습니다.

"사람을 바꾼다는 것은 힘든 일이지. 그래서 애초에 억지로 바꾸려 해봐야 바뀌지 않더라고. 그러니 상대를 조금이라도 더 네가 원하는 대로 바꾸려면 상대가 그걸 원하도록 만들어야 할 거야. 그런 아이디어들을 좀 내봐야지. 어떻게 하면 상대가 원하도록 만들까? 난 이런 생각들이 있어.

첫 번째, 자신이 더 매력적인 사람이 되기 위해 노력한다. 이건 여러 가지 방법이 있을 거야. 두 번째, 서로 좋아하는 것과 장소를 찾아 일주일에 한두 번씩 데이트를 한다. 세 번째, 상대와 같은 취미활동을 시작해본다."

그럴듯한가요? 그래도 여러분의 조언이 훨씬 더 현실적이고 도움이 되는 내용이었으리라 생각합니다.

할 수 있는 일과 할 수 없는 일을 구분하는 것은 항상 중요합니다. 상대를 바꾸는 것은 할 수 없는 일입니다. 상대가 마음을 돌리도록 나 자신을 바꿔보는 것은 할 수 있는 일이죠. 질투로 인해서 할 수 없는 일에 집중하면 마음이 점점 더 괴로워집니다.

참고로 질투 작전은 일부러 상대의 질투를 불러일으켜서 상대의 마음을 얻는 것입니다. 이론적으로는 효과가 있긴 합니다. 질투와 사랑은 연결된 감정이니 질투를 느낀다는 것이 곧 사랑이 있음을 증명해주는 것이긴 하죠. 그렇지만 이것도 애초에 어느 정도 사랑이 있어야 가능한 작전입니다. 그리고 질투는 부정적인 감정들로 과열될 수 있으니 좋은 작전이라고 볼 수는 없습니다.

9. 시기
: 가지고 싶을 때 생기는 모순적 감정

"그건 내게
더 어울리는 것인데,
왜 저런 사람에게
그런 기회가 주어질까요?"

앞에서 다룬 질투와 비슷한 감정이 있습니다. 바로 시기심입니다. 시기 질투심이라고 묶어서 부르기도 하죠. 시기심도 우울함이나 불안 등의 원인이 되기도 합니다. 이번에는 질투에 이어 시기심에 대해 알아보겠습니다.

• 질투보다 시기심이 더 위험한 이유 •

시기심은 갖고 싶은 것을 다른 누군가가 가지고 있다고 느낄 때 생겨납니다. 그런데 시기심의 이런 특성으로 인해 세 가지 측면에서 질투보다 더 위험합니다.

첫째, 시기심은 유효기간이 없습니다. 왜냐하면, 사랑은 시간이 흐르면 다른 모습으로 변합니다. 폭발적인 질투를 유발하는 격렬한 사랑은 몇 년이 지나면 사그라집니다. 호르몬의 변화로 인해 사랑은 신뢰가 쌓이고 편안함이 생기는 상태로 변해 가죠. 그 변화를 받아들이지 못하고 이별하는 이들도 많죠. 그래서 사랑은 유효기간이 있다고들 합니다.

질투는 한 사람과 건강한 관계를 맺거나 반대로 이별해버린다면 사라집니다. 간혹 평생 질투하며 사는 경우가 있습니다. 이런 경우에는 보통 질투보다 다른 더 큰 문제가 있기 때문이며, 그것을 해결하면 질투도 함께 사라지게 됩니다. 반면 시기심의 원인은 갖고 싶은 것이기 때문에 유효기간이 없습니다.

둘째, 시기심은 한꺼번에 여러 사람을 대상으로 발생할 수도 있습니다. 갖고 싶은 것은 한 가지만 있는 것이 아니겠죠. 그리고 그것을 가진 사람이 한 명이 아닐 수도 있습니다. 대상이 무한정으로 늘어날 수 있는 거죠. 이런 식으로 시기심의 대상이 늘어나면 열등감이 함께 자리잡을 수 있습니다. 세상 모두를 갖고 싶은데 어느 것 하나 가질 수 없는 모순적인 상태가 됩니다. 반면에 한번에 많은 사람을 질투하는 것은 평범한 경우는 아닐 겁니다. 질투의 대상이 특별한 존재이거나 자신의 질투가 너무 과하거나 둘 중 하나일 겁니다.

셋째, 시기심은 원인 자체가 계속 커질 수 있습니다. 예를 들어 돈을 많이 가진 타인을 시기했는데, 그 상대가 점점 더 부자가 되는 상황인 겁니다. 게다가 자신은 제자리라고 느껴지면 시기심도 걷잡을 수 없이 커지겠죠. 그리고 시기심은 이런 상황을 부추깁니다. 시기심의 이런 면으로 인해 시기심이 강한 사람은 타인의 것에만 집중하며 계속 무언가를 좇아다닙니다. 그러다가 결국 자신의 것은 하나도 없다는 느낌을 받죠. 비극입니다. 이런 것을 '파랑새 증후군'이라고 부르기도 합니다. 자신의 현재에는 만족하거나 흥미를 느끼지 못하고 미래의 막연한 행복만 찾는 마음이죠. 《파랑새》라는 동화에서 유래한 것입니다. 잘 아시겠지만 틸틸과 미틸이라는 남매가 파랑새를 찾아서 온 세상을 뒤졌는데, 실패하고 지쳐 집에 돌아와 보니 새장에 파랑새가 있다는 것을 깨닫는다는 내용입니다. 틸틸과 미틸은 결국 '지금' 바로 옆의 파랑새를 찾았죠. 그런데 파랑새 증후군은 그 파랑새를 찾지 못하고 있는 상태를 말합니다. 파랑새 증후군에 대해서는 뒤에서 더 자세히 다뤄보겠습니다.

　이러한 시기심의 가장 큰 문제는 모순적이라는 데 있습니다. 질투도 사랑과 모순으로 인해 이 마음의 주인을 힘들게 했죠. 시기심의 모순은 마음뿐 아니라 인생을 힘들게 만들 수도 있습니다. 그 이유를 알려드리죠. 처음에는 자신은 가지지 못한 것이니 시기심이 들 수도 있을 겁니다. 그리고 그 시기심이 향하는 상대를 좋아하긴 힘들겠죠. 부정적으로 바라보게 됩니다.

　'저 사람이 잘나서 내가 시기하는구나.'

　이렇게 생각할 수 있는 사람이 있을까요? 없을 겁니다. 특히나 시기심이 강한 사람은 대신 이렇게 생각할 겁니다.

　'저 사람이 저렇게 잘난 것은 이기적으로 살았기 때문이야.'
　'저 사람의 잘난 부분은 나도 가질 수 있었지만 안 좋은 거라 안 가진 거야.'

　시기심을 이겨내기 위해 자신이 시기하는 상대를 깎아내리려는 시도를 하게 됩니다. 그래서 시기하는 원인을 나쁜 것과 연결지어 생각해버리죠. 자신의 시기심을 인정하고 상대가 가졌다는 사실을 받아들이는 것이 쉬운 일은 아니기 때문입니다. 그런데 이건 자신에게 대단히 안 좋은 생각입니다. 원래 갖고 싶었던 것을 가지고 싶지 않은 것, 나쁜 것으로 받아들이게 되기 때문입니다. 자신의 욕망이 왜곡되어버리는 것이죠. 결국 자신이 무엇을 원하는지 모르게 됩니다.

현실에는 만족하지 못하고 이상을 좇고 싶어도 제대로 좇지도 못하는 상태가 되어버립니다. 그러니 아무리 새로운 시도를 해봐도 방향이 틀렸으니 원하는 것을 얻을 수 없게 되죠. 계속 파랑새를 찾아 헤매는 상태가 됩니다. 질투와 시기심 모두 모순적인 감정이기 때문에 부정적이고 위험한 것이죠.

그러면 어떻게 해야 할까요? 시기심도 다른 감정과 마찬가지로 먼저 인정하고 무엇을 시기하는지 생각해야 합니다. 이제 그 방법에 관해 이야기해보겠습니다.

• 타인의 시기심에 대처하는 세 가지 방법 •

그럼 먼저 여러분이 시기를 많이 받는 사람이라고 가정하고 생각해보죠. 외모가 훌륭하다거나 부유하다거나 공부를 잘한다거나 인기가 많다거나 등등, 무언가 뛰어난 것이 두드러져 있는 것이죠. 그렇다면 어떻게 해야 할까요? 이런 삶을 살 때 타인의 시기심에 대처할 수 있는 방법은 다음 셋 중에 한 가지일 겁니다.

첫째, 끼리끼리 만나는 겁니다. 어차피 똑같은 상황이면 시기할 일도 없겠죠. 하지만 현실적으로 가능하지 않을 때가 많습니다. 끼리끼리 만난다고 해도 그 안에서 서로 차이 나는 부분들이 발생하며 시기하는 사람이 생겨날 수 있죠. 그래도 시기하는 사람의 수를 줄일 수는 있을 겁니다.

둘째, 시기하는 상대의 열등감을 건드리지 않는 겁니다. 자신의 어떤 면이 시기를 불러오는지 파악하고 그에 대해 조심해야겠죠. 외모가 멋진 사람이라면 계속 자신이 얼마나 아름다운지 얘기한다거나 반대로 자신도 못생겼다고 얘기하는 등, 외모를 주제로 자꾸 얘기하면 상대의 열등감을 자극하게 됩니다. 시기심을 더 키우게 되죠. 재벌이 굳이 자신이 버는 돈을 얘기하거나 자신도 서민 음식을 좋아한다고 말하거나 그 주제를 반복해서 말하면 시기심을 불러일으키겠죠. 그런데 이렇게 주의하다 보면 '내가 이렇게까지 해야 하나?'라는 생각이 들 수도 있습니다. 물론 안 해도 됩니다. 하지만 타인을 이해하는 데 많은 도움이 되죠. 타인의 자존감을 올려주고 어루만질 수 있는 여유가 생길 겁니다.

셋째, 그냥 인정하는 겁니다. 그냥 '상대가 시기하는구나.'라고 생각하고 신경을 쓰지 않는 것이죠.

그런데 이런 방법들로도 절대 해소되지 않는 시기심을 가진 사람들이 있습니다. 혼자 시기심을 키우고 공격적이고 악의적으로 행동하는 사람들입니다. 뒷담화나 악의적인 소문으로 평판을 망가뜨리기는 등, 심각한 문제를 일으키는 사람들입니다.

이런 사람들에겐 초반에 잘 대처해야 합니다. 호락호락하지 않게 보여서 상대가 조심하게 만들거나 반대로 그 상대와의 관계를 좋게 만드는 것입니다. 저런 문제를 일으키는 사람들은 쉽게 바뀌지 않습니다. 그래서 그런 사람들은 어디선가 또 타깃을 찾습니다. 누군가를 시기해야만 하는 사람들이죠. 스스로 바뀌려고 결심하고 변화를 시도하지 않는 한, 계속 시기하며 현실에 만족하지 못하는 사람으로 남는 이들이죠.

• 나의 시기심을 다스리는 선택지 •

자, 이제 우리 마음으로 돌아와봅시다. 타인의 시기심에 대응하는 방법을 뒤집어 우리 마음에 자리잡은 시기심을 다스리기 위한 선택지들로 바꿔보겠습니다.

첫 번째, 시기심이 들게 만드는 사람은 만나지 않는 것입니다.

끼리끼리 만난다는 것을 대입해본 것입니다. 단기적으로 당장의 시기심으로 견디기 힘들고 일상에 지장을 줄 정도라면 이 방법을 선택할 수도 있을 것입니다. 다만 시기할 정도로 누군가를 대단하게 보고 있다면 그 누군가에게 의존하고 있는 경우일 수도 있습니다. 이 경우에는 거리를 두고 의존을 멈추면 상대도 하나의 인간이라는 것이 느껴지고 동시에 시기심이 사그라질 수 있습니다. 그리고 이렇게 거리를 둬보면 그런 사람들과의 관계가 생각만큼 그렇게 중요한 것이 아님을 깨닫게 될 수도 있습니다. 하지만 항상 이렇게 대처한다면 인간관계가 매우 좁아지겠죠. 장기적으로는 피해야 할 선택지입니다.

두 번째, 시기심이 들게 만드는 상대를 목표로 삼는 것입니다.

열등감을 건드리지 않는다는 것을 바꿔 자신의 열등감으로 타인을 대하지 않는다는 것이겠죠. 애초에 모든 사람은 어떤 부분에서는 열등합니다. 인간은 저마다 잘하고 못하는 부분이 있기 때문이죠. 열등감을 내려놓고 상대를 보면 원하는 것을 가졌다는 사실이 남습니다. 그것을 목표로 시도해볼 수 있겠죠. 이런 생각은 변화의 원동력으로 작용할 수도 있습니다. 하지만 닿을 수 없는 목표가 되고 과정보다 결과만 따지는 마음이 들어 힘들어질 수도 있습니다. 그럼에도 불구하고 이것을 선택했다면 다음의 질문을 해봐야 합니다.

'그 사람의 무엇을 목표로 할 것인가?'

누군가의 모든 것, 일거수일투족을 다 목표로 할 수는 없습니다. 이것을 확고하게 하지 않으면 너무 많은 것을 신경 쓰다가 그냥 그때그때 따라 하기만 하는 상황이 될 수도 있습니다.

'그 사람은 어떻게 그것을 가지게 되었을까? 이것이 나의 목표가 되는 것이 맞을까?'

어떻게 그 목표를 향해갈지 생각하는 겁니다. 구체적으로 찾아보고 방법을 알아봐야 하죠. 이 과정에서 목표가 바뀔 수도 있습니다. 또한, 그 대상이 가진 것이 생각만큼 대단한 것이 아니라는 것을 알게 될지도 모르죠. 아니면 그 반대일 수도 있고요. 현실적인 판단을 통해 그것을 목표로 할지 선택해야 합니다. 상대의 전체를 보거나 여러 사람의 모습 중에 좋은 것만 골라보며 시기하고 있다면, 그 목표는 절대 이뤄질 수 없습니다.

'이것을 목표로 한다면 나에게 어떤 미래가 펼쳐질까?'

가장 중요한 질문입니다. 솔직하게 갖고 싶다고 생각하고 그 모습을 그려두면 스스로 계속 노력하는 데 큰 도움이 됩니다. 마음이 매우 힘든 선택이니 도중에 흔들리는 경험을 하게 될 것입니다. 그때 미래를 그려본 경험이 큰 도움이 됩니다.

세 번째, 시기심을 인정하고 상대도 인정하는 것입니다.

그냥 인정하는 것을 자신에게 대입해본 것이죠. '내 마음에 시기심이 있구나.' 그 마음을 찾고 인정하는 것만으로도 어떻게 대응할지 생각해낼 수 있습니다. 인정하는 것 중에 가장 좋은 방법은 상대의 잘난 부분을 칭찬하는 겁니다. 이때 자신과 비교하거나 비꼬듯이 말하지 말고 순수한 칭찬을 해야겠죠.

시기심을 인정하면 현재의 균형을 찾을 수 있습니다. 보통 문제가 되는 시기심은 상대의 삶이 자신보다 더 낫기 때문이 아니라 자신의 삶에 균형이 깨져 있기 때문에 생겨나는 것이죠.

그런데 앞의 예처럼 시기심으로 상대를 공격하게 되는 경우는 심각한 문제가 됩니다. 인간관계뿐만 아니라 자신의 마음에도 큰 상처가 됩니다. 복구할 수 없는 손해가 되기도 합니다. 공격적인 시기심이 생겨날 때도 초반에 잘 대처해야 합니다. 한번 표현하면 점점 쉬워집니다. 분노처럼 그 감정이 더 쉽게 생겨나게 되죠. 갖고 싶다고 가진 사람을 공격해서 가질 수는 없습니다. 그런 일은 문명사회가 이룩되면서 끝났습니다.

더구나 이런 공격은 마음을 모순에 빠지게 합니다. 가지고 싶은 것은 좋은 것이었는데, 공격해야 하는 것은 나쁜 것이죠. 결국 가지고 싶은 것을 나쁜 것으로 인식하게 됩니다. 무의식적으로 점점 더 목표에서 멀어집니다. 그래서 시기를 많이 하는 사람들은 계속 시기를 많이 합니다. 대상에 상관없이, 해야 하기 때문에 하죠. 시기하지 않는 게 어색할 정도가 되죠. 그래서 현명한 사람은 시기심을 인정하되 스스로 키우지 않습니다. 상대를 공격하고 미워하면 시기심도 명분을 얻고 더 커지죠.

여기까지 세 가지 방법을 알아봤습니다. 이 중 하나를 선택해도 됩니다. 하지만 이 방법들을 조화롭게 선택할 수도 있습니다.

단기적으로는 과하게 시기심을 불러오는 상대와는 거리를 두는 거죠. 장기적으로는 시기하는 마음을 인정하는 마음으로 바꿔봅니다. 속으로라도 칭찬하는 마음을 가지는 버릇을 만드는 것이죠. 그 대상에게서 목표로 삼을 만한 것을 선택하고, 그 사람이 어떻게 그것을 이루었나 살핀 후에 계획을 세워보는 것입니다.

여러분은 현명합니다. 사람은 누구나 현명하죠. 다만 내면의 현명한 목소리를 들을 수 있어야겠죠. 내면의 감정들을 인정하고 그들의 존재 이유를 알면 자신이 무엇을 원하는지 어떻게 해야 할지 알 수 있습니다. 그것이 곧 현명함이죠.

10. 감정 알아채기
: 자기 감정을 읽어내는 기술

"내 마음은
대체 뭘 바라고
있을까요?"

지금까지 우리는 여러 감정들에 대해 알아봤습니다. 감정의 반응이 반사, 지연, 예측의 순서로 이어지는 것도 배웠죠. 여러분의 목적에 맞게 감정을 다스려야 한다는 것도 알고 있을 것입니다. 이를 위해서는 감정의 지식과 자기 감정에 대한 이해가 필요하죠.

이번에는 본인의 감정을 이해할 수 있도록 실천 위주로 해보려 합니다.

• 자기 감정을 들여다보는 감정일기 •

이론에만 충실한 사람은 감정에 대해 아주 잘 아는 것 같지만, 실제로 자기 감정은 잘 모르는 경우가 많습니다. 이런 이들은 타인에게 상담은 많이 해주는데 정작 자기 현실은 원하는 대로 되지 않습니다. 겉으로는 그럴듯하지만, 헛똑똑이인 거죠. 반대로 이론이 뒷받침되지 않고 경험만으로 자기 감정을 느끼고 배운 사람들은 잘못된 원인을 찾고 방향을 잃을 수 있습니다. 그래서 누군가에게 의지하려는 마음이 커지고 집착 같은 것이 되어 자신을 괴롭히기도 하죠. 혹은 외곬으로 생각하는 고집불통이 되어버리기도 하죠. 그래서 이론과 경험 모두 필요합니다. 감정 자체에 대해 공부하면서도 자기 감정에 대해서도 꾸준히 배워나가야 하죠.

그런데 감정에 대해 강의를 하다 보면 자기 감정에 대해 가장 잘 알고 있는 그룹을 만나게 됩니다. 그 그룹은 바로 자기 감정과 관련된 일기를 꾸준히 써온 여성들입니다. 매일 감정을 들여다보고 적으면서 눈과 귀와 손을 사용해 확인해 온 것이죠. 그래서 나이가 어리다 해도 자기 감정에 대해 잘 알고 스스로 무엇을 원하는지 제대로 파악하고 있는 경우가 많습니다. 꾸준한 성찰의 결과물인 것이죠. 여섯 살부터 시작했다면, 스물여섯 살에 이미 7000번이 넘는 훈련을 한 것이 됩니다. 서른다섯 살 즈음에는 자기 감정에 대해 만 번도 넘게 성찰하게 됩니다. 이 정도 훈련량이면 전문가가 되지 않는 게 더 이상합니다. 물론 감정일기만이 자기 감정을 알 수 있는 유일한 방법은 아닙니다.

참고로 감정일기를 쓰는 방법은 정해져 있지 않습니다. 만약 어떻게 해야 할지 모르겠다면 다음의 순서를 따라 써보세요.

① 그날 있었던 일 : 간략하게 요약해서 써도 됩니다. 나중에 떠올릴 수 있으면 됩니다.

② 당시 느낀 감정 : 그때로 돌아가 어떤 감정이 떠올랐는지 가능하면 자세히 써봅니다.

③ 느꼈어야 할 감정 : 했어야 할 말이나 바로잡아야 할 감정 등을 써봅니다.

• 자기 감정을 알고 다스려야 하는 이유 •

감정을 들여다보는 것은 누가 가르쳐주는 것도 아니고, 하지 않는다고 해서 사회적으로 불이익이 있는 것도 아닙니다. 그래서 그 사람의 지식 수준이나 나이를 떠나 자기 감정에 대한 이해는 개인차가 매우 크죠. 특히 우리나라의 어른들은 감정을 참고 드러내지 않는 것이 더 미덕이라고 배우기도 했습니다. 그래서 오히려 자기 감정을 외면하는 훈련을 해버린 분도 많습니다. 외면해야 한다고 배우지는 않지만 배운 대로 하고 나니 그것이 외면하는 방법이었던 것이죠.

분명 감정을 이겨내고 숨기는 것이 사회적으로 유리할 때도 있습니다. 하지만 이는 감정을 다스리는 것과는 다릅니다. 오히려 감정을 모르게 되고 다스리는 것과는 더 멀어져버리죠. 어렸을 때 자기 감정을 이해하고 사회에 나가면서 다스리게 되는 것이 가장 이상적이지만, 실제로는 자기 감정을 이해하지 못하고 다스리는 흉내만 내니 그냥 외면하고 숨기게 되는 것입니다.

이처럼 사람마다 현재 상황이 많이 다르기 때문에 감정을 확인해보는 방법을 알려드리는 것이 참 조심스럽습니다. 그럼에도 불구하고 감정을 외면하도록 배운 세대인 저를 포함해 상담해드리고 교육했던 분들께 효과가 있었던 방법을 알려드리려 합니다.

당연히 이 방법들만 정답은 아닙니다. 여러분들은 각자의 노하우가 이미 있을지도 모릅니다. 만약 그런 것들이 있다면 그 방법으로 계속 자신을 들여다보고 누군가에게 공유해주셔도 좋겠죠. 하지만 만약 자기 감정에 대해 잘 모르겠는데 어떻게 할지 감도 오지 않는다면, '10. 내 감정 알아채기 실습(292 ~294쪽)'에서 소개하는 방법들을 차근차근 시도해보기 바랍니다.

"감정을 알면, 마음의 언어를 알게 됩니다."

마음을 정리하려면, 먼저 그것이 무엇을 말하고 있는지
들어야 하고, 읽어야 하고, 믿어야 합니다.
우울함, 불안, 분노, 외로움…….
모두 당신을 괴롭히는 것이 아니라,
당신을 지키기 위해 오래전부터 함께해온 감정들입니다.
이제 우리는 그 낯선 동행자들과 인사를 나눴습니다.
다음은, 마음을 되찾고 다루는 방법을 익힐 차례입니다.

"마음은 싸워야 할 것이 아니라, 설득해야 할 존재다."

"무너진 마음은 다시 세울 수 있습니다."

감정은 이해하는 것만으로 충분하지 않습니다.
우리는 그 감정을 어떻게 다룰지, 어떻게 회복할지를
직접 배워야 합니다.
두 번째 여정에서는 나를 지치게 하는 감정의 습관을 바꾸고,
점점 흐려졌던 마음의 중심을 되찾게 됩니다.
당신은 더 이상 휘둘리는 존재가 아닙니다.
당신의 마음은 당신이 다시 선택할 수 있는 삶의 중심입니다.

"내면의 중심이 생기면, 바깥의 소음은 줄어든다."

PART · 2
내 마음 되찾기

11. 삶의 균형
: 우리 삶의 균형을 이뤄주는 두 개의 시소

"이렇게 살면
안 되는
거였어요."

앞서 9장에서 시기심을 다루면서 '파랑새 증후군'을 말했었습니다. 현재에 만족하지 못하고 미래의 무언가를 계속 희망하는 마음이었죠.(83~84쪽)

그런데 여기서 문제는 '현재'에는 만족하지 못한다는 것입니다. 미래에 희망하는 것이 이뤄진다 한들 문제가 해결되지 않죠. 무엇이 이루어졌든 그건 다시 현재가 되어버리니까요. 현재 곁에 있는 것이 다 부족하게 느껴지고 곁에 없는 것을 바라는 것입니다. 그것이 직장이든, 가족이든, 사랑하는 사람이든 말입니다. 이런 경우에는 바라는 것을 이루려는 노력이 필요한 것이 아니라 일상의 균형을 점검해봐야 합니다.

• 일상의 균형과 현실의 만족 •

혹시 두더지가 사위를 고르는 민담을 아시나요?

두더지가 세상에서 가장 힘센 사위를 고르려고 고양이를 찾아갑니다. 그런데 고양이는 사람이 가장 무섭다고 했죠. 사람은 하늘의 해가 제일 강하다고 했습니다. 해는 구름이 자신을 가리면 자긴 아무것도 아니라고 했죠. 구름은 바람이 불면 흩어져버린다고 했습니다. 바람은 아무리 자기가 쓰러뜨리려 해도 쓰러지지 않는 돌부처가 있다고 했죠. 돌부처를 찾아갔더니 자신의 밑동을 갉아 먹어 무너뜨릴 수 있는 두더지가 제일 무섭다고 해서 결국 두더지를 사위로 고른다는 이야기입니다.

힘이 세다는 가치로 표현했지만, 사람마다 다양한 가치가 있다는 것을 얘기하고 있죠. 그리고 자신이 가진 가치를 과소평가하지 말라는 뜻도 담겨 있습니다. 물론 인연은 주변에서 찾으라거나 오래 고민해봐야 제자리라는 메시지로 해석하는 사람도 있을 겁니다. 각자 다른 의미로 느껴지는 것도 우화의 즐거움이겠죠. 비슷하지만 다른 이야기도 있습니다.

무더운 여름에 한 석공이 돌을 깎다가 행차하는 귀족을 보고 한탄을 했습니다. "아, 나도 귀족으로 태어났더라면……."
그랬더니 신이 그를 귀족으로 만들어주었습니다. 귀족이 되어 자신도 행차하고 있는데 뜨거운 햇볕은 피할 수가 없었죠. 그래서 한탄을 했더니 이번엔 태양이 되었습니다. 그러다 구름이 자신을 가렸죠. 구름이 되었습니다. 그러고는 구름을 밀어내는 바람이 되고 바람이 밀지 못하는 산의 바위가 되었죠. 그런데 석공들이 와서 바위를 깎기 시작했습니다. 그리고 눈을 떠보니 다시 석공이 되어 있었습니다.

앞의 민담과 비슷하지만 관통하는 주제는 약간 차이가 있습니다. 이 이야기는 파랑새 증후군에 관한 메시지를 담고 있습니다. 석공은 현재에 만족하지 못하고 계속 미래의 무언가를 희망하죠. 그것이 이루어지든 이루어지지 않든 현재에는 만족하지 못합니다. 제자리로 돌아가 그것을 깨달았을까요?

TV 광고에서도 이와 비슷한 내용이 있었습니다. 피로회복제 광고로, 자신이 제일 피곤하니 다른 사람이 되고 싶은 사람들이 등장하죠. 바로 회사원과 취업준비생, 그리고 군인이었습니다.

처음에는 포장마차에서 두 회사원이 회사를 다니는 것이 힘든지 술을 마시며 한탄합니다.

"내가 사표를…… 내자. 내자. 그래 사표 내자."

그런데 그것은 TV 속 장면이었습니다. 누워서 그 회사원들이 나오는 TV를 보던 취업준비생이 짜증 나는 표정으로 말하며 돌아눕습니다.

"취직을 해야 사표를 쓰지. 에휴."

그런데 그것도 TV 속 장면이었죠. 이번에는 긴장한 군인이 곧은 자세로 그 장면을 보며 생각합니다.

'부럽다. 누워서 TV도 보고…….'

그러나 그것도 TV 속 장면. 처음에 나왔던 회사원들이 그 군인의 모습을 보며 말합니다.

"부럽다. 저때는 그래도 제대하면 끝이었는데."

그 옆에 회사원이 맞장구쳐줍니다.

"부럽네."

이 광고가 기억나시나요? '회사원 → 취업준비생 → 군인 → 회사원' 이렇게 돌고 도는 부러움의 연결고리를 만들어 많은 인기를 끌었던 광고입니다. 벌써 10년도 넘게 지났는데도 기억하고 있는 분들이 많을 정도로 저 세 그룹의 마음이 모두 공감되었습니다. 그만큼 우리는 이런 마음을 자주 겪습니다.

회사를 다니지 않을 때는 회사에 다니고 싶고, 회사에 다닐 때는 여행이 가고 싶습니다. 여행을 가면 집에 가고 싶고, 집에 있으면 사람들을 만나고 싶죠. 사람들을 만나면 지쳐서 혼자 있고 싶고, 혼자 있으면 누군가 만나고 싶어지죠. 창업을 한 사람들은 그냥 회사 다닐 걸 그랬다고 하고, 회사에 다니는 사람들은 창업이나 유튜버 같은 도전을 하고 싶어 합니다. 가족과 함께 살 때는 독립해서 살고 싶다가도, 독립하면 가족이 그립고 집밥이 생각나죠.

여러분은 어떤가요? 항상 현실에 만족했나요? 아니면 바라는 것이 이뤄진 순간 만족했나요? 아마 아닐 겁니다. 누구나 저렇게 흔들리는 경험을 합니다. 그런데 그런 흔들림을 계속 경험하고 있다면 문제죠. 잘못된 목표나 만족할 수 없는 현재가 문제일 수도 있지만, 그보다 더 근본적인 문제는 무너진 삶의 균형입니다.

• 마음의 균형을 이루는 두 개의 시소 •

마음의 균형을 알기 위해서는 우리 마음에 존재하는 두 개의 시소에 관해 이야기해야 합니다. 한 개의 시소에는 안정과 도전이 타고 있습니다. 다른 쪽 시소에는 성장과 기여가 타고 있죠.

첫 번째 안정과 도전의 시소부터 살펴보겠습니다.

안정은 확실한 것을 추구하는 마음입니다. 회사에 들어가고 싶고 집에서 부모님과 함께 지내고 싶은 마음들입니다. 어제와 같은 오늘, 그리고 오늘과 같을 내일을 떠올려보시면 됩니다. 변화하는 것은 스트레스입니다. 그런 스트레스가 없는 것을 추구하는 것이죠. 안정적이고 생존이 보장된 상황입니다.

반대편의 도전은 불확실한 것을 즐기려는 마음입니다. 여행을 가거나 창업을 하고 프리랜서가 되고 싶은 마음이죠. 새로운 것을 경험하고 변화를 추구하는 것입니다. 예측하지 못한 일에 놀라움과 흥분을 경험하길 바라는 마음이죠.

이 두 가지 중 하나가 없어지면 시소가 무너집니다. 그래서 다른 것을 추구하게 됩니다. 그런데 안정감이 충족된 삶을 살다가 갑자기 도전을 추구하면 어떻게 될까요? 다시 안정을 추구하는 마음이 생깁니다. 계속 한 쪽이 무너진 마음으로 살게 되죠. 그래서 안정이 확보된 상황에서 도전을 추구하고 싶다면 안정을 버리지 않고 도전할 방법을 생각해야 합니다.

예를 들어 회사를 다니고 있는데 도전을 추구하는 마음이 계속 생긴다면, 회사를 당장 그만두는 것보다 주말 등의 시간을 활용해 도전할 수 있는 일을 시도해볼 수 있겠죠. 창업한 지인들에게 작은 도움을 주면서 창업을 간접적으로 체험해본다거나, 취미활동을 역동적이고 매번 새로움을 경험할 수 있는 불확실한 것으로 채워보는 것도 방법입니다.

반대의 경우도 마찬가지입니다. 불확실한 프리랜서의 삶을 살고 있다면 매주 특정한 시간은 같은 일을 하는 것으로 안정감을 조금 더 올릴 수 있습니다. 아니면 전체 수입이 좀 줄더라도 고정수입이 있는 일을 같이 시도해보는 것도 방법일 수 있겠죠.

균형을 맞추면서 각각을 더 탄탄하게 만들면 시소를 더 튼튼하게 만들 수 있습니다. 안정감도 높이고 도전도 더 많이 해보는 거죠. 물론 사람마다 추구하는 바가 조금씩 다를 수 있습니다. 하지만 둘 중 하나만 추구하는 사람은 없습니다.

자, 이번에는 성장과 기여의 시소를 보죠.

성장은 개인의 발전뿐만 아니라 남과 다른 것을 추구하는 마음입니다. 남들과 다른 특별한 존재감을 갖길 원하는 것이죠. 자신만의 목적을 만들고 의미를 찾고 배움을 추구하는 마음이기도 합니다. 독창적인 것을 바라기도 하죠. 나만의 것, 나만이 할 수 있는 것을 찾습니다. 기여는 타인을 돕고 끈끈하게 엮이길 바라는 마음입니다. 남들과 동질감을 느끼고 소속감을 느끼길 원하는 것입니다. 타인과 하나가 되는 느낌이나 사랑을 나누고 싶은 마음이기도 합니다. 인간관계와 소통을 바라죠. 타인을 위해 할 수 있는 것을 찾습니다.

성장만 추구하다 보면 인생이 허무하게 느껴지거나 의미를 잃은 것 같은 느낌을 받을 수도 있습니다. 반대로 기여만 추구하다 보면 자신이 없는 세상에 놓인 느낌을 받을 수도 있죠. 필요한 것은 균형입니다. 지금 자신의 시소가 어떻게, 얼마나 기울어져 있는지 판단해야 합니다. 잘못된 길로 가고 있다면 계속 방황하게 될 뿐입니다.

기여와 관련된 시간이 많아 지치는 느낌이라면 혼자만의 시간을 갖거나 특별한 소품을 준비해보는 것도 도움이 되겠지요. 반대로 성장만 하면서 고립된 상황이라면 마음을 나눌 사람과 시간을 더 오래 보내거나 다른 사람과 교류할 수 있는 취미를 만드는 것도 좋은 방법일 겁니다.

성장과 기여는 함께 키울 방법들이 많이 있습니다. 예를 들어 자신이 공부한 것으로 타인을 가르치는 것은 성장과 기여를 동시에 할 수 있는 일이죠. 함께 스터디하는 모임도 비슷하죠. 회사에서 일하면서도 자신에게 맞는 방법을 찾고 자신의 역할을 늘려 가는 것으로 성장과 기여를 경험할 수 있습니다. 창업했을 땐 비슷한 상황의 사람들과 네트워크를 형성해 두 가지를 충족시키는 것이 가능할 수 있겠죠.

• 현실의 불만족과 삶의 균형 관계 •

삶의 균형이 깨졌을 때 현실에서 도망가고 싶고 허황된 미래를 꿈꾸게 됩니다. 현실과 이상의 차이가 더 벌어질수록 현실이 더 불행하고 잘못된 것처럼 느껴집니다. 그리고 계속 누군가를 시기하고 공격적인 마음으로 변해 가거나 우울하고 자신을 학대하는 마음으로 변해 갑니다. 그리고 새로운 것을 했을 때도 만족하지 못하고 계속 다른 미래를 꿈꾸죠. 그렇게 계속 불만족을 경험하면 결국 좌절 상태로 빠지게 되죠.

중요한 것은 현재의 길이 틀린 것이 아니라 균형이 무너졌을 뿐임을 기억해야 합니다. 현재를 부정해버리는 순간 현재는 항상 부정할 대상이 되어버리죠. 하지만 현재라는 땅을 밟고 내일을 향하는 겁니다. 이 원리를 이해하면 스스로 자기 자신을 상담해줄 수도 있습니다. 후회가 더 적은 선택을 하도록 도울 수 있죠. 새로운 길에 도전하려면 균형을 먼저 생각해야 하죠. 가지 않은 길이 좋아 보여도, 막상 그 길을 갔을 때 기대만큼 좋으리란 보장이 없습니다. 누가 말해준다 한들 그것은 그 사람의 관점이죠. 나의 경험이나 생각과는 다릅니다. 어떤 사람은 여행을 다니면서 행복하고 다른 누군가는 집에서 잠을 자면서 행복합니다. 이는 두 개 시소의 균형이 어떻게 맞춰져 있느냐의 차이입니다.

12. 자부심
: 인생을 바꾸는 열쇠

"나는 자부심이 없이
살아왔어요.
이제라도 바꿀 수
있을까요?"

목표가 생기고 그것을 이루면 기쁨이 생깁니다.

그러면 어떻게 기쁨의 총량을 늘릴 수 있을까요? 쉽게 생각하면 달성할 수 있는 더 많은 목표를 세우면 될 것 같습니다. 하지만 사소한 목표들을 많이 달성한다 해도 그것들은 중요하지 않은 목표이기 때문에 큰 기쁨을 얻을 수 없습니다. 사소한 목표를 중요하게 여기게 되면 실제로 중요한 것을 놓치고 자신의 가치가 낮아지는 결과를 낳을 수도 있습니다. 또한, 많은 목표를 가진다는 것은 부정적 감정의 가능성도 커지게 되는 것이죠. 그러니 단지 목표의 양과 난이도가 중요한 것은 아니죠.

• 목표에 따라 얻게 되는 두 가지 감정 •

중요한 것은 목표가 무엇인가입니다. 우리는 어떤 일의 결과를 목표로 할 수도 있습니다. 하지만 행동 그 자체를 목표로 할 수도 있죠. 그에 따라 얻을 수 있는 두 가지 감정이 있습니다. 하나는 '성공감'이고, 다른 하나는 '자부심'입니다.

성공감은 어떤 일의 결과를 기대와 비교해볼 때 생깁니다. 기대했던 결과가 나오면 성공감이 들고, 반대로 그 결과가 나오지 않으면 실패감이 듭니다. 자부심은 자신의 행동이 기대에 미쳤을 때 생깁니다. 행동이 기대에 미치지 못하면 수치심이 들죠.

이 성공감과 자부심은 인생의 기쁨에 큰 차이를 만듭니다.

예를 들어 다이어트를 한다고 했을 때 정해둔 운동량을 채웠는데도 실제 체중은 어제와 별로 차이가 없는 상황이라고 가정해보죠. 어떤 감정이 들까요? 실제 체중이 별 차이가 없었으니 실패감이 들겠죠. 하지만 그날 정해진 운동을 했다면 귀찮음을 이기고 정한 대로 행동했으니 자부심이 들 겁니다. 이때 자부심이 중요한 사람은 기쁠 겁니다. 성공감이 중요하면 분노가 생기겠죠.

이런 특성으로 인해 자부심을 중요하게 여겨야 훨씬 더 행복한 삶을 살 수 있습니다. 좀 더 구체적으로 자부심이 주는 혜택에 대해 알아볼까요?

• 자부심이 주는 세 가지 혜택 •

크게 세 가지로 볼 수 있습니다.

첫째, 인생의 기쁨을 스스로 선택할 수 있습니다.

앞서 본 예시처럼 자부심에 목표를 둔 사람은 인생에서 기쁨을 스스로 선택할 수 있습니다. 왜냐하면 도전은 선택할 수 있지만, 그 결과는 선택할 수 없기 때문입니다. 더 뛰어난 경쟁자가 있을 수도 있고 아직 자신이 부족할 수도 있죠. 다이어트의 예시처럼 당장 결과가 나오지 않아도 스스로 도전하고 처음에 정한 것을 행동하는 것 자체로 자부심을 느낀다면 기쁠 수 있습니다. 그리고 이런 기쁨은 자신을 더 좋은 방향으로 이끌어 갑니다.

둘째, 더 나아갈 수 있게 됩니다.

자부심을 중요하게 생각하는 사람은 계속 행동하고 발전하게 됩니다. 실패한다고 해서 쉽게 좌절하지 않습니다. 노력 자체에서 이미 기쁨을 얻고 있기 때문이죠.

게임을 하는 상황을 예로 들어보죠. 자부심이 중요한 사람은 과하게 낮은 난이도의 게임을 즐기지 않습니다. 대개는 보통 이상의 수준으로 즐기죠. 왜냐하면, 단순히 빨리 클리어하는 것이 중요한 일이 아니기 때문입니다. 그러다 보니 자연스럽게 더 좋은 실력을 갖추게 됩니다. 성공감만 중요한 사람은 클리어하기 위해 낮은 난이도의 게임만 하게 됩니다. 하지만 인생에서 쉬운 난이도란 없죠. 그러다 보니 성공감만 중요한 사람은 쉽고 안전한 길만 가려고 하는 성향이 나타나게 될 때도 있습니다.

게임을 하지 않는 사람에겐 별것 아닌 것 같아도 어려운 레벨의 게임을 클리어하려면 많은 시간 수련이 필요합니다. 무엇이든 일정 수준 이상의 실력이 되려면 지루함과 괴로움을 지나야 합니다. 성공감이 중요한 사람들은 그 시간을 견디기 힘듭니다. 아무런 기쁨을 못 느끼기 때문이죠. 물론 성공감만이 중요한 사람들도 그 과정을 견디고 결국 해낸다면 큰 기쁨을 얻습니다. 하지만 자부심이 중요한 사람은 자신이 그것을 도전하고 배워 가는 것에서도 기쁨을 느낍니다. 그런 기쁨들로 인해 지루함과 괴로움을 이겨내기가 훨씬 수월하죠. 이것이 바로 즐기는 것입니다.

셋째, 방향을 잃고 허무함에 빠지지 않을 수 있습니다.

자부심을 중요하게 생각하는 사람은 성공을 이뤄도 목표를 잃지 않습니다. 더 나아가고 행동하는 것 자체가 기쁨이기 때문이죠. 하지만 성공감이 중요한 사람은 한번 기쁨을 얻고 나면 새로운 무언가를 또 찾아야 하죠.

등산을 예로 들어볼까요? 성공감만을 위해 살면 주변의 풍경보다 어떻게든 빨리 정상에 오르는 것이 중요합니다. 정상에 도착하는 순간에 기쁨을 얻을 수 있기 때문입니다. 그러면 내려올 때는 어떤가요? 그냥 목적을 이루고 돌아가는 길일 뿐입니다. 그러니 다시 내려올 산에 왜 올라가냐는 질문을 할 법도 하네요. 하지만 자부심이 중요한 사람들은 오르기로 결정하고 그것을 해내고 있는 자신에게 자부심을 느끼죠. 매 순간이 기쁩니다. 주변의 풍경도 눈에 들어오겠죠. 내려가는 길도 즐겁습니다.

· 자부심을 추구해야 하는 이유 ·

감정의 원리가 이렇다 보니 성공감만을 중요하게 생각하면 항상 현실에 만족하지 못하고 주변에서 무언가를 찾게 되는 성향을 지니기 쉽습니다. 한번 오른 산을 두 번 오를 필요는 없다고 느끼는 것과 같죠. 자꾸 허무함에 빠지고 계속 새로운 목표를 만들려고 하죠. 한 가지 일을 진득하게 하는 것보다 계속 새로운 데로 눈을 돌립니다. 이것저것 조금씩 건드려보고 쉽게 쉽게 접근해보고 좀 어렵거나 반복적인 일들은 피하는 것이죠. 그래서 아이러니하게도 성공감을 중요하게 생각하고 살아왔는데 어느 순간 돌아보니 어느 하나 이룬 것이 없는 상황이 펼쳐질 수도 있습니다. 무언가를 이루기 위해서는 참고 견

더야 하는 순간이 분명히 존재하니까요.

　이런 사고방식이 삶 전체로 확장된다면 어떨까요? 물론 꼭 자부심을 중요하게 여기며 살아야 한다는 것은 아닙니다. 성공감을 중요하게 생각하는 사람들도 기쁘지 않은 순간들을 인내하며 목표를 이루고 발전하고 새로운 목표를 만들어 가며 멋진 삶을 살 수 있습니다. 하지만 그렇게 되기까지 그들에게 인생은 더 괴롭고 힘든 순간의 연속일 겁니다. 그리고 어느 순간 찾아온 극단적인 허무함을 이겨내야 할 겁니다.

　"인생을 즐겨라." 이 말은 그냥 놀고먹으면서 재밌게 살라고 오해하기 쉽습니다. "열심히 살라."는 말의 반대말처럼 말이지요. 하지만 이 말의 진짜 의미는 바로 인생의 여러 과정에서 기쁨을 찾으라는 것입니다. 바로 자부심을 추구하라는 말이지요.

13. 수치심
: 자부심을 부르는 동전의 뒷면

"수치스러워서
견딜 수가 없는데,
그냥 잊으면
안 되나요?"

우리는 앞서 자부심에 대해 알아봤습니다. 그런데 성공감만을 좇으며 살다 갑자기 자부심을 중요하게 생각하는 것이 가능할까요? 매우 힘든 일입니다. 그러면 사람이 움직이는 동기는 어디에서 나올까요? 보상으로 움직이기도 하지만 그보다 더 강한 것은 두려운 것으로부터 도망치는 것입니다. 당근이 먹고 싶어도 우선 채찍을 피하고 보는 것이 보통 사람의 마음이니까요.

• 수치심이 과연 나쁜 것일까? •

자부심이 당근이라면 채찍은 바로 수치심입니다. 수치심도 다른 부정적인 감정들과 마찬가지로 우리를 위해 존재합니다. 그러니 수치심을 느끼는 것은 나쁜 것이 아닙니다. 외면해버리는 것이 나쁜 거죠. 슬픔이나 외로움과 같은 부정적인 감정을 느끼는 것 자체를 나쁘다고 생각하는 사람은 없습니다. 그런 것들을 외면하고 묵혀두면 탈이 난다는 것을 알고 있죠. 성공감의 대칭인 실패감을 느끼는 것도 나쁘다고 생각 안 하죠.

그런데 왜 수치심은 느끼는 것 자체를 나쁜 것으로 생각할까요? 슬픔은 이겨내려 하고, 분노는 조절하려고 하고, 외로움은 무언가 실체를 찾으려 하는 등 여러 노력을 기울이는데, 왜 수치심만 혐오하는 걸까요? 혐오는 그 대상을 세상에서 없애버리고자 하는 목적을 가진 것입니다. 단지 피하면 되는 두려움과는 많이 다르죠. 다른 부정적인 감정에서 느끼는 것이 두려움이라면, 수치심만은 혐오하는 것처럼 보입니다.

이렇게 되는 이유는 수치심이 다른 부정적인 감정에 비해 외면해버리는 것이 더 수월하기 때문일 겁니다. 슬픔이나 외로움이 느껴질 때 다른 일을 할 수는 있어도 다른 감정으로 바꾸는 것은 힘듭니다. 하지만 수치심은 실패감을 중요하게 생각하는 것으로, 외면해버릴 수 있죠. 또한 수치심을 느끼려면 솔직해져야 합니다. 그래서 직면하는 것이 다른 감정들을 느끼는 것보다 더 괴로울 수 있습니다. 자신을 들여다보게 되고 그동안 자신을 보호해 왔던 핑계들이 모두 사라지게 되기 때문이죠.

어떤 이는 수치심을 느끼는 것을 수치스럽게 생각합니다. 그런데 슬픔을 느끼는 것 자체가 슬픈 일은 아니죠. 슬픔을 솔직하게 느낄 수 있다는 것 자체는 좋은 것입니다. 수치심도 마찬가지입니다. 솔직하게 수치심을 느낄 수 있다는 것은 오히려 자부심을 느껴도 되는 일입니다. 만약 지금껏 자부심이 아닌 성공감에 더 비중을 두고 살아왔다면, 수치심을 이해해보는 것이 큰 도움이 될 것입니다.

• 수치심의 세 가지 긍정적 기능 •

수치심의 세 가지 긍정적인 기능을 함께 보도록 하죠.

첫 번째, '관리' 기능입니다. 수치심은 자신에게 솔직해지도록 만들어 스스로 세운 계획이 잘 지켜지도록 돕습니다. 자신과의 약속을 지키지 못했을 때 수치심이 들죠. 그래서 지금 제대로 가고 있는지 알 수 있습니다.

예를 들어 다이어트를 하려고 식사와 운동에 대한 계획을 세운 상황을 생각해보죠. 매일 정해진 양을 지키며 자부심을 느끼는 사람이 있고, 체중을 재며 성공감을 느끼는 사람이 있겠죠. 둘 다 성공할 수도 있습니다. 성공은 결국 의지력에 달린 것이니 심리적 보상이 적더라도 끝까지 노력하는 의지가 있다면 성공하는 거죠. 하지만 계속 노력하기 쉬운 것은 자부심을 가지는 쪽입니다. 원래 체중은 계단식으로 빠지기 때문에 한동안 정체기를 겪기도 하죠. 이때 성공감만을 좇는다면 견디기가 어렵습니다.

반면에 만약 정해진 식사와 운동을 지키지 못했다면 어떨까요? 실패감이 들지는 않습니다. 체중이 갑자기 늘어나진 않을 테니까요. 체중이라는 결과는 여러 가지 변수에 의해 좌우됩니다. 그날의 컨디션도 중요하겠죠. 하루 자신을 속인다고 실패감이 들지는 않는 것입니다. 잘못했다고 생각할지는 모르지만 내면 깊은 곳에서는 큰 잘못이라고 느끼지 못합니다. 실패감이 들지 않기 때문에 약속을 지키지 않는 것에 두려움이 없죠. 그러다 시간이 지나면서 목표에 도달하지 못해 실패감이 들까 봐 두려움이 생깁니다. '자기 불구화 전략'으로 핑계들을 준비하죠.

하지만 자부심이 중요한 사람이라면 자신이 정한 계획을 지키지 못했을 때 수치심이 들어 괴로울 겁니다. 체중이란 결과와는 별개죠. 그래서 수치심을 어떻게든 피하려고 애쓰며 그날그날 자신과의 약속을 중요하게 여길 겁니다. 아마 이렇게 말할 겁니다.

"이건 내가 선택한 거야."

두 번째, '스테이지 클리어 표시' 기능입니다. 수치심은 새로운 도전을 할 때가 되었음을 알려줍니다.

처음 운동을 시작하는 상황을 예로 들어보죠. 시작하는 것이니 당연히 아무 기술도 없고 그 운동에 맞는 근육도 없겠죠. 그런데도 시도하고 노력하는 자신에게 자부심을 느낄 수 있습니다. 다만 처음엔 그 운동에 경험이 좀 있는 초등학생도 이기기 힘들겠죠. 같은 체육관에 있는 초등학생이 좋은 경쟁상대가 될 수도 있을 겁니다. 처음 그 초등학생보다 더 잘하게 되는 순간, 성공감이 느껴지며 기쁠 겁니다. 그런데 그후로도 항상 초등학생하고만 경쟁하고 이기고 있다면 어떨까요? 성공감을 느낄 수 있을지는 모르지만 수치심이 들 겁니다. 성공감만을 좇는 사람은 실패가 두려워 그 상황에 만족하고 동등한 수준의 어른과 경쟁하려 하지 않을 수도 있습니다. 하지만 자부심이 중요한 사람은 경쟁에서 지거나 실패하는 것보다 수치스러운 것을 더 두려워합니다. 그래서 실패하는 일도 생기죠. 그런데 실패라는 채찍보다 수치심의 채찍이 더 아픕니다. 그러니 실패하는 일이 있어도 시도합니다. 그래서 수치심을 느끼는 것은 노력하고 발전하는 원동력이 될 수 있습니다.

게임의 스테이지 클리어 표시가 없으면 굳이 새로운 레벨로 갈 필요가 없습니다. 그런데 같은 레벨의 게임은 지겨워지기 마련입니다. 내가 이걸 왜 하고 있나 싶으면서도 그냥 해 왔으니까 하고 있는 거죠. 그냥 반복해서 하는 겁니다. 새로운 스테이지로 가면 좀 어려울지는 모르지만 새롭고 흥미로운 것들이 많을 텐데 말입니다. 그러면서 많은 것을 배우고 새로운 자신을 발견할 수 있겠죠. 하지만 수치심이 없는 사람은 그런 것을 원하지 않습니다.

이런 이유로 수치심을 느낄 줄 아는 사람은 단지 열심히 하는 것에만 머물지 않습니다. 열심히만 한다는 것은 현재 레벨에 머물러 있는 것과 같습니다. 직급이 올라가거나 나이를 먹어도 그에 맞는 노하우가 좀처럼 생기지 않죠. 그냥 시간이 흐른 겁니다. 이런 마음을 이겨내려면 이렇게 말해야겠죠.

"나는 더 잘할 수 있는 사람이야."

세 번째, '조기경보시스템' 기능입니다. 결과가 잘못될 것을 미리 객관적으로 예측할 수 있게 해주죠. 근거 없이 잘못될 것이란 생각도 막아줍니다. 이건 수치심만의 기능은 아닙니다. 어떤 감정이든 잘 알게 되면 지금의 자기 마음을 이해하게 되죠. 현재를 이해하면 미래를 객관적으로 예측해볼 수 있습니다. 그런데 성공감과 실패감만큼은 이것을 좀 힘들게 만듭니다. 왜냐하면 그 감정들은 미래 결과를 중요하게 생각하기 때문입니다. 그만큼 실패할지 모른다는 불안이 존재합니다. 그래서 미래가 더 두렵게 느껴질 가능성이 크죠. 게다가 지금 마음의 보상이 없으니 그런 두려움을 이겨내기가 참 힘듭니다. 당연히 자부심이 중요한 사람도 미래는 두렵습니다. 그래도 원하는 미래가 있다면 현재라는 과정에서 보상을 얻고 있을 테니 미래를 두려워하는 시간이 더 적겠죠. 자연스럽게 미래가 좀 덜 두렵게 느껴집니다.

그런데 실패할까 봐 두렵고 불안할 때 그 불안을 확실히 없애는 방법이 있습니다. 미리 실패해버리는 거죠. 포기하면 편하다는 메시지를 듣는 겁니다. 반면에 노력하는 것이 힘들고 괴로울 때 그것을 피하는 방법이 있습니다. 미리 성공해버리는 거죠. 난 항상 운이 좋으니까 등 막연한 근거로 성공감을 미리 맛보고 안주합니다. 당장의 마음에는 좋을지 모르지만 결국 실패감을 마주하게 되겠죠. 이런 일들을 수치심으로 방지할 수 있습니다.

수치심은 객관적으로 미래를 예측하게 도와줍니다. 하지만 일기예보처럼 예측한 것이 틀리는 날도 있겠죠. 미래를 직접 보는 것은 아니니까요. 어제의 무엇이 오늘 날씨에 영향을 미쳤는지 알 수 있을 뿐이죠. 그렇게 수많은 어제와 오늘을 통해 내일을 예측합니다. 우리가 우리의 삶을 예측하는 것도 결국 같은 방법입니다. 어제의 무엇이 오늘에 영향을 주었나 생각해보면 내일이 어떨지, 오늘의 무엇이 내일에 영향을 줄지 알 수 있습니다. 그리고 어떻게 대비하고 바꿀지도 생각할 수 있죠.

우린 일기예보가 최선의 예측이라 믿고 그에 맞춰 하루를 준비합니다. 물론 가끔(혹은 자주) 우릴 실망시키기도 합니다. 그런데 항상 나쁜 날씨일 거라고 예보한다면 어떻게 될까요? 결국 외면당하겠죠. 아니면 사람들을 무기력하게 만들 겁니다. 어차피 내일 비가 올 거라면 굳이 세차를 할 필요가 없겠죠. 매일 비가 올 거라고 생각하면서 차는 더러워져 갈 겁니다. 미리 실패하는 마음과 같습니다. 현재를 좋게만 바라보는 예보는 더 위험하죠. 갑자기 태풍이 와서 큰 피해를 주면 얼마나 많은 사람이 낭패를 볼까요. 우리 마음도 성공감에 취해 현재를 파악하면 이런 일이 벌어집니다. 매일 날씨가 나쁠 것으로 걱정하며 해야 할 일을 미루거나 날씨가 좋을 것이라는 생각으로 아무 대비

없이 지내는 것이 반복되면 우리의 일상은 어떻게 될까요?

그리고 대개 이런 것은 오락가락하게 됩니다. 미리 성공하는 사람과 미리 실패하는 사람은 다른 사람이 아닙니다. 미리 성공했다가 미리 실패했다가를 왔다갔다 하며 결국 현재의 자신은 아무것도 하지 못하죠. 현실을 객관적으로 보지 못하기 때문입니다. 현실이 복잡해지기만 할 뿐 항상 제자리죠.

수치심은 현재 자신의 부족함이나 해야 할 일을 직면하게 해줍니다. 당장 불편해도 결과를 객관적으로 예측해볼 수 있죠. 감당할 수 있는 미래일지 아닐지, 이룰 수 있는 꿈인지 아닌지, 가능할 수도 있는 미래의 모습이라면 무엇을 해야 하는지 생각할 수 있습니다. 과거와 현재를 제대로 보지 못하면 미래의 일은커녕 당장 할 일도 알기 힘들 수 있습니다. 이런 상황에서 벗어나기 위해 이렇게 말해볼 수도 있겠죠.

"해봐야 아는 거지."

어떤가요? 외면해 왔던 불편함을 마주한 것 같았을지도 모르겠습니다. 오늘의 이야기는 실은 모든 사람이 가지고 있는 마음입니다. 크고 작음의 차이가 있을 뿐 누구나 이런 마음과 싸우고 이겨내며 살아야 합니다. 모든 생물은 고통을 피하려 합니다. 그러니 수치심을 직면하기란 어려운 일이죠. 하지만 모든 감정은 이유가 있습니다. 이제 우리는 감정을 외면했을 때 어떤 일이 벌어지는지 잘 알고 있습니다. 그래서 힘들어도 우리의 수치심에 직면하려고 하는 겁니다. 당연히 자부심을 가질 만한 일이죠.

14. 착한 아이 콤플렉스와 꼰대
: 자부심을 잃은 이들

"착하게 살아왔는데,
내 마음은
왜 이렇게
되었을까요?"

이번에는 자부심이 어떻게 일상을 바꿀 수 있는지 살펴보겠습니다.

자, 먼저 아이에게 칭찬을 한다고 가정해보죠. 다음의 칭찬들이 아이에게 어떤 영향을 미칠지 생각해보세요.

① "참 똑똑하구나."
② "참 열심히 했구나."

• 성공감만을 좇을 때 생겨나는 문제들 •

①번의 칭찬은 그 아이가 바꾸기 힘든 것을 대상으로 했습니다. 결과를 칭찬한 것에 가깝습니다. 항상 이런 칭찬만 한다면 아이는 성공감을 얻는 방향으로 더 노력하겠죠. 남들보다 더 똑똑해지려고 애를 쓰고 똑똑함을 증명하려

할 것입니다. 그러다 만약 안 좋은 결과를 맞닥뜨린다면 다음과 같은 이유를 찾게 됩니다.

'문제가 하필 내가 공부하지 않은 데서 많이 나왔어.'
'이번에는 나와 맞지 않았어.'
'다른 애들이 비겁했어.'
'난 단지 실수한 거야.'

이처럼 주변에서 이유를 찾습니다. 자신의 똑똑함이 지켜질 수 있도록 말입니다. 게다가 이런 이유를 찾기도 합니다.

'내가 마침 어제 아픈 바람에 공부를 하나도 못 했어.'
'긴장돼서 잠을 하나도 못 잤어.'
'어제 집안이 시끄러워서 신경 쓰느라 하나도 공부를 못 했어.'
'어제 씻고 선풍기를 틀고 잤더니 아침부터 몸살 기운이 있네.'

실패할 이유들을 미리 준비한 것입니다. 물론 실제 불운이 연속되었을지도 모르죠. 하지만 반복되고 있다면 무의식적으로 만들어낸 상황일 수도 있습니다. 실패감이 두려워 완전한 실패가 아니라고 말할 수 있는 근거를 만들어두는 것이죠. 실패해도 자신은 여전히 똑똑하다고 자신에게 주장할 수 있습니다. 그동안 얻어 온 성공감의 보상이 옳은 것이라고 자신을 설득할 수 있습니다. 이렇게 순간의 자존심은 세워지지만 계속 성공하거나 발전하기는 힘듭니다. 미리 실패할 이유를 만들었고 그 상황에서 도망갈 생각부터 하기 때문입니다. 더구나 결과가 나왔을 때도 제대로 된 이유를 찾지 않으니 계속 제자리에 머물게 됩니다.

성공감에 취해 사는 사람들은 숙달하는 것을 힘들어합니다. 무언가를 알게 되는 순간이 곧 성공이니 굳이 반복하려 들지 않습니다. 한번 알았다고 생각하면 그것을 하는 것이 더는 즐겁지 않습니다. 성공감만을 추구한다면 과정은 아무런 보상을 주지 않습니다. 그러니 좀처럼 실력도 늘지 않고 실수도 잦아지게 됩니다. 실수하지 않는 것도 노력으로 얻어지는 실력입니다.

그래서 어릴 적에 두각을 나타내던 아이 중에 이런 이유로 인해 큰 좌절을 겪는 경우가 많습니다. 이들은 주변에서 똑똑하고 뭐든 잘한다는 칭찬을 많이 받죠. 그러다 보니 더 좋은 성적에 대한 기대와 압박을 받습니다. 그 압박감도 좌절의 원인이 되긴 합니다. 하지만 칭찬에도 원인이 있죠. 저런 칭찬으로 인해 아이는 똑같이 노력해도 자신은 더 좋은 결과가 나와야 한다고 생각합니다. 똑같이 노력했는데 자신의 성적이 생각대로 높지 않으면 뭔가 잘못된 것으로 생각하죠. 그래서 남들이 안 볼 때만 공부를 하기도 하고 결과가 안 좋을 때는 주변 핑계를 댑니다. 겉으로 더 노력하지 않는 모습을 보이며 자신의 자존심을 지킵니다. 노력하지 않아야 자신의 머리가 좋다는 것이 증명되기 때문입니다. 그래서 더욱 쓸데없는 일을 하고 잘못된 방향으로 시간을 씁니다. 나쁜 짓을 하기도 합니다. 더 나쁘게 살아야 똑똑한 채로 남을 수 있기 때문이죠. 결과적으로 보면 앞뒤가 맞지도 않고 말도 안 되는 행동이지만 마음은 그렇게 우리를 보호합니다. 하지만 과잉보호는 언제나 결국 모든 것을 망치죠.

• 자부심을 키우는 보상, 칭찬 •

이에 반해 ②번은 그 아이의 행동을 칭찬하고 있습니다. 열심히 한 것으로 칭찬받았으니 결과를 두려워하지 않고 다시 열심히 하려 합니다. 이것이 바로 아이의 자부심에 보상을 주고 키우는 방법입니다. 아이들에게는 관심을 주는 것이 큰 보상이죠. 그래서 아이들이 열심히 한 것에 관심을 두면 아이들은 그 일을 더 하려고 애씁니다. 그래서 아이에게 아무 관심을 주지 않으면 관심이라는 보상을 얻기 위해 나쁜 짓을 하기도 합니다. 혼날 것을 알면서도 관심 받으려고 일부러 하는 행동입니다. 그래서 칭찬과 관심은 정말 중요하죠.

여기까지 아이의 예를 보았습니다. 아이가 없다면 굳이 알 필요없다고 느껴졌을지도 모르겠네요. 하지만 이것이 정말 아이의 사례였을까요? 여러분 내면에도 이런 아이가 있습니다. 지금까지 우리의 내면을 대하는 방법에 관한 이야기를 한 것입니다.

사람이 아무리 성숙해져도 마음에는 아이 모습 그대로 좀처럼 자라지 않는 부분이 있습니다. 그 마음은 언제나 관심과 칭찬을 바랍니다. 자신에게 관심을 주고 잘한 것에 칭찬해주지 않으면, 우리의 내면도 아이처럼 정서적으로 굶주립니다. 앞서 아이들이 자신감을 지키고 관심을 받기 위해서 나쁜 짓을 하는 것처럼 마음도 우리를 잘못된 방향으로 이끌 수 있습니다. 아이가 잘 자랄 수 있도록 올바른 칭찬을 하는 것처럼 자신을 향해서도 마음이 잘 자라도록 그렇게 해줘야 합니다. 마음이 자부심을 향해 자라도록 관심과 칭찬을 끊임없이 줘야 하죠.

• 잘하는 것과 열심히 하는 것, 무엇이 중요할까? •

그런데 이처럼 자신을 칭찬하는 방법이 사회생활에서도 과연 적용되는 것일 까요? 결과보다 과정이 중요할까요? 단지 열심히 하는 것이 잘해내는 것보다 중요할까요?

제가 아는 분 중 직원이나 거래처 사람이 "열과 성을 다하겠습니다."라고 말하면 항상 같은 말로 지적하던 분이 있었습니다. 매번 이렇게 말했죠.

"열과 성을 다하는 게 뭐가 중요해? 잘하는 게 중요하지."

노력하겠다는 뜻으로 한 말인데 핀잔을 들은 직원이나 거래처 사람들은 머 쓱해 하고는 했습니다. 어떤가요? 이 말이 틀린 건가요? 아닙니다. 맞는 말이 죠. 사회생활을 하다 보면 단지 열심히 하는 것보다 잘하는 것이 더 중요합니 다. 특히 상사나 거래처 입장에서는 당연한 요구입니다. 과정이 아닌 결과로 평가받을 수밖에 없죠. 그러면 과정이 중요하다는 말이 틀린 걸까요? 과정을 칭찬해야 하는 것은 단지 아이에게나 한정된 이야기일까요? 그것도 아닙니 다. 그 이유를 설명하기 위해 스포츠 분야의 유명한 명언을 먼저 얘기해보죠.

"폼은 일시적이지만 클래스는 영원하다."

한 축구감독이 남긴 유명한 말이죠. 은퇴할 나이를 지났거나 몇 년간 슬럼 프에 빠져 부진했던 일류 선수가 과거 자신의 전성기처럼 수준 높은 경기를 보였을 때, 혹은 반대로 하위팀이 반짝하고 성적이 올랐다가 다시 원래 수준

낮은 경기력을 보일 때 쓰는 말입니다. 이 말은 곧 "결과는 일시적이지만 과정은 영원하다."는 말과 같습니다.

폼은 보이는 결과물이지만 클래스는 과정 그 자체입니다. 그 사람이 피땀 흘리며 걸어온 혼자만의 시간으로 얻은 것입니다. 폼은 언제든 흉내낼 수 있습니다. 하지만 클래스는 과정을 통해 얻어지는 것입니다.

그런데 보통 일은 못하는데 열심히만 한다는 평가를 받는 경우가 있습니다. 실은 이 경우는 자부심이 높은 경우가 아닙니다. 자부심이 높은 사람은 결과가 나쁠 때도 있고 일을 못할 수도 있지만, 발전이 없을 수는 없습니다. 열심히만 하는 사람은 열심히 폼을 만들고 있을 뿐입니다. 클래스는 자신의 현재 모습을 인정하고 결과에서 문제를 찾아 개선하지 않으면 얻을 수 없는 보상이죠. 그래서 자부심이 강한 사람은 계속 스스로 생각합니다. 그러니 단지 열심히만 하는 사람으로 남지 않습니다. 클래스를 만들어 가는 과정이겠죠.

• 자부심이 강한 사람의 행동 특징 •

자부심이 강하면 자신이 부족한 이유를 외부에서 찾으려고 애쓰지 않습니다. 그러다 보니 자신을 객관적으로 바라볼 수 있습니다. 결과가 좋지 않아도 그 결과가 나오기까지 충분히 노력했고 문제를 제대로 찾기 때문에 조금씩이라도 항상 개선됩니다.

물론 자신의 능력이 개선되어도 주변에는 항상 더 대단하고 잘하는 누군가가 존재할 수 있습니다. 아무리 노력해도 그에 못 미치는 것 같은 느낌이 들 수도 있죠. 하지만 자부심이 강한 사람은 그런 것에 별로 개의치 않습니다. 어제의 자신보다 나아진 것을 스스로 알기 때문이죠. 만약 잘해야 한다는 상사의 핀잔을 들었다 해도 그것은 타인의 평가입니다. 타인에 의해 휘둘리지 않습니다. 타인에게 객관적인 피드백을 받았다고 생각하고 더 나아지는 데 활용할 수 있습니다.

자부심이 강한 사람들은 미리 실패할 준비를 하지 않습니다. 그래서 주변의 일로 핑계를 대는 일이 적고 그러니 변수가 줄어듭니다. 믿을 만한 사람으로 여겨지게 되죠. 당장 실력이 부족하다 하더라도 기대한 것까지는 해내는 예측 가능한 인물로 평판이 나게 됩니다. 처음에는 열심히만 한다는 평가를 받을지라도 결국 자기 몫은 하는 사람이 됩니다. 물론 조금씩 나아지고 있는 상황인데도 주변에서는 그것을 아직 모르고 닦달하고 있을 가능성도 있죠. 만약 그렇다면 시간이 해결해줄 겁니다. 그리고 최소한 신뢰할 수 있다는 평판이 생기겠죠. 하지만 아무 변화가 없는 것은 이와 다릅니다.

열심히 하는 것처럼 보이는데 전혀 나아지지 않고 계속 같은 잘못을 반복하고 있는 것은 성공감을 중요하게 생각하고 있는 경우입니다. 성공감이 중요한 사람은 성공하지 못했을 때 심리적인 보상이 없습니다. 그런데 사회생활을 시작하면서 처음부터 일을 잘하는 사람은 없습니다. 그러니 성공감이 중요한 사람들은 심리적인 보상이 없는 시기를 겪게 되죠. 반면 자부심이 중요한 사람은 당장 성공하지 못했어도 노력하고 해나가는 과정에서 보상을 얻을 수 있습니다. 그래서 단지 일을 잘하지 못했다는 이유로 좌절에 빠지지 않습니다. 문제를 찾겠죠. 다음에 더 효과적으로 해내려 합니다. 더 효과적으로 해나가는 과정 자체에서 또 자부심은 높아질 겁니다.

• 열심히 하는데 발전이 없는 사람들 •

하지만 성공감이 중요한 사람이 일을 잘하지 못할 때 어떤 일이 벌어질까요? 일부러 나쁜 짓을 하는 아이들처럼 나태한 짓을 하거나 자신을 망가뜨리는 일을 하기도 합니다. 하지만 사회생활 중에 드러내고 그러긴 힘들죠. 그래서 얼어붙는 것처럼 좌절에 빠집니다. 그렇게 보상에 굶주린 상태에서 뭐라도 보상이 될 것을 찾습니다. 그것은 바로 타인의 평가입니다.

일을 처음 시작하면 아직 경험과 지식이 부족하니 당연히 잘하는 결과가 나오진 않죠. 그러나 그것은 그냥 제쳐두고 당장 일은 못해도 열심히는 한다는 평가로 보상을 얻습니다. 그리고 만족합니다. 그리고 무의식적으로 개선하거나 잘하기 위해 노력할 필요가 없다고 느낍니다. 당장 배고프지 않은데 굳이 수고롭게 무언가를 해먹고 싶지 않은 것이죠. 물론 자신은 엄청나게 노력하고 있다고 착각합니다. 잘하려고 노력하는 것이 아니라 열심히 한다는 평가를 받기 위해 노력하기 때문입니다.

이것은 장기적으로 큰 차이를 만듭니다. 당장의 평가를 위해 노력하는 것만으로도 잘하게 되는 일도 있습니다. 단순 반복적인 일이죠. 남들보다 더 오래 자리를 지키고, 시키면 시키는 대로 하고, 누구보다 더 많이 반복하면서 열심히 한다는 평가를 들을 수도 있습니다. 누군가는 이런 사람을 아주 괜찮은 사람이라고 평가할 수도 있겠죠. 하지만 그의 인생과 마음도 괜찮을까요?

이들은 열심히는 한다는 평가는 받고 있을지 모르지만, 자주 실수를 하거나 새로운 것을 시도하지 못합니다. 그 과정이 힘들고 결과가 두렵기 때문입니다. 그래서 '자기 불구화 전략'을 자주 씁니다. 아프다거나 일이 꼬였다는 식으로 항상 다양한 이유가 생깁니다. 그래서 믿을 수 없는 사람이라는 평판이 만들어지죠. 열심히는 하는데 믿음이 가지 않는 사람이 됩니다.

특히나 창의적인 일이나 빠르게 변하는 다양한 상황에 적응해야 하는 일, 내부든 외부든 다양한 사람을 대하는 일 등에서는 큰 문제를 드러내게 되죠. 하지만 이들은 자기 문제나 부족함을 들여다볼 용기가 없어서 개선하지 못합니다. 그러면서도 결과가 중요하니 타인의 결과와 계속 비교합니다. 더 잘하는 사람들을 보며 좌절 상태에서 벗어나지 못하게 됩니다. 어쩔 수 없이 자신은 열심히 하고 있다는 평가만을 심리적 보상으로 가져갑니다. 그런데 이것은 열심히 하는 모습으로 포장했을 뿐 생각하기를 멈춘 것이나 다름없는 상태입니다. 얼어붙은 상태죠. 자신의 발전이나 실제 일의 개선과는 상관없는 상태가 된 것이죠. 그러다 보니 자기 세계에 갇히게 됩니다.

일이 잘되는 것이나 타인의 마음과 같은 것은 중요하게 느껴지지 않습니다. 과정이나 새로움이라는 가치는 외면하고 살아가죠. 자신이 심리적 보상을 얻었던 '열심히'라는 기준을 가장 큰 가치로 두게 됩니다. 어느새 그것이 인생이 전부라고 생각하는 완고한 사람이 됩니다. 그러니 자기 부하직원들이 생기면 할 일이 없어도 늦게까지 자리를 지키길 바랍니다. 원래 하던 방식대로나 시키는 대로 하지 않으면 화가 납니다. 이런 이유로 보통 열심히만 하던 직원들이 직급이 오르면 더 꼰대 관리자가 되곤 합니다.

이들은 과거 규율에 의존하고 회사가 인생을 책임져준다고 믿고 있죠. 충성을 다하고 현실에 아무 의심을 품지 않습니다. 새로운 것을 시도하지 않고 무엇도 책임지려 하지 않습니다. 의존성이 높아지는 것이죠. 그렇게 아랫사람도 조각되길 바라죠. 이런 직원들을 좋아하는 리더가 있다면 그 조직은 점점 경직되고 열심히만 하는 사람들로 가득해지겠죠. 결국 도태될 겁니다.

• 수치심을 외면한 이들의 종착역, 꼰대와 착한 아이 콤플렉스 •

이와 전혀 다른 모습으로 나타나지만, 출발은 비슷한 심리가 있습니다. 바로 '착한 아이 콤플렉스'입니다.

착한 아이 콤플렉스에 빠진 사람들은 주위에서 착한 아이라는 평가로 심리적 보상을 얻을 뿐 스스로 생각하지 않습니다. 자신에게 좋은 것을 찾으려 해본 적이 없죠. 단지 열심히 한다는 평가 결과로 보상을 얻는 것과 같은 심리입니다. 자기 세계에 갇혀 좋은 것이 아닌 좋아 보이는 것에 집중해서 평판과 결과만을 중시하는 사람들이죠. 이들은 스스로 생각하는 것보다 누군가 지시해주는 상황을 차라리 더 편하게 여기기도 합니다. 자신의 의지대로 무언가를 하는 것을 두려워하죠. 책임져본 적이 없으니 책임지는 것을 두려워합니다. 심하게는 자신의 인생조차 누군가 책임져주길 바라기도 합니다. 자신을 착한 사람으로 인정해줄 누군가가 필요하죠. 누군가의 말에 따르며 자신이 착한 사람임을 스스로 확신합니다. 그런 누군가의 인정을 받지 못하면 세상이 무너지는 것 같습니다. 남들의 평가에 좌지우지됩니다. SNS 등으로 타인의 삶을 엿보며 흉내내려 애쓰고 삽니다.

모든 선택에는 책임이 따릅니다. 그래서 이렇게 의존하는 마음이 커지면 사소한 것을 선택하는 것조차도 어려워집니다. 선택 장애의 원인 중 하나가 바로 이것입니다.

이런 성향들이 강할수록 수치심도 잘 느끼지 못하게 됩니다. 수치심은 자부심과 동전의 양면처럼 붙어 있죠. 그래서 자신에겐 관대해집니다. 실제 자신이 하는 것보다 더 많은 것을 하고 있다고 착각합니다. 쉽고 겉으로 그럴듯해 보이는 일을 찾아다니죠. 자기가 낸 결과가 부족한 것에는 이미 다양한 이유가 준비되어 있습니다. 자신의 실수는 열심히 하다 그냥 일어난 일이고 타인의 실수는 끝까지 책임을 물어야 하죠. 그것이 옳은 일이라고 생각합니다. 자신에게도 좋은 일이라고 착각하죠.

하지만 그런 방향은 자신을 객관적으로 보지 못하고 주변 사람들의 마음을 떠나게 합니다. 그러니 자신을 개선하거나 타인의 내면이나 진심을 이해할 기회를 잃게 됩니다. 아무도 속내를 드러내려 하지 않고 함께 무언가를 의논할 대상으로 여기지 않게 됩니다. 그래서 점점 주변에는 진심을 나눌 사람이 줄어들게 됩니다. 아무도 자신을 이해하지 못한다고 생각하기도 합니다.

그리고 어느 시점에 자신을 돌아보면서 길을 잃었다는 느낌을 받게 됩니다. 자신이 무엇을 좋아하는지 무엇을 위해 살았는지 알 수 없기 때문입니다. 아무것도 스스로 선택하지 않았고, 자신도 주변의 누구를 이해해본 적 없으니 당연한 결과입니다. 자신이 존재하지 않는 삶을 살아온 것처럼 무너져내립니다.

그렇지만 무너져내리는 느낌이 든다면 끝이 아니고 오히려 시작입니다. 지금껏 쌓아올린 것 중에 잘못되어 있는 것을 깨달았기 때문이죠. 그렇게 현실을 깨닫고 자신을 마주해야 하죠. 그러니 이런 무너짐은 오히려 자부심을 가져야 하는 일입니다. 용감하게 자신을 마주하고 나아갈 준비를 한 것이니까요. 방향을 잡고 차근차근 방법을 배워나가면 됩니다. 이런 마음의 원리를 알아 가는 것만으로도 자신의 부정적인 성향을 이겨내는 데 큰 도움이 됩니다. 자신이 진짜 자신을 찾지 못하고 살아왔다는 것을 깨닫는 순간 새로운 방향을 찾게 되니 자연스럽게 변화가 시작되는 것이죠. 그리고 우리는 그 여정을 함께하고 있습니다.

• 내면의 잠재력을 깨우는 자부심 칭찬하기 •

어떤가요? 이런 마음의 원리들이 자신과는 동떨어진 이야기처럼 느껴졌나요? 아마 아니었을 겁니다. 자부심과 성공감 모두 누구나 느끼는 감정들이기 때문이죠. 당연히 우리의 마음에도 성공감을 중요하게 느끼는 부분이 존재하죠. 그래서 정도의 차이는 있지만, 앞의 문제들이 마음 안에 있습니다. 그 정도의 차이는 성공감과 자부심 중 어느 쪽에서 더 많은 보상을 얻어 왔는가에 달려 있습니다. 만약 성공감을 더 중요하게 여겨 왔다면 그에서 얻는 보상이 자부심보다 클 겁니다. 그러니 갑자기 변화하는 것이 어렵게 느껴질 수 있죠.

마음의 문제들 중 대부분은 균형이 깨지는 것에서 출발합니다. 마음이 보상을 얻게 되는 칭찬이나 평가들은 대부분 결과를 기준으로 이루어집니다. 그래서 우리 마음의 균형이 깨지기 쉽죠. 세상이 우리의 성공감만을 칭찬한다면 우리는 의도적으로 우리의 자부심을 향해 더 칭찬해야 합니다. 그것이 균형 있게 성숙해지는 방법입니다. 성공감만을 추구하며 산 것 같고 자부심을 잊고 지냈을지 몰라도 우리 안에는 자부심이 존재합니다. 자부심이라는 감정 자체가 사라지는 것은 아닙니다. 자부심은 우리의 잠재력입니다. 자부심에 칭찬을 하는 것이 바로 자신의 잠재력을 깨우는 방법입니다.

15. 일상 리모델링
: 원하는 대로 일상을 바꾸는 기술

"누가 내 일상을
보고 좀
바꿔줬으면
좋겠어요."

평소 자신의 일상을 돌이켜보면 마음대로 되지 않는다는 것이 느껴질 때가 있습니다. 마음먹은 대로 시간을 쓰지 못하기도 하고 쓸데없는 것을 너무 많이 한다고 생각되기도 하죠. 가끔은 자신을 해치게 되는 행동을 하기도 하죠. 안 그래야지 생각하는데 생각대로 하기가 쉽지 않죠. 자기 마음의 주인이 되어 마음을 정리할 수 있다면 이런 일상을 바꿀 수 있을 텐데요. 어떻게 할 수 있을까요?

사실, 여러분은 지금 하고 있는 중입니다. 지금까지는 재료를 모으고 기초 작업을 마쳤죠. 지금부터는 본격적으로 일상의 리모델링을 시작해봅시다. 그동안 원하는 대로 되지 않아 답답한 부분이 있던 마음을 리모델링해서 여러분이 진짜 주인이 되도록 해봅니다. 일상을 원하는 대로 채우는 것이 삶의 주인이 되는 가장 기본적이고 확실한 방법이니까요.

• 균형이 깨진 일상을 리모델링하기 •

자, 지금부터는 일상의 사분면을 이용해 어떻게 일상을 리모델링할 수 있는지 배워보겠습니다. 똑같은 건물이어도 그 안에 무엇이 있고 없는지에 따라 완전히 다른 공간이 됩니다. 배치만 바꿔도 완전히 달라지죠. 건물을 다른 용도로 바꾸는 것도 리모델링이라고 합니다. 건물의 용도는 사람에게 삶의 방향이라 할 수 있습니다. 무엇을 위해 존재하는지 생각해 개선하는 것입니다. 그래서 일상의 사분면에 목표에 대한 질문이 있었던 것입니다. 목표를 향한 것은 자신과 타인 모두에게 좋은 것이기도 했죠. 그러면 리모델링을 하려면 어떻게 해야 할까요? 한번 리모델링을 한다고 상상하면서 순서를 생각해보죠.

첫 번째, 리모델링 자체에 대한 기본 지식을 쌓는 겁니다. 어떤 방법이 있는지 인터넷과 책을 좀 찾아볼 겁니다. 전문적인 수준을 원한다면 실습을 해보는 것까지도 할 수 있겠죠.

두 번째, 자기 공간의 전체 구조에 대해 이해하는 겁니다. 안에 무엇이 있는지 살펴봐야겠죠. 놓여 있는 물건들이 지금까지 어떤 역할을 해 왔는지 보고, 앞으로 바뀔 수도 있는 건물 용도에서는 어떤 역할을 하게 될지 판단해야 합니다.

세 번째, 지식을 토대로 더 나은 배치를 결정하고 바꿔야 합니다. 버릴 것은 버려서 용도에 맞는 새로운 것이 들어올 공간을 확보해야 합니다. 지금까지 있었단 이유로 남겨두면 안 되겠죠.

네 번째, 이제 새로운 것들을 들여오는 겁니다. 용도에 따라 그냥 여유 공간을 많이 두는 것도 괜찮습니다.

다섯 번째, 전체 구조에 따라 지금 물건들의 역할을 다시 생각해보고 재배치하는 작업을 반복해야 합니다. 그래야 모든 잠재력을 이용하는 최고의 공간으로 유지될 수 있을 겁니다.

일상 리모델링 실습을 위해서는, EXERCISE. 마음 정리를 위한 실습 중 15번 실습(311~318쪽)으로 넘어가서 진행하시면 됩니다.

16. 좌절하지 않는 버릇
: 신념으로 만들어내기

"그래도
난 안될 것
같은데요.
방법이 있을까요?"

일상을 변화시키려 할 때 계속 현재에 머물라고 하는 방해꾼이 있습니다. 바로 좌절감입니다. 좌절감은 계속 아무것도 할 수 없다는 느낌을 받아서 생깁니다.

• 서커스단 코끼리의 좌절 •

서커스단 코끼리의 발목에 밧줄을 묶어두면 도망가지 못한다는 유명한 이야기가 있습니다. 새끼 때부터 발목에 밧줄을 걸어 벗어나지 못하는 것을 반복적으로 겪게 하면, 밧줄 따위 쉽게 끊어버릴 수 있는 큰 코끼리가 되어서도 그 밧줄을 끊을 생각을 못 하게 된다는 것이죠. 더 강한 줄로 단 한 번 강하게 구속했다면 코끼리가 이렇게 좌절한 상태에 빠졌을까요?

좌절은 그렇게 서서히 마음이 얼어붙어버린 겁니다. 원래의 자신과 잠재력을 잊고 그냥 멈춰버린 시간입니다. 목표를 방해받고 분노하다 분노조차 의미가 없어졌다고 생각하며 목표를 잃고 좌절에 빠집니다. 좌절은 이런 무기력에서 헤어나오지 못하게 함으로써 인생을 병들게 합니다.

자, 그럼 여러분이라면 밧줄을 벗어나지 못하고 있는 코끼리에게 무슨 말을 해줄 것 같은가요? 좌절감을 이겨내도록 설득해 도와준다고 생각해보세요. 그냥 끊어보라고, 끊을 수 있다고 말해줄 수도 있겠죠. 실은 그 말이 맞습니다. 끊을 수 있고 일단 해보면 너무 우스운 일이었음을 깨닫게 될 겁니다. 하지만 코끼리는 아마 이렇게 말하겠죠.

"불가능해요. 예전에 이미 많이 시도해봤어요."

그러면 여러분이 그 자리에서 다른 밧줄을 끊는 것을 보여주는 것은 어떨까요? 그러면 코끼리는 이런 항변을 할지도 모릅니다.

"당신은 강하잖아요. 나는 서커스단에 계속 묶여 있던 약한 코끼리라고요. 그리고 당신이 썼던 그 밧줄은 약했을지도 모르고요."

네가 더 강하다고 아무리 설득해도 안 되겠군요. 포기하고 그냥 묶여 있으라고 말하고 싶을 지경입니다. 그래도 좀 더 시도해봐야겠죠. 그럼 이렇게 말해볼까요?

"너는 약해도 코끼리야. 자신을 좀 더 믿어봐. 할 수 있어."

코끼리가 스스로 찾아와 방법을 물었다면, 변화가 가능할지도 모릅니다. 그렇지만 지금 코끼리는 오히려 이렇게 말하겠죠.

"안 된다니까요. 당신은 말로만 하니까 될 것 같은 거예요. 나에 대해선 내가 제일 잘 알아요."

답답하죠. 그런데 실제로 좌절에 빠져본 사람이라면 지금의 말에 공감되는 부분도 있을 겁니다. 물론 공감이 된다고 그 생각이 옳은 것은 아니죠.

자, 그럼 이렇게 말해보는 것은 어떨까요?

"밧줄을 끊으려 할 필요는 없어. 그냥 발을 조금 움직여보는 건 어때? 지금껏 한 자리에는 있을 만큼 있었잖아? 매일 어제와 다른 곳에 발을 둬보는 거야. 한 방향으로 조금씩 움직여보는 거야. 그냥 지금 조금 움직여보는 거야."

만약 그 코끼리가 평소에 건강에 신경을 많이 쓴다면 이렇게 말해볼 수도 있겠죠.

"계속 발을 한 자리에 두면 발 건강에도 안 좋을 것 같은데? 빛이 드는 방향으로 조금씩 발을 옮겨보는 건 어때?"

건강을 핑계로 빛의 방향을 좇으라는 목표를 준 것입니다. 처음엔 사소하게나마 움직이겠죠. 그후로는 해가 이동하는 것에 따라 계속 움직여야 하겠죠. 그러다 그간 해 온 것이 있으니 점점 그 목표가 중요하게 여겨질 것입니다. 그러다 어느 순간 밧줄을 벗어나게 되지 않을까요? 물론 안 될 수도 있습니다. 그래도 시도해볼 만하죠.

여러분이라면 뭐라고 할 것 같은가요? 저보다 더 좋은 생각이 떠오를 겁니다. 자신만의 언어로 좌절에 빠진 코끼리에게 건넬 말을 생각해보세요. 그리고 한번 적어보세요.

....

....

....

• 스스로가 얽어맨 부정적 신념 •

혹시 여러분 마음에도 밧줄이 있지는 않은가요? 스스로 얽어맨 부정적 신념이 있지는 않은지 한번 생각해보세요. 그리고 한번 그 마음을 설득해보세요.

얼핏 생각하면 좌절에 빠진 코끼리를 설득하는 것이 쉬운 일처럼 느껴졌을 수도 있습니다. 코끼리는 엄청나게 강한 힘을 가지고 있는 것이 확실하니까요. 그리고 밧줄은 과거에는 거대한 존재였는지 모르지만, 지금은 아니죠. 코끼리가 의식하지 않는다면 그것이 있든 없든 아무 상관없을 정도로 미미합니다. 하지만 코끼리는 엄청나게 큰 존재로 의식하고 있죠. 밧줄을 끊어보기 전까지는 절대 그 두려움에서 벗어날 수 없을 겁니다. 실제로 코끼리를 가로막고 있는 것은 현재의 밧줄이 아니고 과거의 기억입니다. 하지만 그 밧줄이 너무 강하고 자신은 힘이 없다고 생각하죠. 자신의 기억에 사로잡혀 현실성 없는 생각을 하고 있는 것이죠.

그러면 이게 코끼리에게만 해당되는 문제일까요? 좌절에 빠진 사람들의 생각도 이와 같습니다. 그리고 모두 자신의 밧줄만은 특별하다고 생각하고 있죠. 그리고 자신은 특별하게 약하다고 느낍니다. 그래서 할 수 없다고 스스로 믿게 만들어놨죠. 그렇지만 우리 모두는 내면에 엄청난 잠재력이 있습니다. 최선을 다한 것 같아도 항상 조금 더 할 수 있죠. 그리고 그보다 더 할 수도 있죠. 그것이 무엇이든 한계인 것 같다가도 해보면 더 할 수 있습니다. 우리는 코끼리보다 더 강합니다. 밧줄처럼 한계라고 믿는 무언가가 생기기 전까지 한계는 없습니다. 결국, 무엇을 믿느냐의 차이입니다. 밧줄은 없습니다.

• 병 속에 갇힌 벼룩의 도전 •

다른 이야기를 해볼까요? 병 속의 벼룩 이야기도 유명하죠.

병 속에 오래 놓아둔 벼룩은 어느새 병의 높이까지밖에 뛰지 못하게 됩니다. 단 한 번 짓눌렸다면 오히려 더 높이 뛰게 되었을지도 모르죠. 하지만 지속해서 한계를 경험하고 목표에 도달할 수 없다는 것을 자주 겪으면 결국 깊게 좌절하게 됩니다.

좌절로 인해 스스로 한계를 짓는 것이죠. 한계를 벗어나면 상처받을 수도 있고 돌발상황이 일어날 수도 있습니다. 목표가 있으면 자꾸 그 목표로 인해 좌절이 생길 수도 있죠. 그래왔으니까요.

그런데 병 속의 벼룩을 다시 유리병 밖으로 높게 뛰어오르게 만드는 방법이 있습니다. 바로 좌절하지 않은 건강한 벼룩을 그 병 속에 넣어주는 것이죠. 그 벼룩이 높게 뛰어오르는 모습을 보며 좌절에서 벗어나게 된다고 합니다.

여기서 중요한 것은 다른 건강한 누군가의 존재 자체가 아닙니다. 그 존재로 인해 한계를 넘어 자신을 믿어볼 수 있도록 변하는 것이 중요한 것입니다. 저 벼룩에게 마음이 있다고 가정하고 변화를 따라가보겠습니다.

아마 병 속에 갇힌 처음에는 이렇게 생각했을 겁니다.

'나는 절대 이 병보다 더 높게 뛸 수 없어.'

좌절한 상태입니다. 스스로 한계를 짓고 그 한계를 확실히 믿고 있는 상황입니다. 병보다 더 높게 뛸 수 없는 것에 대해 어떤 생각을 하고 있을까요?

'저 병 높이보다 더 높게 뛰면 머리가 깨질 수도 있어. 난 더 높게 뛸 수 있는 존재도 아니고.'

아마 이런 생각으로 병 안에 있을 겁니다. 그러다 어떤 계기가 발생합니다. 바로 새로운 벼룩이 그 병보다 더 높게 뛰는 것을 보게 된 것이지요. 그러면 아마 처음엔 이런 생각이 들겠죠.

'다른 벼룩은 높이 뛰는구나.'

그리고 이렇게 생각이 바뀌게 될 겁니다.

'혹시 나도 저렇게 뛸 수 있지 않을까?'

원래의 믿음에 금이 가기 시작하는 겁니다. 그러면 무엇을 해야 하는지 다시 깨닫게 됩니다. 그리고 그와 동시에 제쳐뒀던 바람이 고개를 들기 시작합니다.

'나도 병보다 높이 뛰어야겠는데……'
'나도 저렇게 뛰고 싶다.'

과거의 신념을 깬 바람은 시도할 수 있도록 만들어줍니다.

'나도 높이 뛸 수 있다.'

그렇게 되면 시도할 수 있게 됩니다. 변화에 대한 새로운 시작이 되는 것이죠. 그리고 이 시도가 성공하게 되면 이는 새로운 신념으로 자리잡게 됩니다. 아마 이 벼룩의 마음에는 이런 신념이 자리를 잡겠죠.

'나는 마음먹은 대로 뛸 수 있다.'

• 좌절을 극복하는 신념 굳히기 •

이렇게 신념이 생기면 좌절에 대한 내성이 생겨납니다. 자신을 믿고 한계를 미리 생각하지 않고 현실을 바라보게 됩니다. 우리에게 계기는 새로운 벼룩의 투입이 아니라 결심입니다. 왜냐하면, 보통 사람은 주변을 둘러보면 얼마든지 새롭고 건강한 벼룩들을 찾을 수 있기 때문입니다.

그런데 좌절은 한계를 정하는 것과 반대로 너무 허황된 꿈을 가지고 있을 때도 쉽게 찾아옵니다. 현실적인 생각을 하지 못하면 계속 실패를 겪고 그 실패를 당연한 것으로 여기게 될 수도 있습니다. 또한 타인을 목표로 삼을 때도 좌절에 취약해질 수 있습니다. 그래서 벼룩처럼 주변의 누군가를 통해 좌절을 벗어날 생각을 하는 것은 위험할 수도 있습니다. 그러니 역시 중요한 것은 신념을 갖고 시작하는 거죠.

그럼, 앞서 벼룩이 한 생각의 변화를 정리해볼까요?

① '나는 절대 이 병보다 더 높게 뛸 수 없어.' : 현재 상황이 어떻게 생겨나는지 확인하고 알기

② '저 병 높이보다 더 높게 뛰면 머리가 깨질 수도 있어. 난 더 높게 뛸 수 있는 존재도 아니고.' : 이 상황이 바뀌면 안 좋은 일이 생기는지 생각하고 확인하기

③ '다른 벼룩은 높이 뛰는구나.' 이 상황이 바뀌면 자신의 인생이 지금보다 얼마나 즐거워질지 생각하기

④ '혹시 나도 저렇게 뛸 수 있지 않을까?' : 견고했던 원래 자신의 생각 ①에 의심 품기

⑤ '나도 병보다 높이 뛰어야겠는데…….' : 해야 하는 일을 다시 정의하기

⑥ '나도 저렇게 뛰고 싶다.' : 의심을 통해 바라는 것을 만들기

⑦ '나도 높이 뛸 수 있다.' : 시도할 수 있는 생각을 떠올리기

⑧ '나는 마음먹은 대로 뛸 수 있다.' : 시도한 것을 하나의 신념으로 만들어 굳히기

17. 강박
: 자신을 믿지 못해 생겨난 방황

"계속 확인하지
않으면
미치겠는데
어쩌죠?"

여러분은 혹시 어떤 것을 계속 확인해야 하는 상황을 겪어보았나요? 잊어버리는 것이 두렵거나 자신이 틀렸을까 봐 계속 확인해도 마음이 놓이지 않아 누군가에게 확인을 받아야 하고, 그것도 모자라 그 상대에게 계속 같은 것을 확인받으려 해서 그 상대가 지쳐버린 경험이 있나요? 아니면 그런 사람 때문에 괴로웠던 경험이 있나요?

이런 마음은 지속적으로 존재하기도 하지만, 예고도 없이 불쑥 찾아와 우릴 괴롭힐 때도 있습니다. 시험 범위를 계속 확인하려고 여기저기 반복해 물어보기도 하고, 직장 상사가 시킨 일을 계속 되물으며 확인하려 하기도 합니다. 이처럼 상황, 행동, 관계에서 무언가를 계속 확인하려고 하는 것은 자기 자신을 믿지 못해서 벌어지는 일입니다. 과도하게 확인하지 않으면 불안한 거죠.

오늘은 스스로 자신이 없어 계속 확인하려는 마음을 어떻게 이겨낼 수 있을지 알려드리겠습니다. 이는 자신감을 되찾는 방법이기도 하니까 다른 것에도 적용해보면 도움이 될 겁니다.

• 자기 기억력을 의심하는 세 가지 원인 •

자기 기억력을 의심하고 자신감이 없다면 그 원인은 다음 세 가지 중 하나일 겁니다.

첫 번째는 정말 기억력이 안 좋아서 발생하는 일일 수도 있습니다. 그런데 병적으로 기억력이 떨어지는 것이 아닌 이상 다른 심리적인 원인이 있을 가능성이 큽니다. 두 번째는 과거에 기억하지 못한 사실 때문에 혼났거나 큰 낭패를 본 경우입니다. 또 비슷한 실수를 저질러 혼날까 봐 불안에 빠진 상태입니다. 이는 강박을 가진 부모가 있는 것도 원인이 될 수 있습니다. 세 번째는 실수한 일처럼 부정적인 것을 더 강하고 오래 기억하는 경우입니다. 잘한 것은 다시 떠올리지 않고, 못한 것만 계속 다시 생각하면서 그 기억을 강화시킵니다. 결국 실제 자기 능력보다 자신을 더 낮춰 생각하게 됩니다.

이 세 가지 경우 모두 결국 자기 능력을 더 떨어뜨리는 결과를 가져오게 됩니다. 실제 기억력이 안 좋다 해도 확인하는 것으로 해결하려 들면 자신의 부족함을 세상에 외치는 것이나 다름없습니다. 불안해하거나 자기 자신을 낮게 평가하는 것 모두 거기에 빠져 있으면 실제로 기억력이 더 떨어집니다. 부정적인 생각이 커지니 실제 기억해야 하는 것에 집중할 수 있는 여유는 줄어들겠죠.

그럼 어떻게 해결해야 할까요?

상황을 이해하고 변화하기 위해 한 가지 예를 들어보죠.

여러분이 (저처럼) 키도 작고 운동신경도 없는데 너무나 농구가 하고 싶은 사람이라고 가정해보죠.

일단 최초의 선택지가 있습니다. 그렇게 좋아하는 것을 할 것인가 말 것인가를 결정하는 것입니다. 직접 농구를 하지 않고 관람만 한다거나 야구나 다른 운동을 배울 수도 있습니다. 때로는 포기가 현명할 때도 있습니다. 절대 좋다는 말은 아닙니다. 하지만 다른 선택을 하고 싶지 않을 수도 있죠. 너무 좋아하는 농구만 하려 하는 거죠. 재능이 없어도 너무 원하고 좋아하면 농구장에 머무르는 선택을 할 수 있습니다. 자신감이 계속 깎일지언정 원한다면 힘든 길을 선택할 수도 있죠.

• 하고 싶은 것을 하기 위한 4가지 선택지 •

자, 그럼 이제부터 어떻게 할 것인가 잘 생각해야 합니다.

그 농구장에서 농구를 하기 위해서는 무엇을 해야 할까요? 할 수 있는 것은 다음의 네 가지가 있습니다.

첫 번째로 가장 쉽게 할 수 있는 일은 주변에 공을 가진 사람에게 공 좀 달라고 소리치는 것입니다. 이러면 어떻게 될까요? 처음 몇 번은 공을 던져주겠죠. 노력하는 것처럼 보여 도와주는 사람이 있을지도 모릅니다. 그런데 계속 그래봐야 본인 목만 쉽니다. 더 이상 소리칠 수도 없게 되죠. 이것은 실은 자기 능력에 대한 자신감이 없어 계속 확인하는 것과 같은 것입니다. 처음에 몇 번 확인할 때는 누군가 기꺼이 도와주겠지만, 어느 순간 목이 쉰 것처럼 물어볼 수도 없는 상황에 이릅니다. 자기는 힘들고 주변 사람들은 지치겠죠. 결국 그 농구장에서 쫓겨나게 될 것입니다. 이건 처음에 농구를 포기하느니만 못합니다. 이런 경험은 자신감을 더 잃게 만들고 악순환이 시작되는 것이기 때문이죠. 자기 농구 실력이 더 나빠진다거나 다른 플레이어들이 자기를 무시한다는 생각에 빠지게 될 수도 있습니다. 현실에선 자신을 점점 더 믿지 못하게 되는 것이죠.

두 번째로 농구에 적합한 근육을 키우는 것입니다. 개개인의 한계는 존재하겠지만 점점 더 높은 점프를 할 수 있고 더 오래 최상의 컨디션을 유지할 수 있게 되겠죠. 이것은 기억력을 키우는 노력을 기울이는 것과 같다고 볼 수 있어요. 주변의 더 많은 것을 기억하고 상황과 맥락을 이해하려고 애쓰는 것이죠. 실은 굉장히 어려운 일입니다. 발전 속도가 더디고 계속 한계에 부딪힌 것처럼 느껴지기 때문에 포기하기 쉽습니다. 많은 사람들이 결국 원래 농구장에서 농구를 잘하는 사람들을 보고 그냥 좌절하고 자신에게 실망해서 떠나버리곤 하죠. 그래도 이때 기울인 노력 자체가 사라지는 것은 아닙니다. 기억하기 위해 노력했다면 그 발전은 유효합니다. 궁극적으로 살아남는 가장 좋은 방법입니다. 긴 시간을 투자하고 노력하면 어제의 자신은 확실히 넘어서겠죠. 적당히 하는 경험자들과의 경쟁에서 이길 수도 있습니다. 다만 그 힘들고 긴 과정을 걷는 동안 잘하는 사람과 자신을 비교하고 단번에 그것을 이루려는 마음 때문에 포기하는 것이 제일 큰 문제입니다.

세 번째로 관련 지식을 쌓는 것입니다. 책으로 관련 기술과 이론을 완벽히 익히는 것부터 코치를 만나거나 다른 선수를 롤모델로 삼는 것까지 포함됩니다. 근육을 키우는 것처럼 직접 부딪히면서 배우는 것이 결국 가장 근본적인 변화를 만들지만, 이론을 알고 자신과 잘 맞는 모델을 찾는 것은 그 변화의 내비게이션을 켜는 것과 같습니다. 헛된 노력을 막아주고 방향을 제시해줍니다. 지금 여러분이 이 책을 읽고 있는 것도 바로 이런 것이죠. 하지만 지식을 쌓는 것만으로는, 관람하는 데는 도움이 될지 모르지만, 농구장에서 살아남기에는 부족하죠. 그래서 여러분께 다양한 미션을 드리고 있는 것입니다.

마지막 네 번째는, 첨단장비를 사서 쓰는 것입니다. 좀 상상력을 발휘하자면 점프를 돕는 농구화라거나 슛 성공률을 높여주는 안경 등을 떠올려볼 수 있겠죠. 이 방법은 앞의 근육을 키우는 것과 달리 하루아침에 달라질 수 있어요. 하지만 이 변화는 돈처럼 다른 무언가를 희생해야 합니다. 그리고 한계가 있어요. 결국 근육을 키워야 더 나아질 수 있는 시점이 옵니다. 그런데 장비를 통해 시간을 벌고 농구에 익숙해지면 어느 정도 근육이 생깁니다. 나중에 농구 근육을 키우기 더 쉬워집니다.

이를 강박의 상황에 적용해보면 기억력을 위한 장비를 마련하는 일과 같습니다. 녹음기를 쓴다거나 메모하는 것이죠. 장비를 효과적으로 활용하면 당장 달라질 수 있습니다. 하지만 아무리 녹음기를 들고 다녀도 한계가 있죠. 무엇이 중요한지, 우선순위는 뭔지 판단하는 능력을 키우는 것은 농구를 잘하기 위해 근육이나 기술을 키우는 것과 같습니다. 어느 시점이 되면 상황에 익숙해지고 결국 기억력을 키워야 하죠. 하지만 장비를 이용하면 경험도 쌓이고 일도 더 잘하는 훈련을 하게 되는 것이기 때문에 비교적 수월하게 자신감을 찾을 수 있습니다. 이런 것들을 통해 자신에 대한 믿음이 생깁니다. 처음에는 메모장이나 장비에 대해 믿음이 생기고 결국은 자신에 대한 믿음이 생겨나죠. 그래서 자신감이 없을 땐 이 방법이 가장 좋은 선택이 될 수 있습니다.

• 자신감이 없는 사람들의 아이러니 •

누구나 각자의 농구장이 여러 개 있을 겁니다. 여러분의 농구장은 어디인가요? 배우자나 연인 간의 관계도 하나의 농구장이 될 수 있습니다. 상대가 자신을 사랑하는지 확신하지 못해서 계속 확인하고, 상대의 확신을 받으려 계속 상대를 시험하고 괴롭히기도 하죠. 사랑받으려고 계속 공을 달라고 소리치는 것과 같습니다. 이보다는 근육을 키우듯 매력과 능력을 키우고, 관련 지식을 쌓듯 사람 마음에 대해 배우고 상대 마음을 알려고 애써야겠죠. 때로는 첨단장비를 착용하는 것처럼 무언가 물질의 도움이 필요할 수도 있습니다.

자신감이 없는 사람들은 계속 타인의 마음을 확인하려 듭니다. 그런데 무언가를 계속 확인받고자 하면 할수록 그 불안은 커져 가고, 주변 사람들은 떠나갑니다. 한번 소리쳐 공을 받으면 계속 소리쳐야 하죠. 그런 사람의 외침을 계속 들어주는 사람은 어디에도 없습니다. 소리치던 사람은 사람들이 배신했다고 착각하죠. 하지만 문제는 소리치기만 하던 본인에게 있습니다.

확인하지 않고는 불안해서 견딜 수가 없다는 마음은 누군가를 실망시킬지도 모른다는 불안함입니다. 그런데 불안해서 농구장에서 소리 지르듯 행동하는 사람은 계속 주변 사람을 실망시키게 되죠. 그래서 현실을 자각하는 순간 심리적으로 더 힘들게 됩니다. 누구도 실망시키지 않고 싶었지만, 결과적으로는 항상 누군가를 실망시키고 있었다는 것을 깨닫게 되기 때문이죠.

여러분은 어떤가요? 혹시 여러분도 어떤 농구장에서 공을 달라고 소리치고만 있었던 적은 없었나 한번 떠올려보시기 바랍니다. 모든 것은 결국 직접 선택하고 스스로 해결해야 합니다. 그렇지 않으면 누구도 여러분을 믿지 않죠. 여러분 자신도 포함해서 말이죠.

18. 불안 다루기
: 불안을 순간적으로 이겨내는 기술

"그럼 갑자기
불안해질 때는
어떻게 하죠?"

우리는 PART 1에서 불안과 두려움에 대해 이야기하며 몸을 이완하는 방법을 익혀보았습니다. 그런데 불안은 지속되는 것뿐만 아니라 특정한 상황에서 갑자기 생겨나기도 합니다. 특정한 상황의 불안은 발표처럼 남들 앞에 설 때나 시험과 같은 중요한 기로에 섰을 때 찾아옵니다. 그리고 이런 후회를 남기죠.

'그때 불안하지만 않았다면 실력 발휘를 할 수 있었을 텐데…….'
'그처럼 떨지 않고 나설 수 있다면 불안 따윈 없을 텐데…….'

이번 장의 목표는 이런 후회가 다시는 없도록 만드는 것입니다.

• 불안을 만드는 내부의 적과 외부의 적 •

우리는 자유의지가 있기 때문에 불안할 수밖에 없습니다. 자유의지에 의한 선택은 다른 기회를 포기하도록 만들죠. 그 기회가 만들었을지 모를 미래가 선택과 비교되면서 불안하게 만듭니다.

불안(anxiety)은 조여옴, 목조름을 뜻하는 라틴어 'angustus'에서 파생된 단어입니다. 특정 상황에서의 불안은 우리를 이렇게 압박합니다. 이런 압박은 크게 두 가지로 나누어 생각해볼 수 있습니다. 외부적인 것과 내부적인 것입니다.

외부적인 것은 눈앞에 닥친 상황의 압박입니다. 예를 들어 중요한 시험처럼 결과가 인생에 실제로 큰 영향을 미칠 수도 있는 경우, 혹은 너무 많은 사람들 앞에서 발표해야 하는 상황 등이 있습니다. 이런 불안은 특히 생소한 상황에 마주했기 때문에 발생합니다. 그 생소함을 없애는 것으로 이런 불안을 줄일 수 있습니다. 가장 확실한 방법은 반복적 연습입니다.

특수부대원들은 "싸우는 대로 훈련하고 훈련한 대로 싸우면 이긴다."는 말을 합니다. 실제상황 같은 훈련을 수없이 겪어두면 실제상황이 되었을 때 몸이 알아서 움직인다고 합니다. 불안한 마음이 있어도 이미 몸은 움직이고 있는 것이죠. 몸이 움직이면 불안은 결국 해소됩니다. 그래서 미리 상황을 많이 겪어보는 것이 필요합니다. 발표를 앞두었다면 머릿속으로 연습할 것이 아니라 사람들이 모인 곳에서 연습하거나 압박상황을 만들어 경험해야 합니다. 그래서 저는 직장인들에게 중요한 발표를 준비할 때는 구내식당에서 리허설을 해보라고 제안한 적도 있습니다. 시험을 앞두고 있다면 필기하고 암기하는 것뿐 아니라 모의시험을 봐야겠죠.

내부적인 것은 과거의 경험으로 인해 불안이 큰 것입니다. 트라우마나 실패한 경험 등이 자꾸 떠올라 불안이 계속 커지는 것이죠. 외부적인 원인보다 이겨내는 것이 좀 더 어려울 수 있습니다. 아예 시도조차 못 할 수도 있죠. 시도한다 해도 미리 실패해버리는 '자기 불구화 전략'을 쓰기도 합니다. 예를 들면 시험이 코앞인데 갑자기 대청소를 하고 안 보던 뉴스를 봅니다. 발표를 앞두고는 굳이 안 고쳐도 되는 장표 한 장을 두고 씨름하다 날을 샙니다. 이런 일들이 일어나는 이유도 결국 불안이 원인이죠.

근원적인 해결을 위해서는 트라우마를 마주하고 해소해야 합니다. 이는 이 책의 전반에 걸쳐 훈련과 함께 이뤄질 것입니다. 이보다 좀 더 직접적인 방법은 성취를 경험하는 것입니다. 이것도 여러 가지 방법이 있습니다.

가장 흔한 방법으로는 성취 가능성이 높은 것부터 하며 자신감을 채워 가는 것입니다. 복귀한 권투선수가 상대적으로 레벨이 낮은 상대와 경기를 몇 번 치르며 승리하는 것도 이 방법을 쓰는 것입니다. 팬들에게 욕을 좀 먹더라도 일단 내면의 불안과 싸워 이겨두는 것이지요. 하지만 이 방법은 눈높이를 낮춰버리고 현실에 안주하게 만들어 발전을 막을 위험성이 있습니다.

다른 방법은 원래 하고자 하는 것을 큰 목표로 두고 그 과정을 쪼개서 작은 목표들로 만드는 것입니다. 예를 들어 책 한 권을 집필하는 것이 목표라면 1페이지씩 쪼개어 생각하는 것이죠. 1페이지를 쓰고 성취를 경험하고 그것을 반복하면 어느새 한 권의 책이 완성됩니다. 계획을 잘 세우면 훌륭한 전략이 될 수 있습니다.

마지막 방법은 다른 방법과 함께 쓸 수 있는 것입니다. 시도 자체가 성공이라고 생각의 패러다임을 바꾸는 것이지요. 예를 들어 발표를 못했어도 발표장에 간 자신을 칭찬하고 뿌듯해하는 것입니다. 시험 결과가 기대에 못 미쳐도 그 준비과정을 잘 마치고 시험장에 가서 끝까지 치러낸 자신을 대견하게 여기는 것이지요. 이러한 방법으로 계속 성공을 경험하고 자신을 응원할 수 있습니다.

• 순간적인 불안을 이겨내는 세 가지 기술 •

이런 준비로 특정한 순간의 불안에 대처할 수 있습니다. 그런데 만약 바로 5분 후에 일어날 일이 너무너무 불안해서 견딜 수가 없다면 어떻게 해야 할까요? 불안해서 나오는 몸의 반응을 없애면 됩니다. 이건 세 가지 기술이 있습니다.

첫 번째는 자기암시입니다. 짧고 단순하고 직관적인 문장으로 자신에게 암시를 거는 겁니다. 저는 중요한 발표가 있을 때 '난 최고다. 난 최고다. 무대 위는 내 것이다.'라는 랩음악의 일부를 반복해서 되뇌었습니다. 자기암시에 집중하다 보면 스스로에 대한 믿음이 생기면서 원하는 상태가 될 수 있습니다. 자기암시는 특정한 음악을 듣는 것이나 제스처 같은 것으로 대체할 수도 있습니다. 반복해서 이런 암시를 걸면 그 효과가 점점 더 강해집니다. 그 암시와 관련된 것을 하지 않으면 불안해지는 징크스가 될 수도 있죠. 그러니 간단하고 단순한 암시가 좋습니다.

두 번째는 자세 유지입니다. 불안하면 움츠러듭니다. 소화도 안 되고 답답한 자세가 되죠. 그러니 그 반대로 자신감 있는 자세를 만들면 실제로 자신감이 만들어집니다. 이는 많은 연구가 뒷받침하는 사실입니다. 2분 이상 한 가지 자세를 유지하면 그에 맞는 호르몬이 나온다는 것이죠. 자신감 있는 자세는 복잡하게 생각할 것 없습니다. 자기 범위에서 조금이라도 벗어난 자세를 떠올리면 됩니다. 팔을 쫙 펼칠 수도 있겠지만 그렇게까지 안 해도 됩니다. 그냥 다리를 살짝 벌리거나 어깨를 펴는 것으로도 자신감을 불러올 수 있죠. 팔짱을 끼는 것도 어깨를 움츠리게 해서 원래보다 좁아지면 자신감을 떨어뜨리는 자세가 되고, 팔꿈치를 밖으로 나가게 해서 원래보다 넓은 영역을 쓰면 자신감을 올리는 자세가 됩니다.

세 번째는 가장 효과적인 방법입니다. 불안할 때는 호흡이 가빠지죠? 호흡을 느리게 만들면 불안은 줄어듭니다. 방법은 간단합니다. 숨을 들이쉴 때는 가능하면 코로 끝까지 최대한 들이쉬고, 내쉴 때는 입으로 최대한 다 내뿜는 것입니다. 이때 들이쉴 때 가슴이 부풀면서 살짝 올라가는 생각을 하고 내쉴 때 가슴이 축 내려가는 생각을 해보세요. 실제로 그런 느낌이 생겨날 겁니다. 이것을 세 번 이상 반복하면 호흡이 점점 느려지는 것을 느낄 수 있습니다. 가슴이 올라가고 내려가는 느낌과 매칭해서 계속 훈련하다 보면 이런 호흡을 굳이 하지 않아도 가슴이 내려가는 생각만으로도 호흡을 느리게 할 수 있습니다. 발표하는 도중처럼 숨 고르기를 할 수 없을 때도 쓸 수 있게 됩니다. 이런 느낌을 바로 갖기는 힘들기 때문에 지속적인 훈련이 필요합니다. 제자리에서 뛰거나 긴장되는 생각을 해서 호흡을 좀 가쁘게 한 후 이 호흡을 시도해보는 것도 좋습니다. 내려간다는 느낌이 잘 오지 않으면 손바닥이 아래를 향하게 가슴에 대보세요. 그리고 호흡에 맞춰 올라가고 내려가는 손동작을 함께 해보세요. 점점 느낌을 찾을 수 있을 겁니다. 이 방법들은 평소에도 불안을 해소하는 데 도움이 되는 것들입니다.

• 대화 불안을 일으키는 원인과 해결 방법 •

그러면 다른 불안한 경우를 보죠. 발표보다 소규모 그룹 내에서의 대화를 더힘들어하는 분들도 있습니다. 그래서 사람 만나는 것 자체를 불안하게 여기기도 합니다. 이럴 때의 불안도 외부와 내부의 원인으로 나눠볼 수 있습니다.

외부적 요인은 중요한 상대이거나 평소 이성을 많이 접해보지 않았는데 이성을 만난 것처럼 낯선 상황일 때이겠죠. 이럴 때는 앞서 본 대로 반복적으로상황을 접해보는 것이 필요합니다.

내부적 요인은 실패의 경험이겠죠. 대화는 발표와 달리 예측하지 못한 일이 많이 벌어집니다. 그래서 좀 더 복잡한 원인들이 생겨나죠. 그 원인별로 좀더 자세히 살펴보겠습니다.

먼저 기억이 원인이 되는 문제입니다. 대표적으로 '예전처럼 또 실수할지모른다.'는 생각이죠. 이런 경우는 부담이 좀 적은 대화 상황을 자주 접해보는것이 좋습니다. 그래서 실수하지 않는 경험과 실수해도 괜찮은 경험으로 성공의 기억을 더 많이 쌓는 것이죠. 비슷하게는 '말을 잘 못해서 상대를 실망시킬까 봐.'라는 이유도 있습니다. 이런 생각은 패러다임을 바꿔야 합니다. 대화는 애초에 상대를 실망시키지 않아야 할 이유가 없습니다. 소통을 배우고 배려해 가며 최선을 다해 대화해야 하긴 하지만 실망은 결국 상대의 몫입니다.그리고 상대를 실망시켜야 하는 경우도 있죠. 상대를 실망시키지 않으려고너무 애쓰면 오히려 휘둘리고 조종당하기 쉬워집니다.

그다음은 잘못된 인식이 원인이 되는 문제입니다. '상대가 자신을 부정적으로 본다.'는 생각이죠. 이런 인식은 이성의 힘을 이용해 이길 수 있습니다.타인의 생각을 정확하게 읽을 수 있는 것이 아닌데도 자기 감이 정확하다고 맹신하는 사람들이 있습니다. 그런데 타인의 생각을 그렇게 잘 읽을 수 있다면 FBI에서도 탐을 낼 겁니다. 자기 감을 맹신하는 사람들은 여러 가능성을 열어두지 않은 채 미리 결론을 내리고 그 방향으로 상황을 몰고가는 사람들이 대부분입니다.

또 다른 원인은 높은 이상에 있습니다. '말을 잘하는 주변 사람들을 보며 자기 목표가 너무 높아져서'입니다. 타인과 비교하는 것은 언제나 위험합니다. 눈에 띄는 사람의, 눈에 띄는 부분만 기준으로 삼고 비교하기 때문이죠. 자신은 언제나 부족할 수밖에 없습니다. 비합리적입니다. 비교는 과거의 자신과 해야 합니다. 그래야 자신이 어떤 방향으로 가고 있는지 제대로 알 수 있습니다.

그 외에 '침묵에 대한 두려움 때문에 반응해야 한다는 생각'이 원인이 될 수도 있습니다. 하지만 침묵도 대화의 일부이고 내가 굳이 말하지 않고 침묵이 흘러도 괜찮다고 생각해야 합니다.

이처럼 대화에 자신이 없고 불안한 분들은 다양한 합리화 전략을 내세우기도 합니다. 대화가 안 좋은 것이라거나 타인들의 문제를 일부러 만들어내서 대화에서 느끼는 불안을 합당한 것이라고 만들어버리기도 하죠. 이런 경우가 가장 큰 문제입니다. 이런 합리화를 깨고 스스로 부족한 것을 마주해야 발전할 수 있습니다.

당장은 아니어도 우리는 타인과 소통하고 사회적인 관계를 만들어나가야 합니다. 이를 위해 대화 불안을 극복하는 것은 중요하죠. 말을 많이 해볼 수 있고 삶에 영향을 덜 미치는 곳에 가서 경험을 쌓아보는 것도 좋은 훈련이 될 것입니다.

19. 사랑하려면?
: 사랑을 막는 내 안의 훼방꾼들

"나도 사랑하고
싶은데
대체 뭘 해야
하나요?"

우리는 PART 1, 7장 '사랑 편'에서 사랑이라는 감정이 파괴적으로 변질되어 고통을 주는 상황을 들여다봤습니다. 피해야 할 것에 관한 이야기였죠. 이번에는 어떤 방향으로 가야 하는지에 대해 이야기해보려고 합니다. 사랑이라는 감정이 삶에 더 긍정적인 영향을 미치게 하려면 무엇을 알아야 하고 어떤 마음의 준비가 필요한지, 그리고 어떤 사랑을 해야 하는지 알아보겠습니다. 당장 이성이 없거나 사랑을 원하지 않더라도 꼭 이해하고 넘어가야 하는 내용입니다. 왜냐하면, 사랑이라는 감정을 다른 감정들과 조화롭게 긍정적으로 두기 위한 작업이기 때문입니다.

ㆍ사랑을 힘들게 하는 것들ㆍ

자, 그럼 먼저 사랑을 힘들게 만드는 것들에 관해 이야기해보죠. 이들은 사랑이란 감정이 생겨나지 않았을 때도 계속 영향을 주며 사랑을 힘든 방향으로 이끌고 가거나 아예 사랑하지 못하게 만들기도 합니다. 물론 사랑하지 않아도 됩니다. 하지만 어떤 감정이 억눌려 있다면 균형이 깨집니다. 다른 감정들에도 악영향을 미치고 왜곡된 관점을 갖게 하기도 하죠. 이들은 과거, 현재, 미래와 연관되어 있습니다. 하나씩 보죠.

첫째, 과거 너무 좋았던 순간의 기억입니다. 그 기억은 그것을 기준으로 모든 대상을 바라보게 하고 감정을 왜곡시킵니다. 예를 들어 10년을 사랑하고 끝이 났을 때 가장 행복하고 사랑했던 순간의 기억만을 떠올려 기준으로 삼으면 어떻게 될까요? 모든 사랑이 다 시시하게 느껴지겠죠. 이런 경우라면 마음을 리셋한다는 생각으로 차분히 시작과 과정을 떠올리면 이성의 도움을 받을 수 있습니다. 좋은 기억을 떠올리는 것은 좋지만 새로운 사람들에게 그 기준을 적용하는 것은 이성이 활약하지 못하고 있는 것입니다.

둘째, 과거 오래 지속되었던 안 좋은 경험입니다. 이런 경험은 일상의 관점을 바꿉니다. 이런 경험을 겪으면 그런 기억으로부터 도망치려는 마음과 다시 돌아가려는 마음이 공존하게 됩니다. 좀 아이러니죠? 예를 들어 부모님에게 한 번도 인정받지 못해서 오랫동안 괴로운 시절을 보냈다고 가정해보죠. 그런데 어느 날 갑자기 부모님이 확 바뀌어 대단한 인정을 해주기 시작했다면 자녀는 어떨까요? 언젠가는 적응하겠지만 한동안은 불안합니다. 일상에서 벗어난 것 같고 부모님이 떠날지도 모른다는 생각까지 하게 되죠. 시간이 지나면 해결될 수도 있지만, 긴 시간에 걸친 경험으로 만들어진 이런 마음은 쉽게 바뀌지 않습니다.

이런 과거의 경험들은 어른이 되어서도 영향을 미칩니다. 인정받지 못하던 아이는 커서도 자신을 인정해주는 사람을 찾겠죠. 그런데 정말 인정해주는 사람을 만나면 행복할까요? 성숙해져서 상대를 온전히 받아들이면 행복할 겁니다. 하지만 일부는 상대의 인정을 받아들이지 못하죠. 인정받지 못하는 것이 기본상태이다 보니 상대가 인정해주면 불안합니다. 그래서 상대를 시험하고 집착하죠. 그러다 상대가 지쳐 떠나면 자신의 불안이 옳았다고 여기죠. '역시 그럴 줄 알았어.' 그런데 누군가를 시험할 땐 자신도 시험받아야 합니다. 상대나 자신 모두 인간이기 때문이죠.

셋째, 현재의 외로움입니다. 외로움은 두려움에서 출발해 불안에 가까운 감정으로 남아있습니다. 그래서 외로움 때문에 사랑을 시작하게 되면 여러 문제가 생겨납니다. 일상을 큰 문제 없이 받아들이고 잘 지내고 있었다면 사랑의 경험은 선물 같을 겁니다. 하지만 외로움을 벗어나려는 마음은 초원에서 사자에게 쫓기는 것과 비슷합니다. 두려운 상황을 피해 도망가고 있는 것이죠. 아주 강력한 동기부여가 됩니다. 그만큼 치열해집니다. 사랑하는 동안 감정조절도 잘 안 되고 과도하게 의존하게 되죠. 이런 경우에는 사랑하지 않을 때 불안하고 두렵습니다. 그런데 사랑하고 있을 때도 불안합니다. 상대가 떠나면 외로움이라는 사자에게 잡아먹힐 거라 느껴집니다. 그래서 사랑하는 동안 더 불안해집니다. 불안은 외로움과 비슷한 느낌이라 더 외롭다고 느낍니다. 그래서 상대에게 더 집착하게 되죠. 상대가 보통 사람이라면 결국 지쳐 떠납니다. 그래서 외로울 때는 일단 자신의 일상을 자신의 선택과 노력으로 평온하게 만드는 것이 우선입니다. 타인으로 이것을 해소하려 들면 안 됩니다.

넷째, 미래의 외로움입니다. 앞으로 계획한 미래가 이뤄지지 않을까 봐 두려운 것입니다. 그 계획에 사랑이 있는 것이죠. 배우자가 있어야 한다, 자녀가 있어야 한다, 진짜 마음을 나눌 친구가 있어야 한다, 등등. 자기만의 계획과 기준이 생겨난 것이죠. 이것은 사회적인 압박으로 인해 생겨나기도 합니다. 그런데 문제는 이런 사랑이 혼자만의 힘으로 이룰 수 없다는 데 있습니다. 이런 경우도 현재의 외로움과 비슷한 문제를 겪게 됩니다. 거기에 더해 상대를 자기 생각대로 맞추려 하게 되죠. 그런데 누군가 함께한다 해도 자기 뜻대로 되지 않습니다. 상대도 나름의 인생이 있으니까요. 마음속에 이상이 점점 높아지는데 실제로는 시도를 못하고 있는 상황이기도 합니다.

그럼 서로 계획이 안 맞으면 다른 사랑을 찾아야 할까요? 아닙니다. 길은 하나가 아닙니다. 서로의 삶을 존중하면 많은 차이도 수용하는 것이 가능해집니다. 완벽한 계획을 세울수록 길이 좁아집니다. 상대와 맞춰 가고 현실에 따라 융통성 있게 행복을 찾아갈 필요가 있겠죠.

• 사랑하는 마음을 준비하기 위한 4단계 •

이런 사랑을 하고 있거나 시도한다면 일상이 힘들어집니다. 다른 마음들을 잘 다스리려고 해도 잘 안 되죠. 그러면 이런 것에 얽매여 힘든 사랑이 아닌 자신이 선택하고 원하는 삶의 일부분인 모습의 사랑을 준비하려면 어떻게 해야 할까요? 사랑하는 마음을 준비하기 위한 4단계의 순서를 정리해보았습니다.

첫 번째, 사랑에 관한 두려움을 떨쳐내는 것입니다.

앞서 과거, 현재, 미래의 원인별로 두려움을 이기는 방법에 대해 언급했습니다. 거기에 더해 상대도 하나의 인간이라는 것을 기억하면 도움이 됩니다. 누군가 부족한 면이 있어도 서로가 사랑을 선택했거나 사랑하는 관계가 된 이상 같은 출발선입니다. 부족해도 주눅이 들 것 없고, 넘치면 상대를 더 인정해주면 될 일입니다. 특별하지 않은 일상에 특별한 순간이 존재하는 것이 사랑이듯이, 평범한 사람들 사이에 특별함도 느끼는 것이죠.

여러분은 혹시 사랑이라고 하면 어떤 모습이 떠오르나요? 아니면 사랑과 연관된 어떤 기준이라도 좋습니다. 깊이 생각하지 말고 떠오르는 것을 쭉 적어보세요.

....

....

....

....

....

그럼 앞에서 적은 그런 모습이 이뤄지지 않는 사랑은 어떻게 될 것 같은가요? 혹시 떠오르는 두려운 생각이 있다면 적어보세요.

....

....

....

이제 잠시 휴식을 취하고 나서 다시 자신이 적은 것을 들여다보세요. 어떤 느낌이 드는지 생각해보고 혹시 이성적이지 못한 것이나 불필요한 걱정이 있지는 않은지 찾아 적어보세요.

....

....

....

보통 어떤 기준들은 두려운 상황을 피하기 위해 만들어진 것입니다. 그래서 자신이 가진 사랑의 기준과 두려움을 비교해보면 굳이 가지고 있지 않아도 되는 기준을 찾아낼 수 있을 겁니다.

두 번째, 과거에 얽매이지 않는 것입니다. 과거와 연결된 두려움은 보통 떨쳐내기가 힘듭니다. 그래서 두려움과 관련된 과거 기억과 경험을 찾아야 합니다. 과연 자신의 기준이나 두려움은 언제 생겨난 것일까요? 그것을 알고 두려움을 대하면 다루기가 좀 더 수월해지죠. 자기 마음의 이유를 알 수 있기 때문입니다.

혹시 사랑의 기준을 떠올리며 떠오른 사람이 있나요? 사랑하거나 사랑했던 사람도 좋지만, 사랑하는 모습을 보여준 사람, 반대로 제대로 사랑하지 못하는 모습을 보여준 사람을 떠올려봐도 좋습니다. 한번 적어보세요. 그리고 그 사람은 어떤 사랑의 모습을 보여주었는지 생각해 적어보세요.

....

....

....

세 번째, 불필요한 가면을 벗는 것입니다.

우리는 어려서부터 사람을 대하는 법을 배웁니다. 그 과정에서 우리 마음에 가장 큰 영향을 미치는 것 중 하나는 이거죠.

'착한 아이여야지.'

우리는 살아가면서 다양한 가면들을 배우고 씁니다. 가족, 학교, 회사뿐 아니라 다양한 인간관계가 있고, 우린 그때마다 다른 모습의 가면을 씁니다. 그런데 사랑하는 사람에겐 어떤 가면을 써야 할까요? 누구도 가르쳐주기 힘듭니다. 사랑하는 사람과 지내는 모습은 개인적인 것이라 타인에게 다 보여줄 수도 없습니다. 그나마 보여주는 것은 부모님의 모습뿐이죠. 그런데 이미 부모님은 부모로서의 역할이 있기 때문에 사랑하는 사람으로서의 모습을 솔직히 드러내 보여주지 못하는 경우가 많죠.

그럼 착한 아이의 가면을 오래 써 온 사람이 갖는 사랑의 문제점의 예를 들어볼까요? 이런 사람들은 앞서 적었던 사랑의 기준이나 두려움에 이런 것을 적습니다.

'내가 사랑하면 상대가 날 떠날 거야.'
'내 본모습을 알면 날 사랑할 리 없어.'
'난 착한 사람이야. 사랑한다면 헌신해야지.'

보통 이런 경우 처음 보는 사람들에게는 사교성이 있는 것처럼 보이기도 합니다. 그런데 가까워질수록 더 대하기 어려워지는 느낌을 받게 되죠. 항상 착하고 좋은 모습을 유지하기 힘드니 가까워질수록 스트레스를 받고 불안을 느낍니다. 그래서 편안한 관계를 오래 유지하지 못합니다.

이외에도 드라마나 영화에서 배운 가면으로 사랑하는 이들도 있습니다. 드라마나 영화는 일상적인 편안함을 보여주지 않습니다. 그런 건 지루해서 아무도 안 봅니다. 격하게 감정이 요동치는 순간들을 담죠. 아주 아름답거나 격정적으로 부딪히는 모습들만 등장합니다. 실제 관계에서 그런 순간이 차지하는 비중은 얼마 안 됩니다. 영화나 드라마에서는 누군가의 따귀를 때리는 장면이 시도 때도 없이 등장하죠. 그런데 평범한 삶에서 따귀가 오가는 순간이 몇 번이나 있을까요? 일 년에 1번도 많은 편일 겁니다. 그런데 이런 걸 사랑의 가면이라고 배우면 격한 감정표출이 당연한 것이고 상대가 모두 감수해야 한다고 여기거나, 반대로 상대의 모든 잘못을 다 감싸줘야 한다고 생각해버릴 수 있죠. 매일이 특별하지 않으면 상대의 마음에 사랑이 없다고 오해하고, 평범한 일상을 지루하다거나 외롭다고까지 느낍니다.

SNS로 사랑을 배우는 것도 비슷한 것이죠. 이벤트가 없는 일상을 잘못되었거나 부족한 것이라 생각하죠. 그런 사랑은 단기적으로는 이뤄질지 모르지만 길게 갈 수 없습니다. 누군가 짧게는 연기해줄 수 있지만, 영원히 그런 연기를 할 수는 없으니까요.

• 가면을 벗는다는 것의 진정한 의미 •

네 번째 단계로 넘어가기 전에 이것부터 먼저 살펴보죠.

그런데 서로 가면을 벗고 대해야 한다면 가면을 벗은 모습은 어떤 모습인가요? 아무 가면도 쓰지 않은 시절은 말을 배우기 전으로 거슬러 올라가야 합니다. 이미 말을 배우기 시작하는 아기들은 엄마, 아빠와 할머니, 할아버지 앞에서 하는 행동이 달라지기 시작하기 때문입니다. 그렇다고 그렇게 본능대로 행동하고 자기 위주로 생각하는 것이 가면을 벗은 순수한 모습일까요?

'나는 원래 이래.'

'나의 본모습을 제대로 봐주는 사람을 만나고 싶다.'

이런 생각을 하고 있다면 조금 수정이 필요합니다. 본모습이라는 것을 정말 잘 알고 있다면 좋겠지만 본모습이라는 것을 알기가 정말 어렵습니다. 단지 편안한 모습이 본모습은 아니죠. 젖 달라고 떼쓰는 아기의 모습이 본모습은 아닐 겁니다. 우리가 가면을 쓰는 이유는 상대도 나와 같은 사람임을 깨닫고 그에 맞게 관계를 맺기 위한 겁니다. 인간에게 가면이란 어른이 되어 가는 과정에서 스스로 배우는 말과 같은 겁니다. 말을 하는 건 자연스럽지 않죠. 말이란 약속을 배워서 하는 겁니다. 굳이 따지면 몸짓은 자연의 모습일 수도 있겠죠. 그렇다고 몸짓만을 남기고 말을 버릴 수 있나요? 절대 버릴 수 없습니다. 이처럼 애초에 모든 가면을 버릴 수는 없는 겁니다. 가면을 쓴 모습들도 본인의 모습입니다. 사랑할 때 필요한 가면도 있습니다.

그러면 어떻게 해야 할까요? 불필요한 가면을 벗는 겁니다. 불필요한 가면은 과거로부터 이어진 두려움이 만들어낸 것입니다. 자신에게 먼저 솔직해져야 할 겁니다. 자신이 진짜 원하는 것은 무엇인지 알아야겠죠. 왜 사랑을 원하는지. 쓸데없는 기준이나 상대와 나를 차별하는 기준들은 모두 버려야 합니다. 상대도 나와 같은 인간으로 여겨야 합니다. 그리고 만약 그 상대와 사랑을 원한다면 상대를 배려하고 자기 내면을 배려하면서 관계를 이어나가는 노력을 해야 합니다.

여러분이 원하는 사랑의 모습 속에 등장하는 두 사람은 어떤 모습인가요? 여러분 자신과 상대를 구분해 적어보세요.

나의 모습

상대의 모습

이제 두 모습을 바꿔보세요. 여러분이 상대의 모습을 한다고 가정하고 상대가 여러분의 모습을 한다고 가정했을 때도 원하는 사랑의 모습인가요? 만약 아니라면 두 모습을 수정해서 다시 적어봐도 좋습니다.

서로의 모습

사랑하는 마음을 준비하기 위한 마지막 네 번째는, 자부심을 품는 겁니다. 사랑과 자부심은 안 어울리는 조합인 것 같지만 감정들은 다 연결되어 있습니다. 여러분은 사랑을 떠올렸을 때 무엇 때문에 행복하다는 생각이 드나요?
다음 말들을 한번 보면서 어떤 차이가 있나 살펴보죠.

① "사랑하는 사람이 나에게 엄청난 선물을 줬다." - 성공감
② "사랑하는 이와 아름다운 추억을 남겼다." - 성공감 + 자부심
③ "사랑하는 이의 마음을 얻었다." - 성공감 + 자부심
④ "사랑하는 사람은 나에게 진심을 다했다."

⑤ "사랑하는 사람을 위해 진심을 다했다." - 자부심

누구의 후회가 가장 적을 것 같다고 생각되나요? ⑤번일 겁니다. ⑤번은 자부심이 가장 큰 마음입니다. 자신의 행동으로 행복을 느꼈으니 주체가 자신이죠. 진심에 충실했고 그것을 더 키우려 애썼습니다. 결과를 떠나 후회가 가장 적게 남죠. 그러니 사랑에 실패했어도 언제든 새롭게 도전하고 노력할 수 있습니다.

그럼 반대로 사랑이 끝났을 때 가장 큰 후회가 남을 만한 것은 무엇일까요? 이건 상황과 해석에 따라 다를 수 있습니다. 하지만 ④번이 가장 그럴 확률이 높죠. 상대가 진심을 다했다고 느꼈고 다시 그런 사람을 만날 수 없다는 불안이 생길 수도 있죠. 거기다 자신은 진심을 다하지 않았다면 후회는 더 커집니다. ④번의 상대는 자부심을 품은 사람이었을 겁니다.

여러분도 한번 생각해보세요. 사랑에 관해 행복을 느낄 때 자부심이 얼마나 관여되어 있을까요? 앞서 해 왔던 자부심을 갖는 훈련은 두려움 없는 사랑을 할 수 있게 돕습니다. 사랑이 다른 감정들과 다른 이유는 자신의 선택만으로 원하는 대로 할 수 없다는 데 있습니다. 그래서 사랑이 목표가 되는 순간 선택지가 좁아집니다. 더구나 상대의 마음을 얻는 것이 목표가 되면 마음대로 되지 않는 일이 늘어나는 것과 같죠. 그래서 사랑은 우리를 더 성숙하게 만듭니다.

20. 감정의 레시피
: 감정을 지속시키는 재료들

"감정에 너무
휘둘리지 않았으면
좋겠어요."

우리는 행복하면 웃습니다. 그런데 웃으면 행복해지기도 하죠. 이때 웃음은 행복을 만드는 재료가 됩니다. 이런 재료들을 다 모아보면 행복이라는 요리가 나오겠죠. 이제 감정이라는 요리들의 재료를 찾아보려고 합니다. 재료를 알면 그 요리를 조절할 수 있겠죠. 어떤 행동이나 메시지가 그 감정을 이어 가게 만드는지 확인해보면 불필요한 감정은 줄이고 좋은 감정을 더 자주 불러올 수 있겠죠. 이렇게 바뀐 순간이 모이면 원하는 인생을 새롭게 사는 것이 됩니다.

　오늘은 우리의 감정을 만드는 재료를 찾고 어떻게 하면 감정을 요리할 수 있을지 알아보겠습니다.

• 감정에 휘둘리지 않는 감정 요리법 •

그럼, 바로 시작해보죠.

1단계 : 부정적인 감정의 재료 찾기

① 여러분이 일상에서 경험한 부정적인 감정들은 어떤 것들이 있나요? 일상에서 경험했던 부정적인 감정 5개를 골라 다음 페이지 표에 적어보세요. 단어들을 그냥 나열하는 것이 아니라 직접 경험했던 감정들을 적어야 합니다. 우울함, 좌절감, 슬픔, 억압, 기피 등과 같이 요약해서 적으면 됩니다. 감정으로 정의되지 않아도 마음을 설명할 수 있는 단어라면 뭐든 좋습니다.

② 그 감정이 떠오른 상황이 어땠는지 자세히 떠올려보세요. 무엇이 보이고 들리고 느껴지는지 떠올려보세요. 생생하게 만들면 다음 단계에서 재료를 찾기가 수월해집니다. 만약 너무 고통스럽다면 3인칭으로 당시 상황을 바라보듯 묘사해도 됩니다.

③ 그 감정이 생길 때 버릇처럼 하는 행동이나 떠오르는 메시지가 있나요? 예를 들어 우울할 땐 술을 마신다거나 수치심이 들 때는 "아, 짜증나."라고 말한다거나 하는 것들을 찾아보세요. 표정이나 감각의 변화까지도 찾아낼 수 있다면 아주 훌륭합니다.

④ 다음 쪽의 표에 감정의 이름과 재료를 적어보세요.

① 감정 (부정적인 5개의 감정)	② 부정적인 감정이 떠오를 때 버릇처럼 하는 행동과 메시지

잘했습니다. 잠시 휴식을 취하고 다음으로 넘어가겠습니다.

2단계 : 긍정적인 감정의 재료 찾기

① 이번에는 일상에서 경험했던 긍정적인 감정 5개를 골라 다음 페이지의 표에 적어보세요. 마음을 설명할 수 있는 단어라면 뭐든 좋습니다. 부정적인 감정을 떠올리기보다 더 어렵다고 느껴질 겁니다.

② 그 감정이 떠오른 상황이 어땠는지 자세히 떠올려보세요. 무엇이 보이고 들리고 느껴지는지 떠올려보세요.

③ 그 감정이 생길 때 버릇처럼 하는 행동이나 떠오르는 메시지가 있나요? 아주 사소한 것이라도 찾아보세요.

④ 다음 쪽의 표에 감정의 이름과 재료를 적어보세요.

③ 감정 (긍정적인 5개의 감정)	④ 긍정적인 감정이 떠오를 때 버릇처럼 하는 행동과 메시지

3단계 : 감정의 재료 재배치

자, 이제 감정의 재료를 재배치해볼 겁니다.

방법은 아주 간단합니다. 부정적인 감정의 재료들은 버리고 긍정적인 감정의 재료들을 늘리는 겁니다. 부정적인 감정이 들 때도 긍정적인 감정의 레시피를 쓰는 것이죠.

예를 들어 부정적인 감정인 불안이 느껴질 때 다리를 떠는 버릇이 있다고 가정해보죠. 다리를 떠는 것을 그냥 멈추는 것도 감정의 지속을 끊는 데 도움을 주는 방법입니다. 재료를 하나 빼는 것이니까요. 더 좋은 방법은 긍정적인 감정의 재료 중에 하나로 대체하는 겁니다. 긍정적인 감정인 자신감이 생길 때 주먹을 쥐는 버릇이 있다고 한다면, 불안이 느껴질 때 주먹을 쥐는 겁니다. 그러면 부정적인 감정을 더 빨리 벗어날 수 있죠.

이처럼 신체 반응은 바로 대체하고 의식적으로 자주 사용해줘야 합니다.

만약 오래 지속된 버릇이나 메시지들은 16장의 '좌절감 편'에서 연습해봤던 벼룩의 변화 도구를 활용해보면 바꿀 수 있습니다. 벼룩의 변화 도구를 보면 마지막에 신념의 메시지를 만들어내죠. 그것으로 대체하는 겁니다.

몇 가지 예를 더 들어보겠습니다.

만약 우울함에 음악 듣기가 있다고 가정해보죠. 이때 음악을 들음으로써 우울함이 해소되기 때문에 그런 습관이 생긴 것일 수도 있습니다. 그럴 땐 대체할 필요가 없습니다. 자기도 모르게 이미 재료를 바꿔둔 것이죠. 만약 애매하다면 듣고 기분의 변화를 다시 느껴보고 자신에게 좋은 음악을 찾아보는 것이 좋겠죠. 어떤 것이든 부정적인 것을 유지시키는 것은 다 버리거나 대체하려고 노력해야 합니다.

부정적인 감정을 보류시켜주는 것도 안 됩니다. 예를 들어, 해야 할 일을 못 해서 불안감이나 수치심이 들고 있는데, 그런 감정에 잠자는 것이나 술 마시기 등으로 보류시켜두면 어떻게 될까요? 나중에 더 부정적인 감정이 밀려올 겁니다. 부정적인 감정이 지속되도록 놓아두면 삶의 더 많은 시간이 부정적인 감정으로 채워집니다. 하지만 우리는 우리의 일상을 무엇으로 채울지 선택할 수 있습니다. 우리가 우리의 삶을 원하는 대로 선택할 수 있다는 것입니다.

"마음을 조율할 줄 아는 사람은, 인생도 조율할 수 있습니다."

이제 당신은 감정에 휘둘리기보다,
그 감정 속에 있는 메시지를 찾아내는 능력을 키웠습니다.
낮은 자존감, 반복되는 후회, 조절되지 않는 분노…….
그 모든 감정의 뿌리를 따라가다 보면
'어떻게 나답게 살아갈 것인가'라는 질문에 닿게 됩니다.
이제 마지막 여정에서는
삶을 설계하는 마음의 도구들을 하나씩 손에 쥐게 될 것입니다.

"회복의 끝은 적응이 아니라,
새롭게 설계된 나로 살아가는 것이다."

"정리된 마음은, 방향을 가진 삶을 만듭니다."

정리만으로 끝나는 마음은 없습니다.
정리된 마음은 선택할 수 있는 힘,
나아갈 수 있는 방향성을 만들어냅니다.
이 마지막 여정에서는
논리, 이성, 자존감, 삶의 기준 같은
'내면의 기둥들'을 세우는 시간입니다.
이제 당신은 단지 살아내는 사람이 아니라,
삶을 설계할 줄 아는 사람으로 살아가게 될 것입니다.

"혼란이 멈출 때 변화가 시작된다.
정리가 끝날 때, 인생이 움직인다."

PART · 3
내 인생을 위한 마음 정리

21. 자존감
: 두 개의 기둥으로 된 마음의 지지대

"자존감, 자존감.
문제는 다 자존감?
나만 이렇게
자존감이 낮은 건가요?"

마음은 내 것인데 내 마음대로 되지 않아 고통받고 있었나요? 지금 우리는 마음의 주인이 되고자 합니다. 함께 마음을 이해하고 적어보며 자신에 대해 더 많이 알게 되었을 겁니다. 이제는 삶의 방향을 찾고 원하는 대로 걸어갈 차례입니다. 이번 시간에는 그것에 가장 기본이 되는 자존감을 이야기해보겠습니다.

• 왜 자존감이 문제일까? •

먼저 질문을 하나 해보죠.

현재 여러분의 자존감은 어떤가요? 스스로 자존감이 낮아졌다는 고민을 하고 있지는 않나요? 혹시 남들처럼 자존감을 높여 멋있는 사람이 되길 바라나요? 만약 그렇다면 그런 마음이 생기고 그런 생각을 하기 시작한 것은 언제부터인가요?

저는 수천 건이 넘는 상담을 진행해 왔습니다. 그런데 최근에는 심리나 상담이론이 널리 퍼져 있어 많은 분들이 먼저 자신의 문제를 스스로 판단해서 오기도 합니다. 특히나 자존감이 낮은 것을 원인으로 판단하는 분들이 가장 많죠. 그런데 자존감이 낮다는 것을 어떻게 느꼈는지 묻거나 말하고 있는 자존감이 무엇인지 물어보면 다양한 대답이 돌아옵니다. 자존감을 '당당함'이라거나 '자신을 사랑하는 것'이라거나 '내면의 자존심'이라는 등, 각자 다르게 생각하고 있는 것이지요. 그러면 실제로 각자의 문제가 다양한데 어째서 다들 똑같이 자존감이라고 말을 할까요?

전문용어로 쓰이던 자존감이라는 단어가 자기계발서나 SNS를 통해 일상 언어화 되며 유행했기 때문입니다. 물론 자존감이 높아지면 마음의 많은 문제가 해결됩니다. 행복하다는 느낌을 갖기 위한 첫걸음이 될 수 있습니다. 하지만 스스로 문제를 해결하기 위해서는 자신을 알아야 합니다. 남들이 말하는 멋진 말을 자기 것인 양 생각하면 문제가 해결된 것 같아도 어느새 제자리로 돌아와 있습니다.

· 타인의 이야기가 내 이야기로 느껴지는 마음의 원리 ·

그럼 왜 다양한 문제를 겪고 있는 사람들이 남들의 이야기를 자기 이야기라고 느끼게 될까요? 여기에는 몇 가지 마음의 원리가 있습니다. 대표적인 것만 소개해보자면 이런 것들이 있습니다.

첫 번째는 '바넘 효과'입니다. 이것은 사람들은 보편적인 내용을 보고 다 자신을 위한 것이라고 생각해버리는 것을 말합니다. 이에 관련된 최초의 실험은 1949년 가짜 성격진단 결과였습니다. 모두에게 똑같은 성격 진단을 했는데도 사람들은 다 자기 성격에 들어맞는다고 여긴 것이죠. 5점 만점에 4.2 점 이상의 만족도를 보였습니다.

바넘은 원래 마술사의 이름입니다. 이 마술사는 워낙 유명해서 이 사람의 스토리가 '위대한 쇼맨(The Greatest Showman)'이라는 영화로 만들어지기도 했죠. 실제로 이 원리를 발견한 사람은 포러라는 심리학자입니다. 그래서 '포러 효과'라고 부르는 것이 맞지만 바넘의 유명세로 인해 바넘 효과로 더 많이 알려져 있죠. 이 마술사는 이런 말을 했습니다. "우린 모두를 만족시킬 것이 있다. (We've got something for everyone.)" 바넘 효과를 잘 설명해주고 있지요? 마음의 문제를 보편적으로 설명해버리면 다 자기 문제라고 여길 수 있게 되는 거죠.

두 번째는 '동조 효과'입니다. 틀렸더라도 다른 사람들의 의견에 따르는 것이 마음이 편해지는 원리죠. 모두가 '아니'라고 할 때 혼자 '예'라고 말하는 것은 옳고 그름을 떠나 상당히 힘든 일입니다. 엄청난 스트레스를 받죠. 타인의 압박이 없어도 그냥 다르다는 것만으로 힘듭니다. 이건 인간이 원래 무리를 지어 생활했고 무리에서 벗어나면 생존이 위협받던 시절이 있었기 때문일 수도 있죠. 우리의 뇌가 다르면 위험하다는 신호를 보내는 겁니다. 그래서 남과 똑같다는 생각을 하면 마음이 좀 편해지죠. 그래서 지금 마음이 힘든 것을 이겨낼 수 있게 됩니다. 하지만 이런 선택은 그냥 덮어두는 거죠. 자신의 진짜 문제를 모르니 점점 문제는 쌓여 갑니다.

세 번째는 '낙인 효과'입니다. 간단히 정의하자면, 어떻게 될 것이라 여기면 실제로 그렇게 된다는 것이죠. 이와 연관이 있는 효과가 많습니다. 부정적으로 대하면 부정적으로 변한다는 '골렘 효과'나 긍정적으로 대하면 긍정적으로 성장한다는 '피그말리온 효과', 생각으로 결과가 변하는 '플라세보 효과'나 '노시보 효과'도 모두 이와 연관이 있는 것들입니다. 그만큼 우리가 처음 생각하면 그에 맞춰 모든 것을 보게 되기 쉽다는 것이죠. 마음에 대해서도 주변에서 어떻다고 정의를 내리면 자신도 그렇다고 먼저 결론을 내리고 자신을 살피게 됩니다. 그러면 그것이 또 정답 같아요. 그런데 자기 마음에 대해 그렇게 쉽게 정답을 찾을 수 있다면 마음의 문제는 발생하지 않았을지도 모릅니다.

이런 마음의 원리로 인해 우리는 제대로 된 대답을 찾기가 어려워집니다. 진짜 우리를 들여다보는 수고를 하지 않고도 답을 찾은 것 같은 기쁨은 순간적으로 얻을지 모르지만요.

이런 것들은 마치 무지개가 7가지 색이라고 착각하는 것과 비슷합니다. 실제로 무지개는 눈으로 볼 수 있는 거의 모든 색이 연속적으로 나타나는 것입니다. 그런데 뉴턴이 도레미파솔라시의 7음계를 본따 7색으로 지칭했기 때문에 그렇게 보이게 된 것이지요. 우리나라에서는 '오색무지개'라고 불렸던 적도 있습니다. 이젠 대부분의 사람들이 무지개를 그릴 때 7개 색을 준비하고 경계부터 나누죠.

행복해지는 방법은 자신만의 무지개를 찾는 과정과 비슷합니다. 자존감은 여러 가지 색깔 중 하나일 뿐이죠. 자존감이라는 색이 있다면 자신의 무지개를 잘 그릴 가능성이 커지겠지만, 그것만으로는 충분하지 않습니다. 더구나 여러 가지 것을 자존감이라고 뭉뚱그려 생각하고 있거나 그럴듯한 남들의 말을 다시 말한 것 뿐이라면 무지개는 완성될 수 없습니다.

• 자존감, 두 개의 기둥으로 이루어진 집 •

그러면 자존감이라는 것은 과연 뭘까요? (학계에서는 '자아존중감'이라는 용어로 더 많이 쓰이고 있지만, 널리 알려진 '자존감'이라고 쓰겠습니다.)

자존감은 두 개의 기둥으로 이루어진 집과 같습니다. 한 개의 기둥은 자신이 '뛰어난 사람'이라는 생각이고, 다른 하나의 기둥은 자신이 '올바른 사람'이라는 생각입니다. 두 기둥이 균형을 이루지 못하면 자존감이라는 집은 무너져버립니다. 기둥 하나만 과하게 높다고 그 위에 지붕을 올릴 수 없죠. 마찬가지로 마음은 병들고 맙니다.

에펠탑을 두 번이나 팔았던 사기꾼 빅토르 뤼스티그나 대동강 물을 팔았던 봉이 김선달처럼 뛰어난 사기꾼은 어떨까요? 자존감이 높기 힘들 겁니다. 뛰어난 능력에 비해 올바름이라는 기둥이 세워지지 않았기 때문이죠. 반대의 경우도 마찬가지예요.

높은 이상을 위해 헌신적으로 일을 하고 있다거나 남들이 필요한 것을 가르쳐주고 있다면 자존감의 한 기둥이 완성됩니다. 그런데 바라는 만큼 능력을 갖추지 못한다면 어떨까요? 옳은 일이라고 해도 하면 할수록 괴로울 겁니다. 자신이 좋은 사람이라고는 생각하겠지만 자존감은 낮죠. 그래서 자신을 비난하고 나아가 세상을 원망하게 됩니다. 행복할 수 없죠. 뛰어남의 기둥이 받쳐주질 못해 자존감이라는 집이 무너지는 거죠. 그래서 자존감을 높이는 방법은 두 가지가 있습니다. 하나는 자신을 옳다고 여기면서 옳지 않은 일은 하지 않는 것이고, 다른 하나는 하고자 하는 일을 열심히 해서 그 능력치를 높이는 것입니다.

여기까지 보면 자존감은 굉장히 논리적인 결과물 같습니다. 옳고 그름에 대한 개인차가 조금씩은 있을지라도 어느 정도 기준으로 나눌 수도 있고, 능력도 우열을 가릴 수 있는 것이니 말입니다. 마치 누군가의 자존감을 수치로 나타낼 수 있을 것 같습니다. 과연 그럴까요? 그럼 빅토르나 김선달의 자존감이 낮았을지 생각해보죠. 이제와 그들에게 물어볼 수는 없는 노릇이지만 그들의 자존감이 절대 낮지 않았을 겁니다. 올바름의 기둥이 탄탄하게 세워져 있었을 거란 말입니다.

소설《봉이 김선달》에서 보면, 강물이 원래 자기 것인 양 속이고 강물을 떠가는 사람들에게 세금을 받으면 큰돈을 벌 수 있다고 속여서 팝니다. 그런데 아이들을 위한 책에서는 한 가지 설정이 더 추가됩니다. 속인 대상이 원래 악독한 인물이었다는 것이죠. 그 책을 읽는 아이들은 사기가 나쁘다는 것보다 재치로 악독한 인물을 골탕 먹인 것에 쾌감을 느낍니다. 김선달과 독자들이 생각하는 올바른 일이 되는 것입니다.

실제로 많은 사기꾼들은 다음과 같이 생각한다고 합니다.

'내가 아니면 피해자의 돈은 다른 사기꾼에게 갈 거야. 그러니 내가 먼저 사기를 쳐서 의미 있게 쓰겠어.'

즉, 객관적으로 보아 옳지 못한 행동을 하면서도 자기 행동을 합리화한 경우입니다. 자신은 어쩔 수 없는 상황이고 누구라도 그랬을 것이라 생각하고, 그 돈을 가족에게 쓴다거나 하는 식의 생각으로 올바름을 만들어냅니다. 혹시라도 사기를 치면 자존감이 올라간다고 오해하는 사람은 없겠죠? 평범한 사람이라면 범죄를 저지르면서 스스로 올바르다고 생각할 수 없습니다.

보통 합리화는 나쁜 것이라고들 생각하지만, 마음이 행하는 것 중에는 우리를 보호하려는 것들이 많습니다. 여우가 손이 닿지 않는 높은 곳의 포도가 시어서 맛이 없을 것이라고 생각해버리는 것은, 여우 자신의 마음을 보호해주기 위함입니다. 그래서 합리화는 무조건 나쁜 것은 아닙니다.

반대의 경우도 한번 살펴볼까요? 능력은 떨어지지만, 남들에게 무언가를 가르쳐줄 때 과연 자존감이 낮기만 할까요? 예를 들어 세 살배기 아이가 부모에게 갓 배운 무언가를 가르쳐준다고 해봅시다. 그 경험으로 아이의 자존감이 낮아질까요? 아닙니다. 높아집니다. 왜냐하면 부모의 칭찬과 자신의 행동이 자기 능력에 대한 만족으로 이어지기 때문입니다. 이것이 가능한 이유는 칭찬이라는 요소도 있지만 자기 능력을 비교하는 대상이 전문가나 잘난 타인이 아니라는 점입니다.

이 두 예시를 보면 자존감은 생각만큼 단순하지 않습니다. 하지만 이런 마음의 원리를 이용하면 아주 쉽게 자존감을 올릴 수도 있습니다. 자존감이 높은 누군가의 모습만이 정답이 아니라는 것입니다. 정답은 실제 무지개의 색처럼 무수히 많습니다.

· 자존감을 높이기 위한 첫 번째 기둥 세우는 법 ·

여러분은 사기꾼들보다 올바르고 높은 이상을 가지고 있을 것이고, 세 살배기 아이보다 더 뛰어난 능력을 가지고 있을 것입니다. 다만 생각하는 방법을 몰라서 자존감이 낮다고 생각하고 있을 뿐입니다. 생각하는 방법만 바꾸면 순간적으로 자존감을 올릴 수 있습니다.

다시 가장 기본적인 자존감을 생각해보면, 자신이 옳다고 생각하는 일만 하면서 능력도 뛰어나야 합니다. 하지만 보통 자신의 행동이 올바른 것인지 잘 알기 어려울 때가 많습니다. 이럴 때는 도덕책을 펼쳐봐야 할까요? 아니겠죠. 올바른 것은 자신에게 좋고 나쁨을 기준으로 판단하면 됩니다. 그래서 선(善)한 것과는 다릅니다. 물론 선한 행동은 대부분 좋은 인간관계를 만들고 나아가 울타리가 되어줄 수 있을 것입니다. 하지만 나에게 좋은 것은 선할 수도 있고 아닐 수도 있습니다. 만약 손해를 보면서까지 남의 부탁을 들어주는 것은 선하다고 평가받을지는 몰라도 올바른 일은 아닙니다. 나에게 좋은 것이라야 그것이 올바른 것입니다. 하지만 이것만으로는 충분하지 않습니다. 어떤 행동이 나에게 좋은 것인지 아닌지도 구분이 잘 안 될 때가 많기 때문입니다. 그렇게 되는 이유는 목표나 목적이 없기 때문입니다.

예를 들어 프로게이머를 목표로 하고 있다면 게임을 오래 하는 것이 자신에게 좋은 것이고 올바른 일입니다. 하지만 목표가 없다면 올바른 일이라고 볼 수 없습니다. 다이어트가 목표라면 고칼로리의 음식을 먹는 것은 그 목표를 이루려는 자신에게 올바른 일이 아닙니다. 결국 올바른 마음은 목표를 향해 가는 자신에게 좋은 것을 할 때 생겨납니다. 자신에게 좋은 일을 찾고 그것을 계속해나갈 때 삶은 행복해집니다.

그래서 자존감을 높이기 위해서는 작은 것이라도 목표를 세워야 합니다. 이 책을 끝까지 다 읽겠다는 것도 하나의 좋은 목표가 될 수 있습니다. 이 책 후반부에 실습 미션을 부여하는 것도 하나의 목표를 만들어드리는 것입니다. 나아가 삶에도 목적을 부여할 수 있다면 더할 나위 없겠죠.

• 자존감을 높이기 위한 두 번째 기둥 세우는 법 •

그러면 두 번째 기둥은 어떻게 높일까요? 물론 만족할 만한 능력은 하루아침에 생겨나는 것이 아닙니다. 그런데 과연 만족할 만한 능력이라는 것이 무엇이고 언제 만족할 수 있을까요? 이 질문에 대답하기 위해서는 그동안 자신의 능력에 불만족했던 이유를 먼저 알아야 합니다. 보통은 비교 대상 때문입니다. 완벽한 것과 비교하거나 주변에서 눈에 띄는 누군가와 비교했기 때문에 불만족이 생겨났을 것입니다.

그러면 앞의 예에서 아이는 어떠했나요? 이전에는 하지 못하던 일을 하게 되어 자존감이 올라갔습니다. 비교 대상이 과거의 자신입니다. 목표를 기준으로 과거의 자신과 비교합니다. 누군가에겐 지금의 모습이 부족할지 모르지만 어제의 나보다 낫고, 미세하지만 목표로 한 걸음씩 가고 있다면 아주 뛰어난 것입니다. 다른 사람이 자신을 어떻게 보든 아무 상관없습니다.

그리고 타인에 대해서도 겉으로 보여지는 것을 전부라고 생각할 필요도 없습니다. 인간의 마음은 비슷한 구조를 가지고 있습니다. 선한 마음도 있고 악한 마음도 있고 찌질한 마음과 성인의 마음이 모두 공존합니다. 부정적인 면을 이겨내고 긍정을 찾아서 가는 겁니다. 타인에게는 좋은 면만 있다고 느껴진다면 그는 나머지를 감추었거나 엄청난 노력으로 그 부분을 이겨내고 있는 것입니다. 타인처럼 부지런하고 긍정적이지 못하다고 스스로 자책할 필요도 없습니다. 그런 부분은 누구나 가지고 있습니다. 모두 애쓰고 있을 뿐이에요.

자신을 부정적으로 보고 타인을 기준으로 삼는 순간, 인간에 대한 이해도가 떨어지게 됩니다. 내면을 속속들이 알 수 있는 자신이라는 표본을 잘못된 것이라 생각하고, 선별된 일부만 볼 수 있는 타인을 표본으로 심리를 이해하려 하면 반쪽짜리도 안 됩니다.

자신을 비교 대상으로 삼으세요. 이 책을 읽으며 미션을 수행하는 자신을 비교 대상으로 삼으세요. 목표를 가지고 자신에게 좋은 일을 구분해내고 나아가고 있다는 느낌을 받으면 자존감은 높아집니다.

22. 논리력
: 마음의 주인이 되는 힘

"논리적인 사람이
되고 싶은데
어떻게 해야 할까요?"

이번에는 부정적인 감정에서 벗어나기 위해 좀 특별한 훈련을 해볼까 합니다. 바로 '논리력 훈련'입니다. 일상적인 상황에서 사용할 수 있는 비판적인 능력을 길러줄 겁니다. 여러분의 이성에 날개를 단다고 생각하면 좋겠네요.

운동을 한 번도 안 한 사람이 큰 근육을 키우려는 목표를 세웠다면 무거운 기구를 드는 것보다 먼저 해야 하는 것이 있습니다. 바로 심장과 폐를 튼튼하게 만들어 체력과 지구력을 키우는 것입니다. 얼핏 관계가 없어 보이지만 심폐지구력을 키워두지 않으면, 쉽게 지쳐서 근육을 키울 수 없습니다. 한번 심폐지구력을 키워두면 무거운 기구를 오래 들 수 있고, 이를 통해 다시 심폐지구력이 유지되거나 커집니다. 운동을 꾸준히 해 왔거나 큰 근육을 만들 생각이 없는 사람들은 굳이 심폐지구력을 위한 운동을 따로 하지 않아도 됩니다. 하지만 목표가 있다면 일단 근육과 관계없는 운동부터 시작해야 하죠.

감정이 우리 마음의 근육이라면, 이성의 힘이 심폐지구력입니다. 이성의 힘을 한번 쓸 줄 알게 되면, 이후에 감정 훈련만으로 이성의 힘이 유지됩니다. 하지만 처음에는 확실히 훈련해서 그 힘을 키워둬야 하죠. 이성의 힘이 없이 감정 운동만 하면 엔진 없이 외관만 스포츠카로 꾸민 자동차나 다름없습니다.

• 이성의 힘을 키우는 논리력 훈련 1 : 근거 •

자, 지금부터 여러분 마음에 이성의 엔진을 달아보죠.

먼저 논리력을 위한 첫 번째 훈련으로 근거를 구분해내볼 겁니다. 다음 문장들을 보고 어떤 것이 근거인지 생각해보세요.

"꿈은 이루어진다는 말, 알지? 그러니 잘될 거야."

찾으셨나요? 다음처럼 문장을 바꿔보면 쉽게 찾을 수 있습니다.

"(너는) 잘될 거야. 왜냐하면 꿈은 이루어진다는 말이 있기 때문이야."

그러면 근거는 '꿈은 이루어진다'는 말이 있다는 것이 됩니다. 혹은 우리가 알고 있는 유명한 사람이 꿈은 이루어진다는 말을 했다는 것일 수도 있겠죠. 그럼 다음 문장의 근거도 찾아보세요.

"난 그냥 고기만 먹었다 하면 체해."

이 문장의 근거는 숨겨져 있습니다. 앞의 예시처럼 바꿔볼까요?

"나는 고기를 먹으면 체해. 왜냐하면…….."

왜냐하면 뒤의 말이 근거인데 원래 문장에는 나타나 있지 않죠. 하지만 아마도 여러 번 체했던 경험이 근거일 겁니다. 만약 의사나 부모님의 말을 듣고 그렇게 생각했다면 "난 고기 먹으면 체한대."라고 했겠죠.

이처럼 어떤 근거를 바탕으로 새로운 판단을 하는 것을 '추리'라고 부릅니다. 추리는 탐정만 하는 것이 아니라 우리도 끊임없이 하고 있죠. 그런데 잘못된 근거로 추리를 하면 죄 없는 사람이 범인으로 몰리듯이, 우리가 우리의 마음을 볼 때 엉뚱한 것을 원인이라 생각하고 자신을 괴롭히게 되죠.

· 근거를 제시하는 두 가지 추리 방법 ·

위 두 예시에서 근거를 제시하는 방식은 대표적인 두 가지 추리 방법을 보여줍니다.

첫 번째, 꿈이 이뤄진다는 예시문은 전제를 바탕으로 추리했습니다. 전제는 지식이나 신념 같은 것입니다. 이를 우리는 '연역추리'라고 부릅니다. 두 번째 체한다는 예시문은 경험을 바탕으로 했죠. 이는 '귀납추리'라고 부릅니다. 보통 "해봤더니……" 라고 시작되는 판단은 모두 귀납추리라고 보시면 됩니다. 학창시절에 배웠던 기억이 나시죠? 의식하지 못해도 우리는 많은 추리를 하고 있습니다. 판단마다 추리하고 있죠. 같은 판단에도 다른 방법의 추리를 할 수 있습니다. 예를 들어 '내일은 해가 동쪽에서 뜰 거야.'라는 판단에도 두 가지 방법으로 근거를 제시할 수 있습니다.

> 연역추리 : '원래 해는 동쪽에서 뜨니까.'
>
> 귀납추리 : '어제도 해가 동쪽에서 떴고, 그제도 그랬으니까.'

그러면 다음 문장들에 대해서도 근거를 한번 찾아보고 어떤 추리 방법을 썼는지 찾아보세요.

> ① "어제 잠을 못 잤더니 영~ 몸이 쑤시네."
>
> ② "사람이 그러면 되냐?"
>
> ③ "언제나처럼 또 차일 것 같아."
>
> ④ "또 차였어. 난 원래 그냥 차이는 사람인가 보다."

찾아보셨나요? 같이 한번 보죠.

① "어제 잠을 못 잤더니 영~ 몸이 쑤시네."

몸이 쑤시는 상태를 말하고 있습니다. 판단이 아니죠. 추리와는 좀 다르지만, 근거를 분리해내는 것은 어렵지 않습니다.

> • 판단 : 몸이 쑤신다.
>
> • 근거 : 어제 잠을 못 잤다.

예전에 몸이 쑤실 때 그 전날 잠을 잘 못 잤던 경험이 있었기 때문에 원인을 바로 찾을 수 있었을 것입니다. 그러니 이는 귀납추리에 가깝습니다.

② "사람이 그러면 되냐?"

이 문장은 어떤 행동인지도 드러나 있지 않고 근거도 숨겨져 있지만, "왜냐하면……"을 넣은 문장으로 바꿔보면 쉽습니다.

- 판단 : 그렇게 행동하면 안 된다.
- 근거 : 사람은 그러면 안 된다.

어떤가요? 추상적이지만 근거가 어떤 전제로 이루어져 있는 것을 알 수 있지요? 이는 연역추리입니다.

③ "언제나처럼 또 차일 것 같아."

쉽죠? 경험한 것을 토대로 내린 판단입니다. 귀납추리죠.

- 판단 : 나는 또 차일 것이다.
- 근거 : 예전에도 계속 차였었다.

④ "또 차였어. 난 원래 그냥 차이는 사람인가 보다."

위와 비슷한 문장입니다. 그런데 문제가 있습니다. 어떤 문제인지 근거를 찾아보면 알 수 있습니다.

- 판단 : 나는 원래 차이는 사람이다.

- 근거 : 반복해서 차였다.

어떤가요? 귀납추리로 근거를 만들었습니다. 차였다는 몇 번의 경험으로 판단을 했으니까요. 그런데 그로 내린 판단이 하나의 전제를 만들었습니다. 귀납추리로 만든 판단을 이후에 연역추리로 쓰게 되었군요. 오류가 생겼지만 스스로 깨닫는 것은 쉽지 않겠죠. 우리처럼 훈련해보지 않는다면 말이죠.

주장과 근거를 나눌 줄 알게 되면, 그것을 깨는 것도 가능해집니다. 귀납추리는 경험을 근거로 합니다. 그래서 다른 경험이 하나라도 나오는 순간 그 판단은 틀린 것이 되죠. 또 연역추리는 전제를 깨거나 논리적인 오류를 찾으면 깰 수 있습니다.

• 이성의 힘을 키우는 논리력 훈련 2 : 논리의 오류 •

자, 그럼 두 번째 논리의 오류를 찾는 훈련을 해보겠습니다. 마음속 메시지의 오류를 깨달으면 부정적인 생각의 고리를 끊어낼 수 있습니다. 이것이 이 책의 논리 훈련의 목적입니다. 오류는 근거 자체의 문제, 공정성의 문제, 논리 연결의 문제, 이 세 가지로 나눌 수 있습니다.

그럼 먼저 근거 자체의 문제부터 보겠습니다. 근거가 판단과 관계가 없는 것이거나 사실이 아닌 경우죠. 예를 들어보죠.

"나랑 진짜 친한 친구가 그랬는데, 어린 시절 사랑을 못 받고 자란 사람은 사랑받을 줄 모른대. 그래서 난 항상 우울한가 봐."

근거가 판단과 관련성도 떨어지고 정확하지도 않네요. 아무리 친한 친구라고 해도 그 말의 신빙성과는 관련이 없죠. 사랑을 못 받은 것과 사랑을 받을 줄 모르는 것의 관계도 논리적인 근거가 없을뿐더러 사랑받을 줄 모른다고 해서 우울하라는 법도 없습니다. 이런 말은 다음처럼 반박해볼 수 있습니다.

'그리 생각할 수도 있지. 그런데 판단하기 전에 확인이 필요해.'
'그리고 우울한 것에도 더 걸맞은 근거가 필요할 거야.'

다음과 같은 예시도 보죠.

"이 약 먹어봐. 내 아들, 딸 모두 이거 먹고 키가 10센티나 컸어."

근거의 정확성이 많이 떨어지기도 하지만 충분하지 않은 문제가 있습니다. 이렇게 몇 건 안 되는 사례로 옳다고 생각해버리는 것은 오류입니다. 하지만 많은 이들이 친하거나 잘나 보이는 사람들이 몇 개밖에 안 되는 사례로 말해도 그것을 사실로 받아들여버립니다. 확실한 오류입니다. 비슷한 다른 예시를 보죠.

"난 매번 차이잖아. 또 차일 거야."

바로 전의 예시와 비슷하지만 스스로 이런 생각을 하고 있을 때에는 오류가 있다고 생각하지 못할 수도 있습니다. 얼마만큼의 경험으로 내린 판단인지는 모르겠지만, 인생이라는 긴 여정으로 보든 인간사라는 수많은 사례로 보든, 자신의 몇 안 되는 경험은 분명 충분하지 않을 겁니다. 하지만 그 순간에 빠져 있으면 잘 보이지 않기도 하죠. 이 문장들은 이렇게 반박할 수 있습니다.

　　'지금 그런 생각이 들 수도 있지. 그런데 아직 판단을 내리기에는 근거가 충분하지 않아.'

　이와 같이 오류를 지적하는 예시를 알려드리는 이유는, 실제로 타인에게 쓰라는 의도가 아닙니다. 이런 생각으로 내면의 메시지에 대항해보라는 것입니다.
　또, 두 번째는 공정성의 문제입니다. 이는 객관적으로 보면 너무 쉽게 답이 나오는 오류인데, 그 오류를 범한 사람은 스스로 깨닫기 어려운 것이기도 합니다. 예를 들면 다음과 같은 것입니다.

　　"우리나라에서 하는 게임이니 심판도 우리나라 사람으로 해."

　예시가 극단적이어서 오류가 너무 확실인가요? 그럼 좀 더 일상적인 상황으로 바꿔보겠습니다.

　　"좋은 사람 만나려면 상대를 시험해봐야지. 근데 그 사람은 내가 자기를 시험하는지도 모르고 그런 행동을 하더라니까. 날 시험하는 것처럼."

공정하려면, 내가 시험하듯이 나도 시험받아야 하는 것도 당연하지 않을까요? 물론 지원자가 많고 그중에서 선택해야 하는 상황이라면 시험을 볼 수도 있겠지요. 그런데 실제로 그런 상황이 아닌데도 공정하지 못하게 생각하는 분들이 있습니다. 내가 시험하는 것은 총명한 행동이고 타인이 시험하는 것은 비열한 행동이라고 판단하는 것은 오류입니다.

더구나 공정하다고 판단하기 위해서는 어떤 가치를 더 중요하게 생각하느냐의 문제도 포함될 수 있습니다. 예를 들어 치킨 조각을 나눠주는 사소한 일에도 가치가 존재할 수 있죠. 사람마다 똑같이 나눌지, 그러면 유아동도 똑같은 양을 줄지, 먹기 싫어도 줄지, 아니면 체중이나 기초대사량을 기준으로 양을 정할지, 사 온 사람이 마음대로 할지, 아니면 사 온 사람에게 더 많이 줄지 등등 다양한 기준이 생겨날 수 있습니다. 그래서 오류를 찾았다 하더라도 그 오류를 제거하는 것이 어려울 때가 있습니다. 이 공정성의 오류는 이렇게 생각하며 대항해보세요.

'한 쪽에 좋은 일은 언젠가 나에게 나쁜 일일 수도 있지 않을까?'

공정하지 못한 판단은 실제로 언젠가 해가 될 수 있습니다.
마지막으로 세 번째, 논리 연결의 문제입니다. 얼핏 들으면 그럴듯하지만 실제로는 논리적인 연결에 오류가 있는 것입니다. 예를 들어보겠습니다.

"성공한 사람들은 모두 열심히 일했어. 그러니까 열심히 일하면 성공할 거야."

들기에도 좋고 맞는 말 같지만, 근거와 판단의 연결에는 문제가 있습니다. 성공한 사람들이 모두 열심히 일했다는 전제가 맞다 하더라도 이 말은 열심히 일한 사람들 중 일부가 성공했다는 것입니다. 그래서 열심히 일하면 모두가 성공할 것이라는 판단은 오류입니다. '그러니 열심히 일하면 성공할 수도 있어.'라고 하면 오류가 없어집니다. 하지만 원래 문장과는 달리 실패할 수도 있다는 뜻의 애매한 문장이 되어야 하죠. 다른 예시도 볼까요?

"나는 김치를 좋아해. 모든 한국인은 김치를 좋아해. 그러니까 난 한국인 이야."

모든 한국인이 김치를 좋아하는 것도 아니지만 실제로 그렇다고 해도 이 문장은 틀렸습니다. 모든 한국인이 좋아하지만 그렇다고 외국인이 좋아하지 말란 법이 없으니 저 문장에서 '나'는 외국인일 수도 있죠. 생각해보면 너무 당연한 논리적 오류인데 맞다 생각하고 빠져 있으면 오류가 잘 안 보일 수 있습니다. 이런 논리 연결의 문제는 다음과 같은 생각으로 저항해보세요.

'참 좋은 이야기네. 다만 논리적으로 ~인 것이 꼭 ~이다라는 결론이 나지는 않아.'

듣기 좋다고 혹은 그럴듯하다고 맞는 이야기인 것은 아닙니다. 마찬가지로 지금 감정에 들어맞는 근거라고 해서 옳은 것은 아닙니다. 누군가의 주장은 사실이라기보다 그냥 의도일 때가 많습니다. 그리고 그 의도에 맞는 근거를 끌어오죠. 하지만 이런 경우 분명히 오류가 있습니다. 하지만 그 주장한 사람이 내 편이라거나 멋지다는 이유로, 혹은 그 주장이 그럴듯해서 그 오류를 보지 않으려고 애씁니다. 한번 오류를 보지 않으려고 애쓰면 더 이상 오류는 찾을 수 없습니다.

우리의 마음도 비슷한 일들이 벌어집니다. 우리가 감정적으로 어떤 생각을 하고 나면 다른 생각을 하기가 어렵습니다. 이미 그 판단에 걸맞은 근거들을 끌어다 붙였을 테니까요. 우리는 이것을 '합리화'라고 부릅니다. 우울함의 악순환도 바로 이 합리화 때문에 벌어지곤 합니다.

• 이성의 힘을 키우는 논리력 훈련 3 : 상황 이해의 오류 •

논리의 오류와는 달리 상황이나 내용을 제대로 알지 못해서 일어나는 오류도 있습니다. 예를 들면 다음과 같은 것입니다.

"왜 차가 미끄러져 사고가 난 걸까. 난 아무것도 안 했는데."

차에 대해 모르면 오류를 찾기 힘들 수도 있습니다. 내리막에서 브레이크를 밟지 않고 아무것도 하지 않으면 미끄러져 내려가 사고가 날 수 있습니다. 오류가 없는 문장은 다음과 같습니다.

"내가 아무것도 안 해서 사고가 났구나. 내리막에서 브레이크를 밟았어야

했는데."

이렇게 바꾸면 당연하고 쉽게 오류를 제거할 수 있을 것 같습니다. 하지만
마음의 예시로 바꾸면 상황은 좀 달라집니다.

"왜 나에게만 이런 일이 벌어질까? 난 아무것도 안 했는데."

이렇게 생각하며 우울해하는 분들이 있습니다. 그런데 아무것도 하지 않기
때문에 그런 일들이 벌어지는 것일 수도 있습니다. 마음이 아프거나 감정이
다스릴 수 없게 널뛰는 이유는, 아무것도 안 했기 때문일 수 있죠. 그러니 이
렇게 바꿔야 합니다.

"내가 아무것도 안 해서 이런 일이 벌어지는 거구나."

그리고 무엇을 할지 생각해야 하겠죠.

23. 이성의 힘
: 감정을 다루는 가장 강력한 힘

"이성적으로 생각하라?
말은 쉽지만 대체
어떻게 하는 거죠?"

우리는 앞에서 좀 특별한 훈련을 했지요? 지금부터는 앞에서 익힌 기술로 이성의 힘을 더 키워보도록 하겠습니다. 예를 들어 우울함은 우리 삶에 많은 영향을 미치곤 합니다. 그런데 그렇게 영향을 주는 것은 우울한 사건을 되새기기 때문입니다. 실제로 어떤 사건이 일어나는 시간은 짧죠. 슬퍼하고 애도해야 하는 기간이 필요할 때도 분명히 있습니다. 하지만 우울했던 이유도 희석되었는데 우울함을 계속 안고 가는 것은 안 되겠죠. 그러니 우울한 감정을 비판적으로 바라볼 필요가 있습니다.

여기서, 비난과 비판은 구분해야 합니다. 자신을 나쁘게만 보는 비난은 자기 파괴적이죠. 우울한 감정보다 더 큰 문제를 일으킵니다. 비판은 옳고 그름을 판단하는 것입니다. 이성의 힘이 필요하죠. 그리고 대상의 가치와 의미를 인정하는 것입니다.

그럼, 이제 PART 1. 2장에서 살펴봤던 '우울함'을 어떻게 비판적으로 볼수 있을지 알려드리겠습니다. 우울할 때 적었던 메시지들은 나중에 우울함에서 벗어난 후 세 가지 필터를 거쳐 보면 됩니다. 일단 반박해보기, 다른 가능성 찾아보기, 논리적 오류 찾아보기입니다.

하나씩 살펴보죠.

• 이성의 힘을 발휘하기 1 : 일단 반박해보기 •

첫 번째 필터인 '일단 반박해보기'입니다.

먼저 우울할 때 적어둔 자신의 생각을 최대한 반박해보는 겁니다. 그 메시지와 다른 경험이나 그렇지 않았던 경우처럼 예외를 찾아보면서 원래의 생각이 틀릴 수도 있음을 발견해보는 겁니다. 약간의 틈을 찾기만 해도 견고해 보였던 메시지가 무너질 수 있습니다. 이성의 힘으로 무장한 과학자들은 항상 의심합니다. 그들은 자기가 무조건 옳다고 생각하지 않습니다. 가설을 세우고 어느 쪽으로든 증명할 뿐입니다. 자기 가설이 틀렸다고 우울해하지도 않습니다. 그건 그것대로 하나의 발견이죠. 여러분도 자기 마음에 대해 과학자가 되어보세요. 우울한 메시지의 선악이나 익숙함 등은 생각하지 말고 틈을 찾아보는 겁니다. 그 틈을 찾기 위해 이렇게 의심하는 질문을 던져보세요.

'정말 그럴까?'

이전의 예시들에 의심하는 질문을 던져보겠습니다.

'그 사람은 나에게 한 번도 먼저 연락을 안 해. 나를 싫어하는 것이 틀림없어.'

→ 그 사람이 먼저 연락한 적은 정말 한 번도 없었나?

만약 한 번이라도 있었다면 틈이 발견된 겁니다. 마음속에서 그 틈을 다시 메우기 위해 온갖 핑계가 떠오를 겁니다. 그건 예외이고 그 예외는 이런저런 이유로 발생했다는 등. 그런데 원래 생각한 메시지는 확실히 틀렸음을 인정해야 합니다. 틀린 건 틀린 거니까요. 아무리 지구가 평평해 보여도 둥글다는 증거가 있을 때는 둥근 겁니다. 과학자는 자기 가설을 주장하기 위해 핑계를 대지 않습니다.

'그 사람이 날 보고도 인사를 안 하고 지나갔어. 날 무시하는 것이 틀림없어.'
→ 그 사람이 확실히 날 본 것은 맞을까?

기억은 명확하지 않죠. 그 사람의 시선이 날 향한 것이 확실해도 다른 생각을 하면서 내가 있다는 사실을 놓쳤을 수도 있죠. 이런 식으로 반박해보다 보면 다음의 필터인 다른 가능성 찾기로 자연스럽게 연결되기도 합니다.

'왜 난 이렇게 사기 치는 인간들만 만날까. 난 착하게 사는데.'
→ 나는 정말 사기 치는 인간들만 만난 건가?

당연히 아닐 겁니다. 그러면 왜 그런 사람만 만났다는 생각이 떠올랐는지 생각해봐도 좋습니다. 아마도 인생에 악영향을 끼친 일부의 사람으로 모든 인연을 해석하고 있는 것이겠죠. 아니면 평범한 인간의 행동을 사기라고 받아들이고 있을지도 모르죠. 그런 인간들이나 생각 때문에 나머지 좋은 이들의 가치를 다 놓친다면 삶이 얼마나 건조해질까요. 이런 틈을 발견하지 않으면 저런 생각은 멈추지 않을지도 모릅니다. 그리고 그 생각이 맞다고 계속 확신하기도 하죠.

따라서 원래 생각에 대항해 아랫줄과 같은 질문으로 반박해보는 겁니다. 많은 반박들이 떠오르면 다 적어보셔도 좋습니다. 그중에서 가장 효과적인 반박을 선택해도 좋습니다. 이런 반박은 우울할 때 생겨난 극단적인 생각을 좀 더 사실적으로 판단하도록 도와줍니다.

• 이성의 힘을 발휘하기 2 : 다른 가능성 찾기 •

두 번째 필터인 '다른 가능성 찾기'입니다.

두 번째는 다른 가능성을 찾아보는 겁니다. 하나의 답으로 확정짓고 있던 흑백사고를 깨는 계기가 됩니다. 무지개를 보게 되는 거죠. 교실 밖 세상의 문제들은 답이 여러 개입니다. 새로운 시야를 열기 위해 이렇게 질문해보세요. '다른 이유는 없을까?'

예를 들어 다음과 같은 질문을 던져볼 수도 있겠죠.

- 그 사람이 나에게 먼저 연락하지 않는 다른 이유는 없을까?
- 그 사람이 나에게 인사를 하지 않은 다른 이유는 없을까?
- 혹시 내가 겪은 일에서 내가 지나쳤던 것은 없을까?

이런 식으로 새로운 가능성을 찾아보는 겁니다. 처음에 생각한 이유가 이미 머릿속에 박혀 있기 때문에 다른 새로운 이유를 찾는다는 것이 쉽지 않을 수도 있습니다. 만약 아무것도 생각나지 않으면 10분 정도 단순한 일을 하고 와서 다시 생각해보는 것도 좋습니다. 청소나 산책, 퍼즐 맞추기 등 단순하고 반복적인 일이 좋습니다. 만약 그래도 도저히 생각나지 않으면 아예 새로운 곳에 가서 다시 자신이 쓴 것을 보아도 좋습니다.

물론 누군가가 정말 자신을 무시하고 있을지도 모르죠. 그런데 아닐 수도 있다는 생각을 할 수는 있어야 합니다. 이성이 제대로 작동하고 있을 때에는 더 많은 가능성을 열어두었을 겁니다. 단순하고 사실에 가까운 다른 답을 찾았을지도 모르죠.

하지만 스트레스를 받거나 많은 결정을 내리게 되면 우리의 뇌도 피로해집니다. 이를 '결정피로'라고 부릅니다. 많은 연구들에서 밝혀진 대로 많은 결정을 내리다 보면 뇌가 피로해져서 새로운 선택지를 피하려 들죠. 그냥 남들이 시키는 대로 하기도 하고 비합리적인 결정을 내리기도 합니다. 더구나 감정에 걸맞은 것이라면 그것만이 정답이라고 생각해버립니다. 이렇게 쉬운 선택을 자주 내리는 버릇이 생기면 뇌도 더이상 노력하지 않습니다. 그냥 더 편한 선택만 하는 방향으로 맞춰지죠. 피로하다고 계속 쉬기만 하면 근육이 퇴화하는 것과 똑같습니다. 피곤함을 무릅쓰고 근육을 써야 근육이 생기는 것처럼, 뇌가 피로해져도 더 뇌를 써야 활발히 제 기능을 합니다. 그러니 힘들어도 계속 더 생각하는 습관을 들여야 합니다.

새로운 가능성을 찾을 때 주의할 점이 있습니다. 너무 복잡한 이유를 대야하는 가능성은 진실이 아닐 확률이 높아진다는 것입니다. 가능성을 찾는 데 취해서 너무 많은 가정을 하거나 너무 복잡한 상황을 그리면 그것은 대개 그냥 황당한 생각이 됩니다. 단순할수록 진리에 더 가까울 수 있죠. 이는 오컴이라는 논리학자이자 수도사가 언급했던 말에도 잘 드러나 있습니다. 그는 "불필요한 것들을 너무 많이 가정하면 안 된다. 간결한 논리를 선택하라."고 말했죠. 이는 '오컴의 면도날'이라고 불리며 여전히 유효하게 쓰이고 있습니다. 가능성을 찾을 때도 마찬가지입니다. 우울할 땐 그에 들어맞거나 우울함을 더 키울 수 있는 방향으로 해석합니다. 그래서 복잡해지기 쉽죠. 지금 우울함이 정당해야 하니 갖가지 핑계와 이유를 가져다 붙이기 때문이죠. 그런데 복잡해질수록 그것은 사실과는 멀어질 겁니다.

• 이성의 힘을 발휘하기 3 : 논리적 오류 찾기 •

세 번째 필터인 '논리적 오류 찾아보기'입니다.

마지막으로 자신이 적은 생각들의 논리적인 연결을 판단해보는 겁니다. 이를 위해 우리는 앞에서 논리력을 훈련했습니다. 이성의 힘으로 메시지와 근거를 연결하는 고리가 과연 맞는 것인지 파악해보고 오류를 찾으면 됩니다. 앞의 두 필터를 거쳤으면 아마 여러분이 적은 내용에도 빈틈이 있을 수 있습니다. 오류가 보이기 시작했을지도 모르죠.

실은 앞의 예시들도 논리적 연결부터 잘못되어 있었습니다.

'그 사람은 나에게 한 번도 먼저 연락을 안 해. 나를 싫어하는 것이 틀림없어.'

누군가를 싫어하면 그 사람의 연락을 잘 안 받거나 연락을 받아도 불편한 태도를 나타낼 것입니다. 하지만 단지 먼저 연락하지 않는 것은 근거로 부족합니다. 그냥 그 사람의 생활방식일 수도 있습니다. 아니면 사무적인 관계라 조심하고 있는 것일 수도 있죠. 위 예시만으로는 성급한 판단이라는 것입니다.

'왜 난 이렇게 사기 치는 인간들만 만날까. 난 착하게 사는데.'

모든 이들에게 사기당한 것이 맞다 해도 사기를 당하는 것과 착한 것은 애초에 아무런 연관성이 없습니다. 사기에 대해 그렇게 열심히 연구했는데 사기당했다고 한탄할 수도 있죠. 그렇지만 착한 것과는 아무 관련이 없습니다. 착한 것은 좋은 것이죠. 그렇다고 좋은 일만 일어나야 한다는 것은 너무 안일한 생각입니다. 공부를 열심히 했는데 왜 근육이 안 생기냐고 우울해하는 것이나 별다를 바 없죠. 좋은 일을 한다 해서 관련이 없는 좋은 일이 일어나는 것은 아닙니다. 그런 생각을 하며 우울해해봤자 시간만 흐르고, 당연히 아무런 답이 나오지 않으니 우울함만 커져 갑니다. 그런 생각은 애초에 잘못된 것끼리 연관을 지어놨기 때문에 답을 낼 수가 없습니다. 스스로 악순환의 고리로 빠져드는 것이죠.

다른 사람이 된 것처럼 자신을 분석하다 보면, 너무 당연하다고 생각했던 것에서도 말이 안 되는 부분을 찾게 되고 깨달을 수도 있습니다. 다른 가능성을 찾게 될 수도 있죠. 그러면 우울한 감정을 이겨내는 것이 좀 더 수월해집니다. 논리적으로 생각하게 될수록 우울함이 단번에 사라지는 것까지는 아니어도 그것을 다룰 수 있게 되는 것이지요.

평생 우울증에 걸릴 확률이 여성은 20% 정도로 남성에 비해 3배 가까이 높은 것도, 어쩌면 여성은 감정형이 더 많고 남성은 사고형이 더 많은 것이 원인일 수 있습니다. 각 유형마다 장단점이 있는 것처럼 성별에 따라 취약한 정신질환이 존재합니다. 예를 들어 '정신분열증'이라는 이름으로 더 잘 알려진 '해리성 인격장애'는 남성이 더 많습니다. 사고형은 이성적으로 분리해 자기 감정을 들여다보는 것이 쉬운 대신 이런 취약점이 있을 수 있죠. 물론 취약하다고 그 질병에 무조건 걸리는 것은 아닙니다. 우열이 아닌 단지 유형의 차이입니다.

처음에는 우울함을 이겨내는 것이 논리력이라고 말하면 대부분 의아해합니다. 하지만 감정과 지능의 관계를 알면 논리력이 왜 필요한지 알게 됩니다. 우리는 모두 우울할 수 있습니다. 그리고 이성의 힘으로 그것이 지속하지 못하게 만들 수도 있습니다. 지속되면 장애가 됩니다. 문제가 장애가 되도록 놔두지 마세요.

24. 사보타지
: 마음의 적 발견하기

"누가 내 마음을
들여다보고
잘못된 걸 찾아주면
좋겠네요."

이번 장에서는 먼저 다음 페이지의 표를 채우고 내용을 읽어나가기 바랍니다. 내면과 대화하기 위함이니 가장 솔직하게 깊은 곳의 생각을 찾아 적어보세요.

이 표는 사분면으로 이뤄져 있습니다. 세로축은 가진 것에 대한 기준입니다. 위쪽은 가진 것을 적고 아래쪽은 가지지 않은 것 혹은 가지지 못한 것을 적습니다. 가로축은 원하는 것에 대한 기준입니다. 오른쪽은 원하는 것이고 왼쪽은 원하지 않는 것입니다. 각 칸에 제목이 적혀 있으니 그에 맞게 떠오르는 것을 적으면 됩니다.

내가 현재 가진 것

② 현재 가진 것 중 원하지 않는 것	① 현재 가진 것 중 원하기도 하는 것
③ 갖지 못한 것 중 원하지도 않는 것	④ 갖지 못한 것 중 원하는 것

내가 원하지
않는 것

내가 원하는 것

내가 현재 가지지 않은 것

• 각 사분면을 채울 때 유의사항 •

떠오르는 것을 바로 적으세요. 스쳐가는 생각까지 다 적어야 합니다. 썼다가 지우고 싶다면 원래 항목을 볼 수 있게 사선을 긋도록 하세요. 무엇을 취소했는지도 중요한 단서가 됩니다.

① 현재 가진 것 중 원하기도 하는 것
  - 물질적인 것 이외에도 심리적인 것, 환경에 대한 것 등 자기 내면과 주변을 살펴보세요. 그중에 좋은 것, 원하는 것을 적어보세요. 머릿속을 점점 더 깊게 탐색하여 적어보세요.
② 현재 가진 것 중 원하지 않는 것
  - ①을 적으며 함께 떠오른 부정적인 것들도 다 적으세요.
③ 갖지 못한 것 중 원하지도 않는 것
  - 갖지 못한 것이라 했을 때 가장 먼저 머리를 스쳐간 것을 적어보세요. 갖지 않은 것을 떠올려도 좋습니다. 다만 이는 그냥 칸을 채우기 위한 것이 아닙니다. 논리적으로 생각하며 거르지 말고 직관적으로 적어보세요.
④ 갖지 못한 것 중 원하는 것
  - ③을 적으면서 가지면 좋겠다고 생각한 것을 적으세요.

적는 순서는 따로 없습니다. 또 떠오르는 것이 있다면 계속 적어보세요. 오래 걸려도 괜찮습니다. 스스로 내면을 파헤쳐볼 수 있는 다시 없는 좋은 기회가 될 것입니다. 최대한 고민하고 생각하면서 떠오르는 것을 다 적어보세요. 생각나는 것이 없다면 잠시 쉬었다 와서 다시 해보세요. 그래도 아무것도 떠오르지 않는다면 일단 아무것도 떠올리지 못하는 것 자체를 ②번에 적고 나머지를 떠올려보세요. 너무 힘들면 333쪽 '24. 사보타지를 찾기 위한 마음지도 예시 편'을 보고 써봐도 좋습니다.

다 적으셨나요? 이 표는 자신을 분석하는 내면의 지도가 될 것입니다. 혹시라도 떠오르는 것이 있다면 이 다음을 읽기 전에 꼭 마저 써두시길 바랍니다. 왜냐하면 이론을 알게 되면 그에 자신을 맞추려 하거나 솔직해질 수 없을 수도 있으니까요.

자, 그럼 이제 시작해보겠습니다.

• 사보타지, 실패를 바라는 내 마음 속 마음들 •

누구나 항상 변화하기를 원합니다. 그런데 이런 시도들은 결국 성공보다 실패가 훨씬 많습니다. 그래서 대부분 여러 번 시도해야 변화의 가능성이 생겨나죠. 하지만 여러 번 실패하면 어느새 익숙해져버리기도 합니다. 실패의 이유들은 다양하지만 실패가 익숙해졌다면 한 가지 이유가 있습니다. 바로 '실패한 사람의 내면에 그 실패를 원하는 마음이 숨어 있기' 때문입니다.

이런 원인을 말하면 대부분의 사람은 어리둥절하거나 반발합니다. 억울해하기도 하죠. 하지만 그 내용을 잘 이해하면 마음의 원리에 대해 더 깊이 알게 될 것입니다. 내면을 더 깊게 들여다보고 타인을 이해하는 데도 큰 도움이 되겠죠.

오늘은 우리 내부의 적, '사보타지'에 대해 알아보겠습니다.

사보타지(Sabotage). 익숙한 단어는 아니죠? 이는 중세 유럽의 '농민들이 나막신을 신고 수확물을 짓밟던 행위'를 뜻합니다. 사보는 프랑스어로 나막신입니다. 그들은 왜 수확물을 망가뜨렸을까요? 대놓고 영주들에게 항의할 수 있는 처지가 아니니 숨어서 원래 주인의 목적이 달성되지 못하게 방해하는 겁니다. 파업과는 다릅니다. 파업은 대놓고 일을 하지 않는 것인데 중세에는 그럴 수 없었겠죠. 마치 우리 마음처럼 주인이 존재했을 테니까요. 주인에게 대놓고 거부 의사를 비치면 그는 그 주인에게 제재를 받을 것입니다.

우리 마음에도 만약 파업사태가 일어나면 사보타지보다 해결이 쉬울지도 모릅니다. 파업은 거부하는 이들이 눈에 보이고 그 이유도 들을 수 있기 때문입니다. 하지만 사보타지는 숨어 있기 때문에 해결이 어렵습니다. 심지어 그런 방해가 일어나고 있는지 모를 수도 있죠. 일을 게을리하는 것과도 다릅니다. 사보타지는 단순히 농땡이 피우는 것보다 적극적입니다. 목적이 이뤄지는 것을 방해하고, 그 주체를 파괴하기도 합니다.

무언가를 결심했는데도 어느 순간 자신도 모르게 그 결심을 잊고 다시 원래대로 돌아가버리는 경험을 해봤을 것입니다. 아니면 계속 결심만 하고 행동을 미루는 적도 있었겠죠. 마음을 먹었는데 왜 그 마음이 마음대로 되지 않는 것일까요? 우리의 마음을 마음대로 할 수 없는 이유는, 마음이 하나가 아니기 때문입니다. 마음은 오히려 조직과 같습니다. 그리고 그 안에서 사보타지가 벌어지고 있기 때문입니다. 여러분의 목적을 숨어서 방해하는 무리가 있기 때문이죠.

• 다이어트가 실패하게 만드는 범인도 사보타지 •

예를 들어 변화하기 위해 다이어트를 결심했다고 가정해보죠. 결심한 순간에는 확고합니다. 그런데 하루 종일 적게 먹고 밤이 되면 어떻죠? 친구가 옆에서 케이크나 치킨을 먹고 있으면요? 마음속에서 무슨 말이 들리나요?

'오늘 너무 굶어서 이렇게 안 먹으면 뇌가 제기능을 못할지도 몰라. 머리가 잘 돌아가야 과제를 제대로 하지.'

'적게 먹는 것보다 내일부터 운동을 더 열심히 해야겠다. 그래야 건강하게 다이어트가 되는 거잖아.'

'그래. 중요한 건 인간관계지. 다이어트는 내가 혼자 하는 건데 나 때문에 분위기 망치면 안 되잖아.'

'오늘은 감기 기운이 좀 있는 것 같아. 이럴 땐 먹어야 돼.'

'내일부터 하자. 내일이 월요일이니까 날짜도 좋잖아.'

'오늘은 출근했으니까 좀 쉬어야지.'

오죽하면 "맛있게 먹으면 0칼로리"라는 말이 유행했을까요. 이성적으로 따져보면 말이 안 되더라도 그 순간 그럴듯하게 들리는 메시지들이 있습니다. 그런데 이런 메시지들이 왜 그제야 들리는 것일까요? 처음 결심했을 때는 왜 들리지 않았을까요? 마음은 여러분이 주인인 하나의 조직이기 때문입니다.

조직의 리더가 말합니다.

"지금부터 다이어트하는 거야!"

옷이 맞지 않는 것을 느꼈거나 누군가에게 핀잔을 들었거나 질투를 느껴서 등, 강력한 동기로 말했을 겁니다. 이런 동기를 가진 리더의 명분에 모든 마음이 동의한 것처럼 보입니다. 하지만 일부 마음의 의견은 무시됩니다. 그러다 배고프고 여러 유혹이 시작되는 순간이 오겠죠. 그때 앞서 본 당장 먹어야 하는 온갖 이유가 고개를 듭니다. 더구나 그 마음들은 리더를 너무 잘 알고 있어요. 그래서 확실하게 설득할 수 있습니다. 리더는 그렇게 사보타지 그룹에 설득 당해 치킨 한 조각을 드는 겁니다. 이제는 원래 목적에 찬성했던 마음들이 나서지 못합니다. 그렇게 먹고 잔 뒤 다음날 후회하죠. 배고픈 순간이 닥쳤을 때 새로운 마음이 떠오른 게 아닙니다. 그런 마음들이 침묵하고 숨어서 기회를 노리고 있던 것이죠. 그래서 실패가 반복되는 것입니다.

흔히 "들어갈 때 마음 다르고 나올 때 마음 다르다."고 하죠? 그런 일들은 항상 일어납니다. 그런데 들어갈 때 마음과 나올 때 마음이 다른 것이 생겨난 게 아니라 다른 마음이 더 강해지는 것입니다.

· 마음속 메시지에 귀 기울이기 ·

그러면 어떻게 해야 할까요? 건강한 조직을 만들어야 합니다.

앞서 본 다이어트에 실패한 조직은 어땠나요? 먼저 목표와 방향을 정할 때 조직원들의 의견을 다 듣지 않고 불만을 만들었죠. 그러다 상황이 바뀌면 방향이나 목적보다 당장 상황에 맞는 조직원의 말을 들어버립니다. 리더가 방향을 잃고 얇은 귀를 펄럭이는 거죠. 조직원들도 벌써 몇십 년간 비슷한 일을 하며 리더를 설득해 왔기 때문에 아주 노련합니다. 리더의 약점까지도 잘 알고 있기 때문에 너무 쉽게 사보타지를 할 수 있습니다.

그럼 아예 한 방향으로만 쭉 가는 경우는 어떨까요? 어떤 상황에서도 굴하지 않고 밀어붙이는 리더인 것이죠. 그가 있는 조직은 속에서 곪아 가고 있을 것입니다. 조직원들은 불만이 가득하고 변화와 상황에 유연하게 대처할 수도 없습니다. 이 조직을 마음으로 바꿔보면 마음속 메시지들에 귀 기울여본 적이 없는 사람의 모습입니다. 착한 아이, 책임감 있는 직원, 성실한 가장 등의 모습으로 앞만 보고 달려가다 어느 순간 무너집니다. 무엇을 위해 여기까지 온 건지 생각지 못하고 길을 잃은 느낌을 받습니다. 감정을 이해하지 못합니다. 평생 남 앞에서 한 번도 눈물을 보인 적 없었는데, 그냥 문득 눈물이 터집니다. 그런데 왜 그러는지 스스로 알지 못합니다. 그래서 더 불안하고 허탈한 마음이 들기도 하죠. 하나의 의견만 있는 조직은 건강하지 못합니다. 자신과 다른 의견을 듣지 않는 리더는 결국 쓰러지죠.

그럼 건강한 조직이란 어떤 것일까요? 반대하는 구성원을 무시하지 않으면서도 한 방향을 향해 나아가는 조직입니다. 이를 위해서는 다른 의견들을 수렴할 줄 알아야 합니다. 그들도 조직을 위해 일하고 있음을 알고, 반대하는 이유에 대해 서로 충분히 듣고 이해해야 합니다. 필요하다면 방향을 수정하거나 목표를 낮출 수도 있겠죠. 그리고 모두에게 이루고자 하는 목표와 방향을 잘 설명하고 그로 인해 얻게 되는 결과를 잘 보여주며 설득해야 합니다. 그 후에 합심해 움직이면 사보타지가 발생하지 않죠.

마음도 마찬가지입니다. 반대하는 마음까지 다 들여다봐야 합니다. 그리고 그 마음도 자신을 위하고 보호하려는 것임을 이해해야 합니다. 다른 의견이 있다고 적으로 대하거나 무시하면 결코 설득할 수 없습니다. 그 마음들은 각자의 이유를 가진 여러분의 조직원입니다. 그들을 그렇게 이해하는 순간 설득할 준비가 된 것입니다.

다이어트 예시에서도 배고픈 상황에서 음식을 먹고 싶은 마음이 목소리를 크게 내는 것은 그 마음의 주인을 위해서입니다. 두 가지 이유가 있죠. 하나는 육체적인 것입니다. 바로 생존을 위해서죠. 지방을 축적해둬야 추위와 굶주림의 상황에 대비할 수 있죠. 두 번째는 심리적인 것으로 스트레스를 줄이기 위함입니다. 우리의 몸과 마음은 변화를 좋아하지 않습니다. 변화는 곧 스트레스예요. 그러니 다이어트를 결심했어도 그것을 원하지 않는 마음이 존재하는 것이죠. 다이어트를 하는 과정에서 받을 스트레스 등으로부터 여러분을 보호하려 하는 마음입니다. 하지만 이 마음은 결과적으로 도움이 안 되죠. 이 마음이 시키는 방향으로 가면 그 결과는 원하지 않는 곳입니다.

그러면 그 마음들에게 처음부터 방향을 제시하면서 설득하려면 어떻게 해야 할까요? 앞서 말한 대로 일단 그 마음들의 존재를 인정하고 그들의 이유를 들어야겠죠. 그리고 이제 여러분의 목표를 공유하고 그 결과를 보여줘야 합니다. 결과를 최대한 선명하게 그려주고 그로 인해 얻을 혜택을 보여줘야죠. 이에 대한 이야기는 다음 장에서 더 자세히 다뤄보도록 하고, 여기서는 사보타지를 어떻게 찾을 수 있는지 집중해보겠습니다.

· 내 마음속 사보타지 찾기 ·

실은 상당히 어려운 작업이 될 수도 있습니다. 만약 사보타지와 같은 마음이 여러분 내면에 오랜 시간 몰래 숨어 있었다면 어떨까요? 누구보다 여러분을 잘 알고 어떻게 하면 눈치채지 못하게 변화를 방해하고 조종할지 너무 잘 알게 되어 있을 것입니다. 그래서 이 사보타지 수업은 경험이나 나이가 많은 분들이 더 힘들어하는 과정이기도 합니다. 앞서 예시로 본 것처럼 사보타지는 마음의 주인이 목표에 어긋나는 행동을 하는 것에 명분을 줍니다. 합리화를 해주죠. 좌절했거나 스스로 부족함을 느낄 때 마음을 보호해줬을 겁니다. 목표에서 어긋나는 삶을 계속 살 수밖에 없었다면, 사보타지는 심리적 보호막으로 오랜 시간 굳어졌겠죠. 사보타지는 마음을 보호하려는 특성 때문에 갑옷이 되어 있기도 합니다. 그래서 이런 분들의 사보타지는 쉽게 찾기도 힘들고, 스스로 인정하기는 더욱 힘듭니다. 실은 대부분의 사람들이 타인의 사보타지는 쉽게 찾아도 자신의 것은 그렇지 못합니다.

그래서 제가 사보타지를 찾도록 도울 때 먼저 자기 내면의 지도를 만든 후 타인의 사보타지를 찾아보는 훈련을 합니다. 그다음에 다시 마음지도를 보며 자기 사보타지를 찾아보도록 하죠.

조금 전 여러분은 원하는 것과 가진 것을 나열해보며 이미 내면의 지도를 그렸습니다. 그것을 어떻게 지도로 사용할지는 다음 장에서 연습해볼 겁니다. 사보타지를 찾을 수 있게 되겠죠.

25. 사보타지 탐색
: 내면의 적을 찾는 기술

"왜 그동안
이랬던
걸까요?"

누구나 사보타지는 가지고 있습니다. 어떤 조직이건 하나의 생각만 있을 수 없는 것과 같죠. 하지만 최대한 의견을 수렴해서 마음을 하나로 모아 나아가야 하는 것이죠. 기업의 사보타지는 기업을 단지 방해하려는 것이지만, 마음의 사보타지는 우리를 위하는 것입니다. 다만 목적과 맞지 않는 방향으로 이끌어 우릴 좌절하게 만든다는 점에서 파괴적이죠. 만약 이들의 존재를 찾고 다룰 수 있게 된다면 어떻게 될까요? 우리의 인생이 얼마나 바뀔까요?

　이제는 마음지도 사례를 통해 사보타지를 찾는 훈련을 해보겠습니다. 각 사례마다 다음의 두 가지 질문에 대한 답을 먼저 생각해보기 바랍니다.

　'이 지도의 주인은 무엇을 바라고 있을까?'

　'그 사람의 어떤 마음이 그것을 방해하고 있을까?'

그리고 저의 해설이 무조건 다 맞지 않을 수 있습니다. 사보타지를 찾도록 수사기법을 알려드리는 것으로 생각해주기 바랍니다.

• 마음지도로 사보타지 찾기 : 사례 1 •

② 현재 가진 것 중 원하지 않는 것 소심함	① 현재 가진 것 중 원하기도 하는 것 신중함
③ 갖지 못한 것 중 원하지도 않는 것 예의 없는 행동	④ 갖지 못한 것 중 원하는 것 적극적인 소통 능력

이 지도의 주인은 어떤 변화를 바라고 있을까요? 그 답은 ②, ④번에 담겨 있습니다. 소심함을 버리고 적극적으로 다른 사람과 소통하고 싶다고 생각하고 있겠죠. 그러면 단지 다른 사람과 소통하고 싶다는 마음일까요? 좀 더 구체적으로 마음을 들여다보면 다음 세 가지 중 하나이거나 전부일 겁니다.

∨ 특정인과 친해지고 싶다.

∨ 소심한 성격을 바꾸어 이번에는 후회 없이 해내고 싶다.

∨ 누군가처럼 나도 무리에서 인기를 얻고 싶다.

아마도 이런 고민은 순간적인 것이 아니겠죠. 소심한 현재 상태를 버리고 적극적으로 타인에게 다가가야 한다고 생각하고 있는 것은 확실합니다. 그런데 어떤 마음이 방해하고 있을까요? 왜 변화하지 못하고 있을까요? 그 답은 ①, ③번에 있습니다.

자신을 신중하다고 평가하고 있습니다. 그리고 예의 없는 행동을 부정적으로 보고 있습니다. 두 가지 모두 저 말만으로는 아무 문제가 없습니다. 그런데 예의 없는 행동을 ③에 적을 정도로 떠오른 이유가 무엇일까요? 세상에 부정적인 것은 너무 많은데 말입니다. 아마도 예의 없는 행동을 특별히 안 좋은 것으로 판단해야 하는 이유가 있었기 때문일 것입니다. 그리고 그것은 ①의 신중함과 관련이 있습니다. 이 지도의 주인은 자신을 예의 없는 누군가와는 달리 신중한 사람이라고 판단하고 있습니다. 그 사람은 누구일까요? 특정인이 아닐 수도 있습니다. 하지만 아마도 적극적인 소통 능력을 갖춘 누군가일 것입니다. 소심하지도 않겠죠. 자신은 그 사람이 갖지 못한 신중함을 가졌고 그 사람은 자신보다 예의 없는 행동을 더 많이 한다고 생각하며, 자신의 현 상황을 판단하고 있을 가능성이 있습니다.

만약 이런 생각을 하고 있다면 어떨까요? 적극적인 소통을 해야겠다고 목표를 세워도 훨씬 더 잘하고 있는 누군가의 모습을 보고 스트레스 받고 무기력이 밀려올 때, 마음속에서 이런 소리가 들릴 겁니다.

'그런 행동은 예의 없는 행동이 될 수 있잖아. 신중하지 못하게 행동해선 안 돼.'

신중함을 버리는 것은 나쁜 것이니까 당연히 변화해선 안 되죠. 할 수 없는 것이 아니라 해서는 안 되는 것이 되어버립니다.

예의 없는 행동도 있었을 테고 시시껄렁한 이야기를 할 때도 있겠지만, 그것은 자기 기준에서 생각하는 것입니다. 어느 자리나 그들만의 룰이 있죠. 자기 생각에서 예의에 어긋나는 것 같다고 소극적인 태도로 일관하면서 따로 놀면, 그것이 오히려 예의에 어긋나는 것이 될 수 있습니다. 그리고 진정한 신중함은 타인의 생각도 이해하고 그들과 소통하려 애쓰는 것입니다. 혼자 고민에 빠지는 것이 아니죠. 하지만 자신을 신중하다 판단하고 자신이 변화하고 싶은 대상을 예의가 없다고 규정해버리는 순간, 변화는 불가능해집니다.

물론 얼마든지 다르게 해석할 수도 있습니다. 실제 저런 지도를 만들었다면 바로 단정 짓지 말고 더 많은 대화를 통해 하나하나 단서를 찾아야 합니다.

이런 것들을 인정하는 순간 변화의 실마리를 찾을 수 있습니다. 오랫동안 바라봤던 자신과 세상의 모습이 바뀌는 거죠. 자신이 생각하던 신중함이 진짜 신중함이 아니고 숨은 사보타지였던 것이죠. 예의 없는 행동이라 생각했던 그 모습이 바로 자신이 가고 싶었던 방향이고, 예의 없다는 것은 극단적인 일부의 모습이라는 것을 깨닫는 거죠.

그리고 그런 마음들은 이룰 수 없는 목표 때문에 좌절하지 않도록 자신을 지키기 위한 것이었음을 이해하게 되죠. 그제야 현실적인 새로운 목표를 세우고 그것을 토대로 계획을 세울 수 있게 됩니다. 갑자기 인기가 많은 사람처럼 될 수 없는 것이 현실입니다. 하지만 적극적인 사람으로 변화하는 것은 가능합니다. 그리고 그렇게 되면 해야 할 일도 하나씩 보이게 되죠. 말 잘하는 사람들의 대화를 시시껄렁한 이야기로 치부하고 그들을 가볍다거나 이기적이라고 여기지 않고, 그 사람들을 객관적으로 분석하고 취할 것을 취하며 현실적인 시각을 갖게 될 것입니다.

• 마음지도로 사보타지 찾기 : 사례 2 •

② 현재 가진 것 중 원하지 않는 것 아버지	① 현재 가진 것 중 원하기도 하는 것 공감 능력
③ 갖지 못한 것 중 원하지도 않는 것 많은 돈을 버는 것, 속물근성	④ 갖지 못한 것 중 원하는 것 없음

'이 지도의 주인은 무엇을 바라고 있을까?'
'그 사람의 어떤 마음이 그것을 방해하고 있을까?'

이 지도의 주인은 어떤 변화를 바라고 있을까요? 바라는 것은 없고 단지 아버지가 없어지길 원하고 있을까요? 아닐 겁니다. 만족 못 하는 현실이 바뀌길 바라고 있을 겁니다. 그런데 왜 원하는 것이 없다고 표현했을까요? 아마도 자신이 원하는 것이 이뤄지지 않을 것을 알기 때문일 것입니다. 그리고 자신이 원하는 것이 속물적이라거나 나쁜 것이라고 생각하고 있기 때문일 겁니다. 이것은 정말 스스로 인정하기 어려운 일입니다.

원하는 모습과 현재 자신의 모습 간의 괴리가 굉장히 크고, 그 원인이 아버지에게 있다고 판단하고 있을 가능성이 크죠. 좀 가정을 해보자면 깊은 내면에서는 돈이 많으면 좋겠다고 바라지만, 자신의 능력이 그에 미치지 못하니 원망은 전부 아버지를 향합니다. 하지만 그것을 인정하기 싫은 마음이 강해 아버지의 공감 능력이 없다는 등 다른 부분을 나쁘게 판단하고 있을 수 있죠. 그리고 현재를 받아들이기 위해 자신을 돈이 많은 것을 바라지 않는 사람으로 만들었습니다. 실제로 많은 돈이 필요없을 수 있죠. 하지만 굳이 ③에 그것을 적었다는 것은 그 생각이 내면에 크게 자리잡고 있을 여지가 있습니다.

바라는 것과 현실의 괴리 때문에 자신감이 없어 평소에도 약간 주눅이 든 상태로 지내고 있을지도 모릅니다. 그렇게 어디서도 나서지 못하는 자신의 모습을 공감 능력이 좋다고 포장하고 있을 가능성이 존재하는 것이죠. 물론 과장된 해석일 수 있습니다. 만약 저렇게 적은 것이 타인이라면 오랜 시간 깊은 대화를 통해 서서히 찾아나가야 하겠죠.

확실한 것은, 많은 돈을 버는 것은 원하지 않는 일이고 속물이 되지 않아야 하므로 경제에 관련된 지식이나 행동을 상당히 꺼리고 있을 것이라는 사실입니다. 정말 큰돈을 벌 기회가 와도 놓겠죠. 스스로 선택한 대로 말입니다.

하지만 만약 위의 해석이 맞고 스스로 그것을 알게 된다면 변화할 수 있습니다. 돈을 못 벌 수도 있죠. 하지만 아버지를 원망하는 것을 멈추고 연민이 생겨날 수도 있죠. 그리고 당장 가정의 경제를 위해 작은 일을 시작할 수 있을지도 모릅니다. 물론 모든 것은 선택입니다. 하지만 솔직한 내면과 마주하고 선택하는 것과 사보타지에 속아 선택지가 없다고 생각하며 끌려가는 것은 완전히 다른 것입니다.

• 마음지도로 사보타지 찾기 : 사례 3 •

② 현재 가진 것 중 원하지 않는 것	① 현재 가진 것 중 원하기도 하는 것
슬픈 기억	용서
③ 갖지 못한 것 중 원하지도 않는 것	④ 갖지 못한 것 중 원하는 것
증오하고 원망하는 마음	진정한 친구

'이 지도의 주인은 무엇을 바라고 있을까?'

'그 사람의 어떤 마음이 그것을 방해하고 있을까?'

이 지도의 주인이 바라는 것은, 표면적으로 보면 예전의 어떤 기억을 없애고 진정한 친구를 얻고 싶다고 볼 수 있습니다. 그것이 전부일까요?

이 지도는 두 가지 가정이 가능합니다.

하나는 과거에 진정한 친구라 여겼던 사람에게 배신감을 느끼고 멀어졌지만, 그 사람을 용서했고 증오나 원망을 하지 않는다고 생각하는 상황입니다. 만약 그렇다면 현재 새로운 사람을 사귀는 것에 어려움을 겪고 있다고 봐야 합니다. 현재 주변의 사람들은 다 진정한 친구가 아니라고 판단하고 있기 때문이기도 하고, 용서했다고는 하지만 과거 기억에 사로잡혀 있는 상태이니까요. 마음속에 진정한 친구를 사귀지 못하게 만드는 두려움이 존재하겠죠. 증오와 원망하는 마음이 또 생겨나는 것을 이겨내야 하는 것이 너무 두려울 것입니다. 그런 마음이 생겨나면 자신은 나쁜 사람이 되는 것이니까요. 그런데 실은 인간에게 그런 마음이 드는 것은 너무 당연한 겁니다. 이 분은 과거 경험 속에서 자신은 착한 사람으로 남을 수 있었던 것으로 그 실망의 고통을 이겨냈습니다. 그것이 이제껏 발목을 잡고 있는 것이지요.

다른 가정은 과거 연인에게 상처를 받았지만, '그 상대를 증오하고 원하지 않았다. 하지만 용서했다.'고 스스로 생각하고 있는 경우입니다. 그런데 그런 사실을 터놓고 얘기할 주변 사람이 없는 것이죠. 자신의 자존심 때문일 수도 있고, 과거 연인관계가 드러낼 수 없는 종류의 것이었을지도 모르죠. 이 경우는 새로운 사랑을 하고 싶지만 못 하고 있는 상태일 가능성이 있습니다. 혼자만 삭히던 과거의 경험이 너무 괴로웠을 테니까요. 필요한 것은 진정한 친구이기도 하지만 건강한 연인관계일 수도 있습니다.

어느 쪽이건 누군가에게 실망했던 경험으로 후회가 남았고, 누군가를 증오하는 자신의 모습을 용납하지 못해 응어리져 있다고 볼 수 있습니다. 자신이 생각하는 좋은 사람으로 남기 위해 새로운 시도를 더 겁내게 되어버린 것이죠.

하지만 이런 마음들과 실제로 마주하면 이겨낼 수 있습니다. 자신의 마음속에 생겨난 것들이 당연한 것이고, 인간관계에서 다시 그런 것들이 생겨난다 해도 과거보다 현명하게 대처할 수 있음을 스스로 깨닫게 되겠죠.

• 마음지도로 사보타지 찾기 : 사례 4 •

② 현재 가진 것 중 원하지 않는 것 수다쟁이 친구	① 현재 가진 것 중 원하기도 하는 것 자유로운 시간
③ 갖지 못한 것 중 원하지도 않는 것 애인	④ 갖지 못한 것 중 원하는 것 매력

'이 지도의 주인은 무엇을 바라고 있을까?'

'그 사람의 어떤 마음이 그것을 방해하고 있을까?'

이 지도의 주인이 적은 ② 수다쟁이 친구는 무엇을 의미할까요? 정말 그 친구가 없어지길 바라는 것은 아니겠죠. 그 친구가 자주 얘기하는 어떤 것이 거슬리는 것입니다. 아마도 ① 자유로운 시간을 위해 ③ 애인을 원하지 않는다고 생각하고 있는데, 그 친구가 계속 자기 연애사나 배우자 이야기를 하는 것일 가능성이 있습니다. 자기 스스로 매력이 없다고 생각하며 원하지 않는다고 한 것이 애인인데, 자꾸 그것의 좋은 점을 얘기하니 사보타지가 흔들리겠죠. 자꾸 마음의 갑옷을 뚫고 들어오려고 하니 짜증이 나겠지요.

그런데 정작 애인을 만들 기회에는 소극적입니다. 실제 이유는 자신감 부족도 있겠지만, 마음은 그것을 인정하지 않죠. 자유로운 시간을 빼앗기기 싫다고 생각합니다. 그러니 이성을 만날 기회를 더 멀리하려는 마음이 존재하게 되죠. 이성을 만나려는 노력이나 실제 매력과 관련된 노력도 하지 않으려는 마음이 커지게 됩니다. 사보타지죠.

어떤가요? 이런 예시들을 보며 어떤 생각을 하셨나요? 자신의 사례와 비슷한 무언가를 찾았을지도 모르고 주변의 누군가가 떠올랐을지도 모르겠네요.

• 사보타지를 깰 수 있는 것은 오직 자신 •

그럴 리는 없겠지만 상대방이 부탁하지도 않았는데 그 사람의 사보타지를 찾으려 하거나 단정을 짓거나 그것을 언급하는 일은 절대 해서는 안 됩니다. 가끔 주변 사람들은 다 아는데 정작 본인만 자신의 사보타지를 모르는 경우도 있습니다. 그 사람을 도우려는 마음으로 깨닫게 해주고 싶을 수도 있지만, 절대 먼저 언급해서는 안 됩니다. 마음의 사보타지는 그 주인을 위해 만들어진 것입니다. 그 주인을 어떤 방식으로든 보호하고 있는 것입니다. 그 사람이 그것을 깨닫고 부수고 나오려고 도움을 요청할 땐 당연히 도와야 하죠.

하지만 타인이 먼저 그 갑옷을 부수려 하는 것은 불가능할뿐더러 아주 무례한 일입니다. 사보타지가 깨지면 자신의 인생이 부정당하는 것으로 느끼는 사람도 있습니다. 사보타지는 다른 사람이 깰 수 없습니다. 마찬가지로 저 또한 사례들과 다양한 접근 방법을 보여드릴 뿐입니다. 나머지는 스스로 해내는 겁니다.

타인의 생각을 이해하는 것은 중요하지만, 타인의 내면을 자기 잣대로 단정지어 보는 것은 절대 해서는 안 되는 행동입니다. 그 이유에 대해서는 뒤에 더 자세히 다루겠습니다. 사보타지를 찾고 분석하는 훈련 과정이기 때문에 하는 것임을 꼭 기억해주기 바랍니다.

• 스타의 뒤에 선 그녀의 사보타지 •

'스타로부터 스무 발자국'이라는 다큐멘터리 영화가 있습니다. 화려한 무대의 가장자리, 세상이 알아주지 않았던 백업 가수들의 숨겨진 이야기를 소개했죠. 백업 가수들의 열정과 노력이 정말 아름답고 존경스럽게 그려집니다. 하지만 그중에 한 가수는 이런 말을 합니다.

> "원하는 성공을 결국 이루지 못하고 좌절한 이들……. 연예계에 확실한 건 없죠. 솔로가수로 계약하고 쭉 해봤지만 결국 못 떴어요. 중심가에 있었지만 있었다고 말하기 좀 그렇죠. 쉽지 않은 일이었어요. 인간관계나 뭐 그런 것도 그렇고요.
> 여기저기 계약하자고 줄을 설 줄 알았죠. 하지만 그렇지 않았어요. 너무 뚱뚱하다느니 너무 늙었다느니 진지하게 다른 일을 생각해보라느니……. 그 뒤론 그냥 지옥이 펼쳐졌죠."

잠시 생각한 뒤 이렇게 말을 하며 인터뷰를 마칩니다.

> "만약 제가 성공했다면, 세상 사람들이 다 저를 알고 수백만 달러의 돈을 벌었다면 지금 여기 앉아 있지도 않겠죠. 아마 어디선가 약물중독으로 세상을 떠났을 거예요."

그녀의 말을 들으며 그녀가 가진 사보타지가 무엇이고 어떻게 그녀를 보호해 왔을지 생각해보세요.

그녀는 성공했다면 약물중독으로 죽었을 것이라고 생각하고 있습니다. 그러니 성공하는 것은 곧 비참한 죽음인 것이죠. 그러니 살기 위해서는 성공하지 않아야 하죠. 결국 마음 깊은 곳에는 나는 성공하면 안 된다는 사보타지가 생겨납니다. 물론 이런 것은 그녀를 보호하려는 데서 출발했어요. 재능과 열정을 가진 그녀가 그에 맞는 성공을 이루지 못하는 현실을 인정하기는 힘들었겠죠. 억울한 그녀의 마음을 어루만지고 보호해준 것은 사보타지였습니다. 그것이 긴 시간 그녀와 함께한 것이죠.

26. 내 마음속 사보타지 찾기
: 직접 찾아보는 내면의 사보타지

"내 마음에 있는
모순을 찾으면
변할 수 있을까요?"

앞의 여러 사례를 읽으면서 배웠던 것을 바탕으로 334쪽의 '25. 사보타지 탐색하기 실습'에 나온 리사의 마음의 지도를 그려보았나요? 혹시 인기나 자녀 같은 키워드를 적었나요? 그녀에게 인기는 어떤 것인가요? 만약 적었다면 인기나 자녀는 어디에 위치해 있나요?

• 백업 가수 리사의 사보타지 찾기 •

리사의 얘기로 생각을 유추해본다면 다음과 같을 겁니다.

② 현재 가진 것 중 원하지 않는 것	① 현재 가진 것 중 원하기도 하는 것
경쟁자	재능 롤링스톤즈 현재의 편안함
③ 갖지 못한 것 중 원하지도 않는 것	④ 갖지 못한 것 중 원하는 것
	인기 결혼과 자녀

아마도 그녀는 예전처럼 롤링스톤즈의 모든 공연 보컬을 독점하던 시절의 인기와 영광을 기억하고 있을 것입니다. 그런 선택으로 인해 가보지 못한 길에 놓인 배우자와 가정을 떠올리기도 하겠죠. 현재는 자신의 능력과 바라던 만큼의 인기와 명성을 얻지 못하고 있으니 후회가 생길 법도 하죠. 하지만 그녀의 사보타지는 이런 후회에서 그녀를 보호합니다.

리사가 직접 이것을 작성했다면 아래와 비슷할 겁니다.

② 현재 가진 것 중 원하지 않는 것	① 현재 가진 것 중 원하기도 하는 것
	재능 롤링스톤즈 자유 천직
③ 갖지 못한 것 중 원하지도 않는 것	④ 갖지 못한 것 중 원하는 것
인기 결혼과 자녀	

그녀는 인기도 결혼과 자녀도 모두 원하지 않는다고 말했고, 실제로 그렇게 생각하고 있을 것입니다. 그리고 현재의 자유를 사랑하겠죠. 그렇게 믿고 있을 겁니다. 그런데 그녀는 이 영화로 스타가 되었습니다. 이 영화가 개봉하고 4년 뒤 한국에서까지 단독공연과 라디오 출연을 할 정도로 인기를 얻었죠. 그녀는 인기가 아닌 자유를 원한다고 했었는데, 영화라는 변수가 그녀에게 인기를 안겼습니다. 과연 그녀는 그 인기 때문에 불행하다고 생각했을까요? 다시 자유롭던 무명의 시절로 돌아가고 싶을까요?

평범한 삶을 포기하고 선택한 길이었을 겁니다. 그만큼 많은 것을 희생하며 노력했을 테니 누구보다 성공을 바라고 있었을 겁니다. 단지 세상의 주목이 부담스러웠을 뿐이라면 가정을 꾸리면서도 노래하는 것이 가능했을 겁니다. 하지만 그렇지 않았죠. 가정을 꾸리는 것도 원했지만 더 간절한 것이 있었죠. 성공이죠. 인기를 얻고 자신의 실력을 세상에 알리는 것. 하지만 인터뷰하던 시점에 이런 얘기를 그녀에게 했다면 그녀가 수긍했을까요?

사보타지는 숨어 있습니다. 그리고 사보타지가 존재한다고 그 사람이 나약하거나 나쁜 것도 절대 아닙니다. 우리 마음의 원리가 원래 그렇습니다. 리사는 대단한 재능과 아름다운 마음을 가진 사람일 겁니다. 하지만 사보타지의 존재는 그런 것과는 별개죠.

• 내 마음속 사보타지 찾기 •

자, 지금껏 많은 예시를 살펴봤습니다. 이제 여러분의 지도를 다시 볼 시간이 왔습니다. 여러분이 적은 키워드를 하나하나 보며 아래의 질문들에 대답해보기 바랍니다. 혼자서 질문 리스트를 보면서 대답해봐도 좋고, 누군가에게 이 질문들을 읽게 하고 대답해봐도 좋습니다. 키워드에 따라 대답할 수 없는 것도 있을 것입니다. 그런 것은 그냥 넘어가면 됩니다. 모든 질문에 다 대답하지 않아도 됩니다. 질문에 대해 생각하면서 추가적인 생각들이 더 떠오를 것입니다. 질문에 대한 대답이 중요한 것이 아니라 자기 내면과 대화하는 것으로 생각하고 떠오르는 생각을 막지 마세요. 계속 생각이 꼬리에 꼬리를 물도록 내버려두세요. 그 생각이 끝나면 또 다음 질문으로 넘어가면 됩니다. 필요하면 언제든 새로운 질문을 하고 대답해도 좋습니다. 그리고 녹음하거나 적어두는 것이 좋습니다.

〈모든 키워드에 해당하는 공통질문〉

- 왜 굳이 이것을 적으셨나요?

- 왜 이것을 바라나요? / 바라지 않나요?

- 이것은 자신에게 어떤 의미인가요?

(*대답에 따라 그 의미에 대해 다시 의미를 물어도 됩니다. 예) 받고 싶어 하는 개근상은 본인에게 어떤 의미가 있나요? → 제가 성실하다는 것을 증명하는 것을 의미합니다. → 그 성실은 본인에게 어떤 의미가 있나요?)

- 이와 관련된 경험이 있나요?

전체 키워드들을 보면서 상충되는 키워드나 유사한 개념의 것인데 다른 사분면에 존재하는 모순적인 것을 찾아보세요.

예) 원하지 않는 것에 외로움이 있는데, 원하는 것에 혼자만의 시간이 있는 것

물론 이유가 있을 테니 그 이유를 적거나 생각하면서 논리적인지 생각해보고 어떤 마음의 틈은 없는지 찾아보세요.

① 현재 가진 것 중 원하기도 하는 것

- 가지지 않았을 때 원하게 된 계기가 있었나요?

- 가지지 않았을 때 발생한 문제가 있었나요?

- 미래에 가지지 않게 되었을 때 예상되는 상황은 어떤가요?

- 이 키워드와 관련된 경험이나 떠오르는 생각이 있나요?

  (* 원하지 않는데 가진 것과 상충되는 것은 없는지 살펴보세요.)

② 현재 가진 것 중 원하지 않는 것

- 원하지 않는 이유는 무엇이죠?

- 가졌을 때 어떤 문제가 발생하나요?

- 그런데 왜 가지고 있나요?

- 가지지 않을 다른 선택 / 방법은 없나요? 그러면 지금 무엇을 해야 하나요?

③ 갖지 못한 것 중 원하지도 않는 것

- 무엇이 두려운가요?

- 이것을 가지지 않아서 특별히 좋은 점이 있나요?

- 이것을 가진 사람은 어떤 사람인가요? 혹시 그 사람의 좋은 점 / 뛰어난 점은 무엇인가요?

- 이것을 가졌던 적이 있나요? 그때 어떤 문제가 있었나요?

④ 갖지 못한 것 중 원하는 것

- 왜 가지고 있지 않나요?

- 가지고 있는 상황이 되려면 어떻게 해야 하나요? 지금 무엇을 해야 하나요?

- 이것을 가진 사람은 어떤 사람인가요?

- 이것을 가졌던 적이 있나요? 그때 어떤 좋은 점이 있었나요?

질문이 많군요. 그래도 하나하나 꼼꼼히 생각하며 대답해보셨으리라 생각합니다. 그리고 그 과정에서 내면의 새로운 면을 발견할 수 있었을 겁니다. 그것은 그동안 숨겨져 있던 사보타지일 수도 있고, 오랜 시간 놓치고 있던 마음일 수도 있습니다. 단지 여러분 취향의 근거를 발견했을지도 모르죠. 당장 어떤 것을 찾지 못했어도 마음에 관한 힌트를 얻었을 겁니다.

• 사보타지를 다루는 방법 •

그럼, 사보타지를 다루는 방법을 간단하게 정리해보겠습니다. 여러분이 발견한 마음의 지도에도 적용해보길 바랍니다.

사보타지를 다루는 첫 번째 단계는 그것을 인식하는 데서 출발합니다. 실은 이것이 가장 힘들면서도 중요한 작업입니다. 인식하는 순간 사보타지를 거의 다루게 되었다고 해도 과언이 아닙니다. 마음의 지도를 통해 인식에 한 걸음 다가갈 수 있습니다.

거기에 더해 사보타지를 인식하는 데 꼭 이해해둬야 하는 것 두 가지가 있습니다. 바로 '감정'과 '욕망'입니다. 그래서 우린 앞서 감정에 대해 배우고 연습했습니다. 자기 감정을 알아야 어떤 키워드에 대해 솔직한 감정을 발견하고, 그 원인을 찾을 수 있습니다. 그리고 다른 사람들의 감정에 대해 보편적인 이해를 하고, 자신을 다른 시각에서 객관적으로 바라볼 수 있습니다. 그리고 자신의 솔직한 욕구를 이해해야 합니다. 옳거나 착한 것이 꼭 좋은 것은 아닙니다. 자신에게 좋은 것을 찾아야 합니다.

두 번째 단계는 사보타지의 원인에 대해 이해해보는 겁니다. '왜 그런 마음이 생겨났을까?', '만약 그 마음이 전혀 없었다면 어떤 문제가 생길 수 있었을까?' 그 사보타지가 단지 방해꾼이 아니라 여러분의 편임을 인정하고 그가 가진 불안을 이해해야 합니다. 어떤 마음을 인정하면 여러분은 더는 좋은 사람으로 남을 수 없을지도 모릅니다. 그래도 괜찮습니다. 어떤 생각도 추악하지 않습니다. 모든 마음은 단지 여러분을 위한 것입니다. 그러니 이제 그들을 무시하지 말고 설득할 준비를 해야 합니다. 이제 괜찮다고, 그동안 지켜줘서 고맙다고 말해야 합니다.

세 번째 단계는 이제 변화를 시작하는 겁니다. 이때 모든 마음들을 설득하기 위해 할 수 있는 것이 세 가지가 있습니다.

먼저 현실적인 목표 세우기입니다. 사보타지가 생겨나는 가장 큰 이유는 현실과 이상의 괴리입니다. 그런데 이는 거북이가 토끼를 보며 산에서 빨리 달리지 못한다고 좌절하는 것과 같습니다. 자신을 객관적으로 보고 욕망과 절충해 현실적인 목표를 세워야 합니다. 목표를 높이 잡으라는 말도 틀린 것은 아니지만, 사보타지로 방향을 잘못 설정한 상황에서는 목표가 높아 봐야 제자리에 머물 뿐입니다.

그다음은 그 목표에 맞는 단계적인 계획을 세워보는 것입니다. 계획은 과도하게 구체적일 필요는 없습니다. 다만 당장 할 일이 무엇인지는 알 수 있어야 합니다. 그리고 내일 무엇을 할지 생각할 수 있어야 합니다. 만약 원하는 목표가 10년 후의 일로 예상된다면 당장 1년간 무엇을 해야 할지 생각할 수 있습니다. 그다음으로 당장 한 달간 무엇을 할지, 당장 오늘 무엇을 할지 계획을 세울 수 있습니다. 계획 세우는 것을 잘한다면 타인을 시킨다는 생각으로 꼼꼼하게 해도 좋지만, 너무 꼼꼼한 계획은 사람을 지치게 만들 수도 있다는 점은 알아두셔야 합니다.

마지막으로 미래의 모습 보여주기입니다. 모든 마음들이 볼 수 있게 원하는 미래를 선명하게, 그리고 그것이 주는 혜택을 경험해보는 것입니다. 직접 경험하는 것은 아니지만 생생하게 그려봄으로써 직접 경험하는 것과 같은 효과를 만들어보는 겁니다. 이는 다음 장에서 더 자세히 알려 드리겠습니다.

27. 감각
: 경험과 기억을 바꾸는 단서

"감각으로
감정을 바꿀 수
있다고요?"

김치찌개와 캐비어. 하나씩 상상해보세요.

어느 쪽을 상상할 때 더 군침이 도나요? 한국 사람은 김치찌개라고 대답하는 쪽이 압도적으로 많습니다. 하지만 두 요리를 준비하고 선택하라고 한다면 비싼 캐비어 쪽이 더 많겠죠.

왜 이런 일이 벌어질까요? 이것은 감각적으로 경험해본 것의 차이입니다. 김치찌개는 자주 먹어본 음식입니다. 자주 봤고 보글거리는 소리도 자주 들었고 김치와 매콤한 국물의 감촉, 그리고 맛과 향 등도 아주 많이 경험했습니다. 오감을 이용해 김치찌개를 경험한 것이죠. 눈으로 보는 시각, 귀로 듣는 청각, 피부로 느끼는 촉각, 혀로 맛을 보는 미각, 코로 냄새를 맡는 후각 등, 5개의 감각을 합쳐 '오감'이라 부릅니다. 우리는 이들을 통해 세상과 마주합니다. 이 오감으로 실제 세상이 머릿속에 저장되는 것이죠. 그래서 경험은 곧 감각의 합입니다. 이렇게 감각적으로 경험해본 것을 다시 떠올리는 것은 쉽습니다. 군침을 흘릴 정도로 다시 경험하는 것도 가능하죠. "고기도 먹어본 사람이 먹는다."는 말처럼 캐비어를 자주 경험한 사람이라면 캐비어 쪽에 더 군침을 흘렸을 겁니다.

그런데 감각으로 경험을 조작할 수 있다거나 감정까지도 바꿀 수 있다면 어떨까요? 이번 시간에는 감각에 대해 알아보고 그것을 이용하는 방법을 알려 드리겠습니다.

· 감각으로 경험을 만들어내기 ·

몇 년 전 제가 설계했던 교육과정을 통해 일부의 감각만으로도 생생한 경험을 만들어내는 것을 본 적이 있습니다. 교육과정이 새로운 세상에 대한 것이어서, 그중에는 가상현실 체험 시간이 있었습니다. 당시에는 가상현실 기기가 거의 알려지지 않았었습니다. 그 기기는 안경의 화면을 통해 시각 정보를 얻고 이어폰으로 청각 정보를 얻는 단순한 것이었죠. 가상현실의 내용은 이랬습니다.

엘리베이터를 타고 건물의 옥상에 올라가 문이 열리면 발아래 놓인 나무판자가 건물 밖으로 나 있죠. 그 좁은 길을 걸어나가 그 끝에서 뛰어내려보는 것이었습니다. 모두가 실제 옥상이 아닌 것을 알고 있었습니다. 하지만 3명 중 2명은 겁에 질려 실패했습니다. 막상 옥상에 서 있는 것 같은 시각과 청각 정보가 들어오니 쉽게 발을 내딛지 못했죠. 덜덜 떨며 한 발씩 내딛는 사람들도 있었습니다. 뛰어내리는 데까지 성공한 사람 중에는 땅에 닿는 순간 소리를 지르며 바닥에 넘어지는 사람도 있었습니다. 옆에서 지켜보던 사람들에겐 웃긴 장면이었을 겁니다. 하지만 막상 직접 해보면 공포가 밀려옵니다. 단지 2개의 감각만으로 경험하는 것이고 사실이 아님을 확실히 알고 있는데도 실제 경험처럼 받아들여지는 것이지요.

감각은 이처럼 뇌를 속여 경험을 만들어낼 수 있습니다. 그 반대의 경우도 가능합니다. 뇌가 감각을 만들어낼 수도 있죠. 더 춥다고 믿는 것만으로 체온이 떨어지기도 하고, 체력 약을 먹었다고 믿는 것만으로 체력이 좋아지기도 합니다. '플라세보 효과'입니다. 가짜 약이어도 진짜라고 믿으면 실제로 효과가 있게 됩니다. 플라세보가 모든 것을 치료할 수 있는 것처럼 과장된 예도 있고, 아무 의미가 없다고 과소평가되기도 합니다. 당연히 플라세보가 모든 것을 치료할 수 있는 것은 아니지만, 실제로 신체에 영향을 주는 것에 대해 부인하는 학자는 없습니다.

이처럼 경험하지 않았더라도 뇌는 감각을 만들어낼 수 있고, 감각은 경험을 만들어낼 수 있습니다. 즉, 생각으로 경험을 만들어낼 수 있고 그 둘을 연결하는 것이 바로 감각입니다.

• 사람마다 익숙한 감각은 다 다르다 •

그런데 사람마다 오감 중에 더 익숙하고 많이 쓰는 감각이 존재합니다. 시각만 해도 양쪽 눈 중에 주로 쓰는 눈이 있죠. 당장 해볼까요? 엄지와 검지를 맞대 오케이 사인처럼 동그랗게 오므린 뒤에 그것으로 5m 정도 떨어진 물체를 하나 보세요. 그 상태로 양쪽 눈을 번갈아 감아보면 한쪽 눈에만 그 물체가 보인다는 것을 확인할 수 있습니다. 그쪽 눈을 주시안이라고 부릅니다.

이처럼 감각들을 골고루 쓴다는 것은 힘든 일입니다. 의도적으로 훈련을 해도 완전히 균형을 이루긴 불가능하죠. 근육을 단련할 때와 비슷합니다. 근육 운동을 처음 해보면 자신이 주로 쓰던 부위의 힘으로 운동을 하게 됩니다. 등 근육이 약할 때 등 근육 운동을 해보면 팔이나 어깨로 힘을 쓰죠. 초보자들이 흔히 겪는 일입니다. 프로 보디빌더들도 균형미를 추구합니다. 그만큼 모든 근육이 완벽히 균형을 이루는 것은 거의 불가능하죠. 그래서 선수마다 자신 있는 부위나 자세가 있습니다.

우리의 감각도 마찬가지입니다. 살면서 세상과 마주하고 그것을 머릿속에 넣으면서 자연스럽게 더 많이 사용하던 감각이 생기기 마련입니다. 감각이라는 것 자체에 대해 모르는 사람은 없지만, 세상을 인식하는 데 자신이 어떤 감각에 더 의존하고 있고 어떤 감각적인 표현을 주로 쓰고 있는지는 잘 모르기도 합니다.

예를 들어 멋진 사람이라는 표현에 누군가는 시각적으로 훌륭한 것을 떠올리고 어떤 사람은 좋은 목소리를 먼저 떠올리기도 하죠. 여행에 대해서도 눈앞에 펼쳐진 파란색의 바다, 귓가를 스치는 바람 소리, 차분한 분위기, 그곳의 향기, 맛있게 먹었던 음식 등등, 사람마다 먼저 떠오르는 것이 다릅니다. 여러분은 어떤가요?

감각으로 경험을 만들어내기 위해서는 자신이 주로 쓰던 감각 이외의 감각도 훈련해두는 것이 좋습니다. 더 많은 감각을 이용할수록 더 생생한 경험을 만들어낼 수 있기 때문입니다.

• 감각적으로 표현해보기 •

그럼, 준비운동을 한번 해보죠. 같은 표현도 다른 감각을 이용해서 할 수 있습니다. 예를 들어서 잘 알겠다는 말을 감각적으로 표현해보면 다음과 같이 바꿀 수 있습니다.

> ① "확실히 선명해졌어."
> ② "뭔 소린지 알아들었어."
> ③ "어떤 느낌인지 알았어."

각 차이를 눈치채셨나요? ①은 시각적인 표현입니다. ②는 청각, ③은 촉각적인 표현이죠. 이런 식으로 다양한 감각으로 표현해보는 것은 감각을 이해하고 이용하는 데 도움됩니다. 여러분도 다음 문장들을 보면서 감각별로 문장을 다르게 만들어보세요.

> • 어떤 일을 감당하기 힘들어졌을 때 감각별로 뭐라고 할까요?
> ① 시각 :
> ② 청각 :
> ③ 촉각 :

> • 어떤 말을 듣고 불쾌했을 때, "그 말을 들으니까 ~" 그다음은 감각별로 뭐라고 할까요?
> ① 시각 :
> ② 청각 :
> ③ 촉각 :

- 상대의 말에 동의할 때 감각별로 뭐라고 할까요?

① 시각 :

② 청각 :

③ 촉각 :

- 어떤 사람과 잘 안 맞는다고 생각될 때 "그 사람은 ~" 그다음은 감각별로

  뭐라고 할까요?

① 시각 :

② 청각 :

③ 촉각 :

참고할 만한 문장들은 다음 페이지에 있습니다. 다 쓴 뒤 비교해보세요.

• 어떤 일을 감당하기 힘들어졌을 때

① 일이 의외로 커져버렸어.

② 일이 의외로 시끄러워졌다. 일에 대해 말들이 많아졌어.

③ 일이 힘들게 되었다. 일이 부담스러워졌어.

• 어떤 말을 듣고 불쾌했을 때

① 그 말을 들으니까 눈살이 찌푸려졌어.

② 그 말을 들으니까 귀를 막고 싶었어.

③ 그 말을 들으니까 속이 다 안 좋아지는 것 같더라.

• 상대의 말에 동의할 때

① 그런 것 같아 보인다.

② 그럴듯하게 들린다.

③ 네 말을 들으니 정말 그런 느낌이 들어.

• 어떤 사람과 잘 안 맞는다고 생각될 때

① 그 사람은 좀 뜬구름 잡는 것 같아.

② 그 사람은 나랑은 템포가 좀 안 맞아.

③ 그 사람은 좀 메마른 느낌이야.

같은 내용도 말하는 사람의 감각 우위에 따라 다르게 표현된다는 것이 흥미롭죠?

28. 앵커링
: 원하는 감정을 불러오는 기술

"마음이 널뛸 때
어떻게 해야
하나요?"

한 남자는 특정한 음악만 들으면 슬퍼집니다. 그 음악의 분위기는 밝은데도 말이지요. 몇 년 전 그 남자는 실연당했습니다. 상대의 마음이 떠났을지언정 자신의 사랑은 끝나지 않았다고 느꼈습니다. 그래서 떠난 이의 SNS를 종종 확인했죠. 그때 그녀의 SNS 메인에 올려져 있던 음악이 바로 그 음악이었습니다. 그 남자는 잘 참다가도 너무 그녀가 보고 싶을 때 그녀의 SNS를 찾았습니다. 그 음악을 들으며 그녀의 흔적을 확인하고 슬퍼했죠.

몇 년이 지나고 길을 걷다 우연히 그 음악이 들려왔습니다. 그 남자는 길에 멈춰 섰습니다. 슬픔이 밀려와 눈물을 참아야 했기 때문이죠. 이별의 순간은 몇 년 전에 지나가버렸고 슬픔도 이겨냈는데, 어떻게 음악만으로 슬픔이 다시 밀려온 걸까요?

이런 비슷한 경험, 아마 한 번쯤 있을 겁니다. 음악 말고도 어떤 물건으로 어떤 사람의 기억이 떠오르기도 하고 향기를 통해 어떤 기억이 살아나기도 하죠. 그리고 그 기억에 감정이 딸려나오죠. 이런 이야기를 들은 적이 있습니다.

공장에서 일하는 한 남성분이 작업복도 갈아입지 못하고 급하게 소개팅에 나갈 수밖에 없었답니다. 실례가 되는 줄 알면서도 서로 맞는 시간이 그때가 아니면 한참을 미뤄야 할 것 같고 그것도 예의가 아닌 것 같아 그냥 자포자기한 심정으로 나간 거죠. 그런데 정작 그 자리에 나온 여성은 그 작업복에서 성실했던 아버지의 기억을 떠올리고 괜히 신뢰감이 들면서 결국 두 사람은 사랑에 빠졌다고 하더군요. 보통 사람이라면 예의없는 사람이라고 생각했을 텐데 말이죠.

여기에 오늘 여러분께 알려드릴 '앵커링'의 원리가 담겨 있습니다. 크게 보면 일종의 '최면의 원리'이기도 합니다.

자, 그럼 잠시 앵커링이 무엇인지 짚어보고 넘어가겠습니다.

• 마음의 스위치, 앵커링 •

앵커링(Anchoring)은 '닻을 내린다'는 뜻입니다. 우리는 작은 배를 타고 마음이라는 거대한 바다를 항해하고 있는 것이나 다름없습니다. 분노와 같은 거친 소용돌이로 가득 찬 곳을 지나며 흔들리기도 하고 좌절이라는 암초를 만나기도 하지만, 기쁨이라는 선선한 바람이나 사랑이라는 포근함을 지나며 계속 머물면 좋겠다고 생각하기도 합니다. 앵커링은 그런 바다에서 닻을 내리는 것입니다. 거기에 머무는 것이죠.

혹시 '각주구검(刻舟求劍)'이라는 고사성어를 아시나요? 어떤 이가 배를 타고 가다가 칼을 바다에 빠뜨린 거죠. 그러고는 당황해서 떨어뜨린 곳에서 배에다 표시를 했습니다. 육지에 배가 닿자 배에 표시된 아래 물속을 찾아봤지만, 그 칼을 찾을 수 없었다는 얘기입니다. 융통성 없고 미련한 사람이라는 뜻이죠. 하지만 앵커링은 바다에 표시를 해두는 것입니다. 그리고 원할 때 언제든 그 바다로 갈 수 있죠. 배가 육지에 닿은 뒤 다시 표시해뒀던 물속을 뒤져 칼을 건져낼 수 있습니다.

앞의 실연 당한 사람이 음악을 들으며 슬픔을 떠올린 사연으로 다시 돌아가볼까요? 그는 마음이라는 바다에서 거대한 슬픔에 마주했습니다. 그리고 그곳에 한 곡의 음악으로 닻을 내렸죠. 이제 그 음악은 언제든 그가 그 바다로 가게 만듭니다. 이 닻을 내리는 방법은 그의 행동에 답이 있습니다. 그가 언제 그녀의 SNS를 방문했을까요? 슬픔이 최고조로 밀려오는 순간이었을 겁니다. 그리고 그런 감정이 밀려올 때마다 그 음악을 들었겠죠. 그 과정에서 스위치가 만들어졌습니다. 그 스위치를 누르면 슬픔이 밀려오죠. 슬프고 싶다면 언제든 그 음악을 틀면 됩니다.

앵커링은 일종의 스위치입니다. 마음의 바다에서 닻을 내렸던 곳으로 한 번에 이동하는 마법의 스위치죠. 슬픔이 아닌 좋은 감정에 닻을 내려두고 언제든 거기에 갈 수 있는 스위치를 만들어두면 어떨까요? 자신감이 없을 때 자신감이 차오르는 스위치, 열정이 필요할 때 열정을 불러오는 스위치, 기쁘고 즐거운 마음이 될 수 있는 스위치 등. 언제든 그렇게 원하는 감정을 불러오는 스위치가 있다면 얼마나 좋을까요? 앵커링은 이 스위치를 만드는 방법입니다. 강한 자극과 잦은 반복으로 만들어집니다.

그에게 음악이 슬픔의 스위치가 되는 5단계를 살펴보죠.

- 기억 : 이별한 감정을 겪으며 그 감정이 기억됩니다.
- 고조 : 슬픔을 생생히 떠올리며 최고조로 끌어오릅니다.
- 연결 : 최고조로 끌어올려졌을 때 특정 음악을 듣습니다.
- 평온 : 보통의 일상으로 돌아갑니다.
- 반복 : 감정을 끌어올리고 음악을 듣는 행동을 반복합니다.

여기서 세 번째 감정을 최고로 끌어올리는 것이 강한 자극의 순간이고, 다섯 번째 반복하는 것이 잦은 반복입니다. 이 두 가지가 스위치가 제대로 작동하도록 만듭니다.

자, 그럼 오늘 하나의 스위치를 만들어보도록 하죠. 이후로 여러분들이 원할 때 작동하는 새로운 스위치를 만들 수 있는 첫걸음이 될 것입니다. 처음이니 가장 수월하게 만들 수 있는, 열정을 불러오는 스위치를 만들어보겠습니다.

· 좋은 스위치의 조건 ·

앞의 5단계를 통해 스위치를 만들기 전에 가장 먼저 할 일은, 어떤 스위치를 달지 정해야 합니다. 앞의 사례는 하나의 음악이었지만 이번엔 짧은 동작으로 스위치를 만들어보겠습니다. 여러분이 원하는 어떤 동작이어도 상관없지만 몇 가지 조건이 있습니다. (스위치의 조건)

첫째, 스위치는 바꾸려는 감정과 비슷한 방향성을 가져야 합니다. 즉, 기쁜 마음을 불러오려고 할 때 어깨를 축 늘어뜨린다거나 풀이 죽은 표정을 짓는 등의 행동으로 스위치를 달려고 해도 잘 안 됩니다. 반대로 차분한 기분을 만들려고 할 때 점프를 한다거나 활기찬 행동으로 스위치를 만들려 해도 잘 안 되게 됩니다. 이번에는 열정을 만드는 스위치를 만들 예정이니 너무 차분하고 느린 에너지가 수렴하는 느낌의 동작은 피해야겠죠.

둘째, 단순해야 합니다. 그래야 기억하기도 쉽고 행동하기도 쉽기 때문입니다. 그래서 두 가지 이상의 연결된 동작으로 만들지는 않는 것이 좋습니다. 감정이 최고조에 이르렀을 때 동작을 딱 써서 감정과 스위치를 연결해야 하는데, 동작이 복잡하면 혼란스러울 수 있습니다. 한 호흡으로 이뤄지고 쉽게 할 수 있는 동작을 선택해야 합니다. 단 두 가지 동작이 한 번에 이뤄지는 것이라도 잘 기억할 수만 있다면 괜찮습니다. 예를 들어 소리를 내면서 주먹을 쥔다거나 하는 식의 스위치는 괜찮습니다. 점프하는 것도 누군가에겐 좋을 수 있지만, 체력이 약한 편이라 점프를 하기 위해 숨을 몰아쉬면서 기합을 넣기까지 해야 한다면 점프는 좋은 스위치가 아닙니다.

셋째, 확실해야 합니다. 즐거운 표정, 환한 미소와 같은 것은 좋은 스위치가 아닙니다. 예를 들어 즐거운 표정처럼 여러 가지로 할 수 있는 애매한 것보다 입꼬리 올리기라거나 앞니 보이기, 눈웃음치듯이 눈 감기 등 확실하게 정의할 수 있는 것으로 해야 합니다. 항상 똑같이 할 수 있는 것을 정해둬야 하죠. 남들이 볼 수 없고 자신만 알아보는 것이어도 상관없습니다. 오히려 언제, 어디서든 쓰기에는 그런 것이 더 좋을 수 있습니다. 자신이 확실하다고 생각할 수 있는 것이면 다 상관없습니다.

앞으로 여러분이 원하는 스위치를 달기 위해서는 여러분이 직접 정하고 해보는 것이 좋습니다. 손가락을 튕기는 것, 앞니가 보이도록 양 입꼬리를 올리는 것, 왼손의 주먹을 꽉 쥐는 것, 엄지발가락에 힘을 주는 것, 엄지손가락을 말아쥐는 것, "아자!"라고 외치는 것, 오른쪽 어깨를 들썩이는 것 등, 위 조건에 해당하는 것이면 어떤 것이든 좋습니다. 여러분의 스위치를 선택하고 적어보세요.

나의 열정 스위치 : ....

① 첫째, 기억 단계입니다. 무언가에 열정적이고 에너지가 넘치고 두근거리는 상황을 한번 생각해보겠습니다. 그런 순간에 여러분은 어떻게 변하나요? 그런 순간의 기억이 전혀 없다면 상상해도 좋습니다. 가슴이 두근거리고 볼이 후끈거리며 뱃속에 나비가 있는 것처럼 간지러운 그 어떤 것이든 좋아요.

② 둘째, 고조 단계입니다. 에너지 넘치는 순간의 기억을 최대로 끌어올려보세요. 그 순간의 감각을 전부 느낀다는 생각으로 하나하나 만들며 경험해보세요. 감각을 최대한 활용해야 합니다.

먼저 시각적으로 떠올려보세요. 눈앞에 생생하게 그려지도록 특정 장면을 떠올리는 것이 좋습니다. 처음에는 희미하게 떠올렸다가 점점 선명하게 만들고 색을 입히는 식으로 만들어보세요. 다음으로 무엇이 들리는지 그 장면의 소리를 들어보세요. 누가 무슨 말을 하는지 주변에서는 어떤 소리가 들리는지 확인해보세요. 다음은 어떤 느낌이 드는지 확인해보는 겁니다. 피부에 닿는 느낌이 있는지 공간은 추운지 더운지 등. 이후로 특정한 냄새나 맛에 대해서도 떠올릴 수 있다면 해보세요. 더 확실히 우위에 있는 감각이 있다면 다른 감각적인 것을 더 먼저 떠올려도 됩니다.

이때 경험하는 수준으로 생생하게 그릴 수 있도록 연습해둬야 합니다. 가만히 앉아서 감각을 활용하는 것이 익숙하지 않아 힘들다면, 제자리 뛰기를 살짝 하면서 심장박동을 올리고 미소를 지으면서 에너지 넘칠 때의 표정을 연기해보세요. 그렇게 연기하면서 생생하게 에너지 넘치는 자신을 상상해보세요. 실제로 에너지가 넘치는 경험을 하게 될 겁니다. 더 생생해지면 심장박동이 빨라지는 것뿐만 아니라 얼굴이 살짝 달아오르거나 뱃속이 간지러운 느낌이 들 겁니다. 사람마다 다른 느낌이 들 수 있어요. 자신만의 느낌을 찾아보세요.

③ 셋째, 연결 단계입니다. 에너지 넘치는 것이 최고조에 올랐다는 생각이 들면 앞에서 정해두었던 스위치 행동을 하는 겁니다.

④ 넷째, 평온 단계입니다. 최고조와 스위치를 연결하고 바로 평온한 상태로 돌아갑니다. 불안을 제거할 때도 활용했던 호흡법을 써도 됩니다. 코로 숨을 최대한 들이쉬고 입을 살짝 벌리고 숨을 천천히 쭉 내쉬는 겁니다. 이때 어깨나 가슴이 살짝 가라앉는 듯한 것을 느낄 수 있으면 더 효과적으로 평온해질 수 있습니다. 호흡의 이동에 맞춰 가슴을 일부러 약간씩 움직이면서 느껴보는 것도 좋습니다. 과하게 움직이지는 말고 최대한 평온한 상태가 되도록 만듭니다.

⑤ 다섯째, 반복 단계입니다. 앞서 한 감정을 최고조로 끌어올리고 스위치를 연결한 뒤 평온해지는 것을 반복하는 것입니다. 많이 할수록 더 튼튼한 스위치가 만들어집니다.

그런데 처음에는 일부러 심장박동을 올리기 위해 뛰기도 하고 표정을 연기하기도 하지만, 반복해서 할 때는 편하게 앉아서 상상만으로 그런 열정을 만들어볼 수 있습니다. 정말 심장박동이 빨라지는 것 같은 느낌이 들고 얼굴이 따끔거릴 정도로 열이 오르고 뒷목이 약간 뻐근해지기도 하죠. 생각만으로 에너지 넘치는 느낌을 최고조로 올린 뒤에 다시 스위치와 연결해보세요.

29. 트라우마
: 기억에 숨어 우리를 노리는 야수

"내게도
트라우마가
남은 걸까요?"

지금껏 함께해 오면서 자신에게 좋은 것을 찾고 사소한 목표를 세워보았나요? 스스로에게 질문하면서 마음과 생각이 좀 더 정리되었나요? 아니면 더 복잡해졌나요? 둘 다 좋습니다. 정리가 되었다면 자신에 대해 조금이라도 더 선명하게 알게 된 것이니 방향을 잘 잡을 수 있게 된 것이고, 더 복잡해졌다면 지금껏 외면해 왔거나 놓치고 있던 것을 알게 되었을 테니 좋은 방향을 찾아가고 있는 것이지요.

오늘은 자존감만큼이나 많은 분들이 자기 문제의 원인으로 꼽는 것에 대해 이야기해보겠습니다. 바로 '트라우마'입니다.

스스로 트라우마가 강하게 남아 있다고 생각하는 이들은 이렇게 되뇌기도 합니다. '나는 트라우마가 심해서 그런 건 할 수 없어.' '나는 트라우마가 심하니까 이 정도는 해줘야 해.'라고 타인에게 요구하거나 의존하기도 하죠.

반대로 어떤 이들은 트라우마라는 것은 모두 허상이고 누구나 가지고 있는 마음인데, 겪은 일을 스스로 과대평가할 뿐이라고 생각하기도 하죠. 과연 무엇이 맞는 이야기일까요?

먼저 트라우마가 무엇인지부터 알아야겠군요.

• 크고 작은 반복적인 마음의 상처들 •

트라우마는 '큰 사고나 충격 때문에 생겨난 마음의 상처'라고 볼 수 있습니다. 이런 정도의 후유증이 남는 상황에 딱 마주쳤다면 보통 어떻게 반응하게 될까요?

초원에서 여러분을 향해 달려오는 회색코뿔소를 떠올려보세요. 당연히 도망가야겠죠. 하지만 결코 도망치는 것이 불가능하다는 생각에 맞서 싸우려는 이들도 있을 겁니다. 어느 쪽도 승산이 있어 보이진 않네요. 우리의 몸은 그 선택에 맞춰 변화합니다. 몸의 근육이 경직되고 가슴이 두근두근하죠. 상대를 노려보게 되고 생각을 많이 할 수 없어요. 생각이 단순해지죠. 싸우기 직전이나 도망갈 때 모두 마찬가지입니다. 이것을 '투쟁 도피 반응(Fight or Flight)'이라고 부릅니다. 다른 말로는 '급성 스트레스 반응'이라고도 합니다. 뇌가 위험을 감지하고 몸을 변화시키기 위해 '코르티솔'이라는 호르몬을 뿜어내죠. 순간적으로 엄청난 스트레스를 받습니다. 이런 선택을 해야 하는 순간을 겪으면 트라우마가 생길 수 있습니다.

그런데 현대사회의 우리는 이런 선택까지 내몰리는 경우는 많지 않아요. 맞서 싸우거나 도망가야 하는 상황을 한 번도 겪어보지 못한 사람들도 많습니다. 그러면 그런 경우에는 트라우마가 없을까요?

다시 초원으로 돌아가보죠. 정말 정면에서 달려오는 회색코뿔소를 보고 맞서 싸우거나 도망치는 선택을 할 수 있나요? 실은 많은 이들이 선택하는 다른 선택지가 있습니다. 그냥 얼어붙어버리는 거죠. 아무것도 못 하고 그냥 굳어버리는 겁니다. 실제로 동물들도 이런 반응을 보이는 경우가 있습니다. 아무것도 할 수 없을 때 고통을 줄이려고 멘탈이 나가는 겁니다.

초원보다 안전한 인간사회에서는 맞서거나 도망쳐야 하는 큰 충격을 받는 상황은 상대적으로 적게 일어납니다. 직장이나 학교에서 혼났다고 맞서 싸우거나 도망칠 수 없잖아요. 하지만 작은 충격은 훨씬 더 많이 받고 지냅니다. 왜냐하면 인간사회에서는 계속해서 소통해야 하기 때문입니다. 그 과정에서 서로 생각이 달라 벌어지는 수많은 충격들이 존재하죠. 그리고 우리에게는 과거보다 훨씬 더 많은 역할이 부여됩니다. 역할마다 크고 작은 갈등과 실망, 좌절 등이 발생할 수밖에 없죠. 혼나는 것도 상처겠지만 원래는 잘 대처할 수 있던 상황인데도 굳어버려서 후회를 남깁니다. 그 상황의 기억이 또 상처가 됩니다.

이런 것들이 초원의 코뿔소보다는 공포스럽지 않을 수 있습니다. 하지만 훨씬 더 잦은 빈도로 지속적으로 일어날 수는 있습니다. 잠깐 소나기를 맞는 것이나 가랑비를 오래 맞는 것 모두 흠뻑 젖는 것은 매한가지입니다. 오히려 가랑비를 오래 맞는 쪽이 신발과 속옷까지 푹 젖어 더 괴로울 수도 있죠. 이것이 현대의 수많은 사람들이 가지고 있는 트라우마의 모습입니다. 큰 충격의 기억은 없는데 자꾸 마음속에서 상처받은 메시지가 들리는 거죠. 그래서 작고 사소한 것에도 더 상처를 받게 되고 다른 사람들에게도 더 민감하게 반응하게 되죠.

오랫동안 찔려서 상처가 아물지 못하고 계속 벌어진 곳을 누군가 건드린다면 얼마나 고통스러울까요. 항상 아팠기 때문에 정작 무엇이 문제인지 찾지 못할 수도 있습니다.

'왜 나의 이런 기분을 아무도 알아주지 않을까?'라고 생각하거나 반대로 '나는 저런 사람들처럼 큰일을 겪은 것도 없는데 왜 나만 이럴까?'라고 자책할 필요는 없습니다. 말 그대로 눈에 보이지 않지만 다친 것이니까요.

• 마음속 상처를 치료하는 방법 •

트라우마는 실제로 상처가 나는 것과 많이 비슷합니다. 다리가 부러졌는데도 부러진 것을 생각하지 않고 그냥 일상적으로 살아가면 그 다리는 어떻게 될까요? 아마 영영 못쓰게 될 겁니다. 깁스를 해야 합니다. 그런데 만약 그 깁스를 영원히 하고 있으면요? 그 다리로도 결국 걸을 수 없을 것입니다.

그래서 만약 조금씩 꾸준히 쌓인 마음의 상처가 있다면 이런 두 가지 실수를 해서는 안 됩니다. 하나는 마음의 상처를 외면하고 계속해서 실패를 경험할 수 있는 상황에 자신을 노출시켜서 계속 힘든 상황을 겪는 것입니다. 다른 하나는 그런 상황을 완전히 외면하고 본인을 계속해서 위로만 하고 자기 틀 안에서 나가지 않으려고 하는 것입니다. 알 속의 새들도 깨고 나가야 할 때 나가지 못하면 썩어버립니다. 그렇지만 너무 빨리 알을 깨버려도 살아남기 힘들어집니다.

마음의 상처도 깁스처럼 일정 기간은 스스로를 위로하고 다독이는 기간이 필요합니다. 그런데 깁스를 하려면 어디가 부러졌는지 봐야 합니다. 부러진 다리를 본다는 것은 다치는 것보다 더 끔찍한 경험이 될지도 모릅니다. 그냥 술이든 진통제든 뭔가에 취해 다 잊고 잠을 자듯 의식을 놓아버리고 싶겠죠. 하지만 그런 것은 결국 상처를 악화시킬 뿐입니다. 다음날 더 아파요.

그래서 먼저 자신도 혹시 가랑비에 옷이 젖듯 마음이 아픈 것은 아닌지 돌아볼 필요가 있습니다. 어디가 왜 아픈 건지 알아야 깁스든 뭐든 할 수 있지 않겠어요?

이는 '인지 단계'라고 할 수 있습니다. 스스로 진단하듯이 자신의 트라우마를 인지하고 이해해보는 단계입니다. 이후 깁스를 하듯 자신을 위로하고 다독이는 치유 단계로 넘어갑니다. "그럴 수 있어요. 당신의 트라우마도 존재할 수 있습니다. 그런 사소해 보이는 기억도 상처가 될 수 있어요."라고 자신을 다독여야죠. 물론 인지와 치유과정은 어렵고 전문가의 도움이 필요할 수도 있습니다. 하지만 스스로 해내야 하는 부분도 분명 있습니다. 지금껏 마음을 들여다본 것이 도움이 될 것입니다.

그리고 어느 시점이 되면 그 깁스를 풀 겁니다. 깁스를 풀면 그 부분은 약해져 있을 겁니다. 그래서 쉽게 다른 사람들처럼 되지 않아요. 그렇기 때문에 더 상처받고 알 속으로 들어가버리는 실수를 하는 사람들도 있습니다. 하지만 그러면 더 약해지다 썩어버릴 뿐이에요. 부러졌던 다리로 다시 서기 위해 목발 같은 것에 의지해서라도 힘들어 덜덜 떨려도 한 걸음씩 내디뎌야 합니다.

왜 저 사람은 괜찮은데 나만 이렇게 힘든지 자책하거나 원망하는 마음이 생겨날지도 모릅니다. 하지만 방향을 잘 잡았을 테니 더 좋아질 것임엔 틀림없습니다.

30. 기억
: 계속 새롭게 그려지는 삶의 책

"잊고 싶은 기억,
대체 어떻게
벗어날 수
있을까요?

앞에서는 트라우마를 마주하는 방법에 대해 알아봤는데요. 트라우마를 마주하는 과정에서 많은 분들이 자신은 단지 과거에 영향을 받은 문제가 있을 뿐이고 지속되는 장애가 있는 것은 아님을 깨닫곤 합니다. 현재를 재구축하고 새로운 길을 걸을 수도 있겠다는 생각을 하고 새로운 의미를 찾기도 합니다. 그래서 앞으로 그 순간이 다시 떠올랐을 때 고통은 예전보다 줄어있음을 느낄 수 있습니다. 그러니 아무리 힘들고 시간이 오래 걸렸어도 그것은 아까운 시간이 아니죠.

프랑스 작가 프루스트의 소설 《잃어버린 시간을 찾아서(À la recherche du temps perdu)》에는 이런 장면이 나옵니다. 주인공 마르셀이 홍차에 적신 과자 마들렌의 냄새를 맡고 어린 시절을 떠올립니다. 냄새처럼 무의식에 남아 있던 과거의 기억이 현재의 경험에 의해 갑자기 생생하게 떠오르는 장면이죠.

누구나 이런 경험을 해본 적이 있을 겁니다.

길에서 우연히 어떤 음악을 듣고 문득 예전에 그 음악을 즐겨 듣던 시절의 기억이 떠오르기도 하고, 어떤 사람의 향수로 예전에 만나던 사람의 기억이 불쑥 찾아오기도 합니다. 이런 현상을 작가의 이름을 따서 '프루스트 현상'이라고 부릅니다. 기억은 이처럼 우리의 감각과 연결되어 있습니다. 그런데 그보다 더 강하게 연결되어 있는 것은 감정입니다.

이번 장에서는 감정과 연결된 기억에 대해 이야기해보겠습니다.

• 기억의 비밀 •

우리의 기억은 원래 점차 잊히게 되어 있습니다. 어제 저녁식사 시간을 떠올리면 무엇을 먹었는지 어떻게 먹었는지 떠올릴 수도 있을 겁니다. 자리에 앉았던 순간, 처음 음식을 집었던 것, 음식이 입에 들어가던 순간 등, 노력하면 하나하나 떠올릴 수 있죠. 하지만 지난주 저녁식사를 떠올려보라고 한다면? 무엇을 먹었는지도 가물가물하겠죠. 더 거슬러 올라가 1년 전 저녁식사를 떠올리라고 한다면? 아마 아무것도 기억하지 못하겠죠. 그런데 더 오래된 저녁식사 중에도 기억이 나는 식사가 있을 겁니다. 10년이 넘어도 떠오르는 저녁식사의 순간이 있죠. 왜 잊히지 않았을까요?

두 가지 이유가 있습니다. 하나는 그 기억을 자주 꺼냈기 때문입니다. 기억은 컴퓨터에 저장하는 파일 같은 것이 아니라 지워지기 쉬운 잉크로 적은 노트 같은 겁니다. 그래서 단순히 꺼내 보는 게 아니라 꺼내 볼 때마다 자신도 모르게 약간 덧칠을 하죠. 선명한 기억 같은데 막상 같은 장소에 가보면 기억과 다른 풍경이 펼쳐지기도 합니다. 그 장소가 바뀐 것이 아니라 그냥 기억과 다를 때도 있죠. 그래서 기억은 쉽게 왜곡됩니다. 다른 하나는 감정과 연결되어 있기 때문입니다. 감정은 기억처럼 왜곡되는 것이 아니라 꺼내 볼 때마다 더 강해집니다.

오래된 기억 속이어도 감정을 건드리는 사건이 있었다면 그 기억이 선명하게 남아 있기도 합니다. 그런데 실은 그 기억은 사실과 다르죠. 하지만 그 감정은 과거의 것과 같을 겁니다. 기억은 희미해지거나 왜곡되었는데도 감정은 여전히 그대로 남아 있는 것이죠. 정확히 무슨 일이 있었는지 명확히 기억이 나지 않아도, 미운 감정이나 좋은 감정만 남아 있기도 합니다.

예를 들면 헤어졌던 연인들이 재회해도 결국 헤어지는 경우가 많은 이유도 이와 연관이 있습니다. 헤어지고 시간이 흐르면 이별하던 순간의 기억은 점차 잊힙니다. 그 대신 상대에 대한 감정들은 강하게 남아 있죠. 사랑했던 마음, 서운했던 마음, 후회스러운 마음 등. 그래서 다시 만나면 후회하지 않고 사랑했던 마음으로 잘될 수 있을 거라 생각합니다. 하지만 이별했던 상황과 비슷한 일이 벌어지면 그제야 이별했던 이유가 기억나죠. 그렇게 또 이별을 선택할 수밖에 없게 됩니다.

거기에 더해 감정에 맞춰 기억을 재구성하는 일도 벌어질 수 있습니다. 실은 이런 경우는 흔하죠. 보통 자신만 모릅니다. 자신은 재구성한 기억이 맞다고 확신하니까요.

예를 들어 직장에서 동료들과 식사를 하다가 평소 좋아하지 않던 채소를 먹지 않고 남긴 상황이라고 해보죠. 그랬더니 한 동료가 이렇게 말했다고 가정해봅시다.

"어, 이거 남겼네."

바로 그 후에 다른 주제의 얘기들이 나와 대수롭지 않게 넘어갔습니다. 그 동료는 왜 그랬을까요? 일부러 수모를 주기 위한 목적이었을지도 모르죠. 하지만 그런 것치곤 적극적인 가해를 한 것은 아닌 것으로 보입니다. 자신도 별로 좋아하지 않는 것이라 같은 취향을 만나 반가운 마음에 한 말이었을 수도 있습니다. 아니면 흐르는 침묵이 불편해 한마디 한 것일 수도 있죠. 굳이 안 해도 될 말을 눈치 없게 한 것은 맞습니다. 하지만 그의 입장에서는 별생각이 없었을 겁니다. 그 자리에 있던 다른 사람들도 그런 말 자체를 기억에서 지울 정도로 의미를 두지 않았을 겁니다.

그런데 만약 저 말을 듣고 순간적으로 음식을 남긴 것이 공개적으로 비난받은 느낌을 받은 당사자는 저 순간 큰 스트레스를 받았을 겁니다. 이런 왜곡된 해석은 보통 경험과 관련이 있습니다. 예를 들어 음식을 남기는 것으로 인해 많이 혼났다면 저 말을 듣는 순간 혼나는 것처럼 느껴졌을 수 있습니다. 일종의 트라우마죠. "못 먹는 건 아니고 음식이 많아서 남긴 거야. 편식은 안 해."라고 말하고 싶었지만 그렇게 해명할 기회도 놓쳤습니다.

마음속에서 억울함과 분노가 치밀어 오릅니다. 분노를 풀 방법이 마땅치 않으니 점점 더 쌓입니다. 그 동료를 점점 더 미워하게 되죠. 그렇게 한 주가 흐르면 기억은 이렇게 바뀌어 갑니다.

- "아, 이거 못 먹어?" 한 주가 더 흐르면 이렇게 변합니다.
- "야, 이런 것도 못 먹어?" 그리고 또 한 주 후.
- "야, 넌 어른이 되어서 왜 이런 것도 못 먹냐? 쯧쯧."

자신의 분노가 점점 정당화되어 갑니다. 그후로는 그 동료가 무엇을 하든 나쁘게 해석할 수 있게 되죠. 감정이 이끄는 대로 기억을 변화시키고 외부 세상을 보는 관점도 왜곡시키는 겁니다. 감정이 기억을 계속 덧칠하는 거죠. 세상을 보는 관점에도 색칠을 해버려서 색안경을 끼고 보게 됩니다.

감정을 다룰 수 없는 사람은 이처럼 잘못된 기억으로 판단을 하기 때문에 현명하지 못한 결정을 자주 내리게 됩니다. 항상 후회할 일을 만들죠. 그 후회가 괴로우니 후회하지 않으려고 다른 선택지는 없었다고 생각해버립니다. 선택지가 있는 것은 두렵고, 선택하면 괴롭습니다. 기억에 괴로운 감정을 덧칠하고도 모자라 계속 꺼내 봅니다. 점점 더 기억의 그림이 선명해질수록 그 그림은 현실과는 점점 더 달라집니다. 그리고 인생의 많은 시간이 그 기억을 되살리는 데 투자되죠. 그렇게 되면 새로운 일을 겪을 때도 그 기억에 맞춰 바라봅니다. 감정으로 인해 현재를 살지 못하게 됩니다.

그러면 이런 상태에 빠졌을 때 어떻게 벗어날 수 있을까요?

이에 관해서는 나쁜 소식과 좋은 소식이 있습니다.

• 감정으로 인한 기억의 왜곡에서 벗어나기 어려운 이유 •

나쁜 소식 먼저 들려 드리자면, 벗어나는 것이 너무 힘들다는 것입니다. 왜냐하면, 스스로 그런 상태에 빠졌는지조차 모르는 경우가 대부분이기 때문이죠. 감정에 맞춰 모든 기억과 인식들이 왜곡되어 있기 때문에 스스로 무엇이 잘못되어 있는지 알기가 힘듭니다. 하던 대로 세상을 바라보면 너무 이상해 보입니다. 자신만 힘든 것 같고 불쾌한 기억이 일상을 지배하죠. 왜 세상이 자신을 이해해주지 않는지 이해할 수 없습니다. 그런데 애초에 세상은 아무도 이해하지 않습니다. 그냥 자신을 이해하면 자연스럽게 세상과 왜곡 없이 소통하게 되죠. 그런데 기억은 그렇게 할 수 있도록 쉽사리 놓아주지 않습니다.

불쾌한 기억을 잊으려고 다른 일에 몰두한다 해도 이런 문제는 해결되지 않습니다. 그건 세 가지 이유가 있습니다.

첫째, 시간이 지난다고 기억이 사라지지는 않고 불쑥불쑥 찾아옵니다. '프루스트 현상'을 겪을 수도 있죠. 기억이 사라지게 하려면 많은 시간이 지나야 하는데 계속 곱씹고 있는 이상 그 기억은 더 괴로운 형태도 남을 수도 있습니다.

둘째, 마음이 그 상처를 외면하지 않길 바라고 있기 때문입니다. 그 이유는 아주 다양합니다. 우리가 앞서 이해했던 여러 감정도 대부분 이런 면이 있죠. 혼나던 기억을 곱씹는 이유는 다시 또 그렇게 혼나지 않기 위한 목적도 있습니다. 잊으면 또 같은 것으로 혼날 수 있으니까요. 해결되지 못한 것을 해결하라는 메시지일 수도 있습니다. 마음이 어떤 의도인지는 자신에게 솔직해졌을 때 알 수 있을 겁니다. 상황과 경험에 따라 매우 다르죠.

셋째, 다른 일에 몰두하는 목적이 기억과 연관되어 있기 때문입니다. 예를 들어 불쾌한 기억이 떠오를 때마다 다른 일에 몰두하려고 기타를 쳤다고 가정해보죠. 기억이 강하게 밀려올 때마다 기타를 치고 자주 그랬을 겁니다. 강하고 잦은 자극마다 행동했네요. 어디서 본 것 같지 않나요? 바로 앵커링입니다. 이렇게 되면 기타를 칠 때마다 불쾌한 감정이 밀려올 겁니다. 아주 열심히 기타와 불쾌함, 두 가지를 연결하려고 노력한 것이나 다름없습니다. 불쾌함이 일상을 지배하는 방향으로 열심히 달린 것이죠. 물론 어떤 행동으로 바로 기분 전환이 된다면 좋습니다. 그런데 그러려면 그 행동이 이전에 좋은 감정과 연결되어 있어야 하겠죠. 기타를 치는 목적이 기타를 치고 싶은 것이나 즐겁기 때문이어야 합니다. 고통을 벗어나려는 목적으로 기타를 치면 역효과가 날 수 있습니다.

• 왜곡된 기억에 저항하기 : 기억의 원리, 자부심, 이성의 힘 •

자, 그럼 이제 좋은 소식을 들으셔야죠. 감정과 기억을 완전히 분리한다는 것까진 아니지만, 감정과 연결된 기억에 저항할 방법이 있습니다. 바로 기억의 원리와 감각을 이용하는 것입니다.

먼저 기억의 원리를 이용하는 방법부터 보죠. 기억은 자주 꺼내 볼수록 더 강해집니다. 특히 강한 감정에 빠졌던 기억은 그 감정에 맞춰 점점 다른 모습을 띠게 됩니다. 그러니 기억을 일부러 끄집어내고 되새길 필요는 없습니다.

떠오르는 기억을 다루는 것은 다음의 방법으로 가능할 것입니다. 그런데 의도적으로 자꾸 그 기억을 꺼내는 것은 나쁜 습관일 뿐입니다. 그러니 안 좋은 기억이 있다면 그 기억을 되살리는 상황을 조금이라도 멀리하는 것이 좋습니다. 완전히 멀리할 수는 없다 해도 2번 볼 것을 1번만 볼 수도 있고, 만나는 시간도 줄일 수 있겠죠. 커피 향이 불러내는 기억이 싫다면 다른 향의 음료를 마시는 것도 좋겠죠. 하지만 이런 것은 단기적으로만 효과가 있습니다.

기억이 후회와 연결되지 않도록 하려면 자부심을 이용해야 합니다. 과거에 최선을 다했고 그런 일이 있었음에도 지금 새로운 시간을 보내고 있는 자신을 칭찬해줄 수 있어야 합니다.

장기적으로는 이성의 힘을 이용해야 합니다. 기억의 원리에 따라 자신의 기억이 왜곡되었을 수 있음을 의심하고 다른 가능성을 열어둬야 하죠. 우리는 앞서 이성의 힘을 활용하는 법에 대해 잘 이해했습니다.

'정말 그 사람이 날 비난할 목적이었을까? 단지 쑥스러워서 그런 것은 아닐까?'

'혹시 그냥 추워서 경직되어 있던 것은 아닐까?'

'다른 무언가에 집중해서 날 못 보고 지나친 것은 아닐까?'

그러면 깨닫게 될 수도 있습니다. 예를 들어 상대도 하나의 인간이었고 부족했음을, 나약해서 그랬음을, 자신을 바꿀 필요는 애초에 없다는 것 등을 깨닫게 되죠. 그 과정에서 자신의 부족함과 다른 선택도 있었음을 인정하고 자신의 선택이 최선은 아닐지 몰라도 그럴 수도 있었음을, 항상 현재라는 것은 내 인생 최선의 결과임을 인정할 수 있게 됩니다.

예를 들어 부모님도 완벽한 성인이 아니었음을 알고, 그분들도 나약해서 어른의 모습을 유지하지 못한 순간이 있었음을 깨닫게 되겠죠. 그리고 부모와 자녀의 관계도 서로에게 영향을 준 상호작용의 시간이었음을 인정할 수 있게 됩니다. 기억을 마주하고 그것도 인생의 한 페이지였음을 인정하고 이성의 힘으로 새 장을 펼치는 것이 가능해집니다. 젖은 과거 장표를 그냥 덮어 책이 썩게 놔두지 않듯 자신의 목소리를 듣는 겁니다.

• 감각을 이용해 기억에 연결된 감정을 바꾸기 •

이제 감각을 이용해 기억과 연결된 감정을 변화시키는 방법을 보겠습니다.

감정은 감각을 통해 생겨납니다. 아무런 감각이 없으면 새로운 감정이 생겨나기 어렵죠. 향기를 통해 기억이 되살아나는 것은 후각이라는 감각으로 기억을 불러낸 것입니다. 감각과 기억이 연결된 것이죠. 그리고 그 기억에는 감정도 이어져 있습니다. 그래서 감각을 통해 어떤 감정을 부를 수 있습니다. 낯선 사람의 목소리에서 어릴 적 들은 부모님의 기억이 연상되면서 어떤 기억과 감정에 빠져들 수 있습니다. 그러면 감각을 변화시킬 수 있다면 기억도 다르게 느껴지지 않을까요? 감각을 통해 기억에 연결된 감정을 변화시킬 수도 있지 않을까요?

실은 여러분은 이미 해봤습니다. 앞의 27장(230~235쪽)에서 감각에 대해 배우며 미래의 일을 경험해보는 연습을 했죠. 이제 과거의 경험을 바꿔서 해보는 겁니다. 여기에는 세 가지 방법이 있습니다.

첫 번째는 인칭을 바꾸는 겁니다. 우리가 실제로 경험한 것은 1인칭입니다. 자신의 눈으로 세상을 보기 때문에 자기 자신을 보지는 못합니다. 그럼 먼저 자꾸 떠오르는 기억의 과거로 돌아가보세요. 기억은 1인칭으로 이루어져 있을 겁니다. 상대가 있고 배경이 있겠죠. 감각을 이용해 보고, 듣고, 느껴보세요. (만약 힘들 정도로 생생하다면 건너뛰세요.)

이제 그것을 3인칭으로 바꿔보는 겁니다. 제3자의 입장에서 여러분을 바라보는 겁니다. 어떤 상황이 벌어지는지 한 걸음 떨어져서 보는 겁니다. 극장에 앉아서 여러분의 기억이 상영되는 것을 보는 상상으로 바꾸어도 됩니다. 컴퓨터 화면의 영상에 여러분의 경험이 보이는 것을 상상해도 됩니다. 3인칭으로 그 경험을 보고 듣고 느껴보세요. 극장을 상상했다면 천장의 극장 조명이나 비상구 좌석 옆 바닥에 약한 불빛 등을 하나하나 떠올려보세요. 컴퓨터 화면을 생각했다면 모니터와 모니터의 전원 스위치, 키보드, 마우스, 그것들이 올려진 책상까지 상상해보세요. 컴퓨터 돌아가는 소리, 방안의 조명까지도 떠올려보세요.

이처럼 인칭을 변화시켜 기억을 돌아보면 그 기억이 주는 불쾌감이 줄어드는 것을 느낄 수 있습니다. 제3자는 그 경험에 굳이 감정을 떠올리지 않습니다. 떠올릴 감정도 없죠. 그래서 이런 연습이 성공하면 기억과 감정의 연결이 약해지기 시작합니다.

두 번째는 감각을 바꿔보는 겁니다. 먼저 첫 번째의 관점을 바꾼 상태에서 해도 좋습니다. 과거 기억의 경험을 떠올려보고 듣고 느껴봅니다. 이때 보이는 것을 바꾸는 시도를 해볼 수 있습니다. 확 밝게 해본다거나 어둡게 해볼 수 있죠. 컬러를 흑백으로 바꿀 수도 있습니다. 화질을 떨어뜨려 볼 수도 있죠. 들리는 것을 바꾸는 시도를 해볼 수 있습니다. 볼륨을 조절해 아주 작은 소리로 만들 수 있습니다. 음소거를 해볼 수도 있죠. 여러 가지 시도를 해보고 가장 효과가 좋은 것을 택해보세요. 보통은 자신의 발달한 감각을 바꿔보는 것이 가장 효과적입니다.

세 번째는 콘셉트를 바꿔보는 겁니다. 화면 속 영상의 콘셉트를 바꿔보는 겁니다. 만화 같은 필터를 넣어서 애니메이션으로 만들어볼 수도 있죠. 공개 코미디 프로의 한 장면처럼 바꿔볼 수도 있겠죠. 헬륨을 먹은 목소리나 외계인의 언어로 대화하는 소리로 바꿔볼 수도 있습니다. 등장인물들을 영화나 만화 속 캐릭터로 바꿔볼 수도 있습니다. 이처럼 생각으로 다시 경험하는 것에 익숙해지면 때로는 즐거운 일이 됩니다. 선명하게 경험하면 진짜 경험 이상의 효과가 있죠.

그런데 이 방법들은 많은 연습이 필요합니다. 한 번에 완벽하게 효과를 보긴 힘듭니다. 그래도 분명 기억에 붙은 감정의 연결고리가 약해지는 것을 느낄 수 있을 겁니다. 다만 이처럼 감각을 활용하는 방법은, 너무 고통스러운 기억일 때는 좀 더 시간을 두고 시도하는 것이 좋을 수도 있습니다. 중간중간 힘든 순간이 찾아오면 앵커링으로 평온한 상태를 만들고 휴식을 취하며 반복해야 합니다. 기억에 대한 감각을 바꾸기 위해서는 반복이 필요합니다. 반복하다 보면 어느 시점부터는 고통은 줄어들고 편안하게 느껴지게 됩니다.

• 과거를 마주하고 과거의 나를 용서하기 •

과거의 기억에 사로잡혀 있다면 인생을 돌아보는 시간을 가져야 합니다. 그렇게 과거와 마주하고 과거를 이해하고 용서해야겠죠. 여기서 첫 번째 용서의 대상은 '과거의 나 자신'입니다. 지금 나를 만든 과거의 자신이죠. 후회를 남기고 고통을 남긴 과거의 자신입니다. 완벽하지 않았고 그래서 다른 선택지를 보지 못하거나 선택하지 못한 자신을 용서해야 하죠. 그럼에도 지금의 자신을 위해 살아준 과거의 자신에게 애썼다고 칭찬해주고 감사해주세요. 그리고 주변의 사람들에 대해서도 한 명씩 떠올리며 용서할 수 있는 이들은 똑같이 용서하고 감사해주세요. 가족과의 기억부터 떠올릴 수도 있겠죠.

물론 경쟁이라면 이겨야 하는 순간도 있고, 필요할 때는 끝까지 복수해야 마땅할 때도 있습니다. 현재의 모든 주변 사람들을 다 용서할 필요는 없습니다. 여기서 말하는 용서는 과거 기억과 연관되어 감정을 소모시키는 일들에 대한 것들입니다. 선택할 수 없는 것들입니다. 그런 것들이 왜곡된 기억으로 남아 선택할 수 있었다는 착각을 남기기도 하고, 최선이었음에도 불구하고 최악을 선택했다고 착각하게 만들기도 합니다. 선택은 이제부터 할 수 있는 것에 집중하면 됩니다. 지난 선택에 집중하면 지금의 선택을 또 놓치게 될 테니까요.

"이제 당신은, 자신의 마음을 설계할 수 있는 사람입니다."

지금까지 당신은 내면을 들여다보고,

어지러운 감정을 정리하고,

그것들을 극복해야 하는지 배웠습니다.

이제부터는 마음 정리를 위해 중요한 과정,

스스로 질문하고 답하며

마음의 구조를 다시 짜기 위해 실습할 차례입니다.

"삶은 결국 마음이 걷는 방향이다.

직접 마주할 때 마음이 정리되고, 마음이 정리가 되면

삶은 스스로 길을 찾아간다."

세상은 여전히 복잡하고, 관계는 여전히 어렵고,

때로는 또다시 흔들릴 수 있습니다.

하지만 이제 당신은 흔들리더라도

다시 돌아올 내면의 중심을 갖게 될 것입니다.

이것이 이 책을 통해 당신에게 주고 싶었던 선물입니다.

EXERCISE
마음 정리를 위한 실습

●●● 1. 감정 이해하기 실습 ●●●

그럼, 첫 번째 실습으로 관찰하는 것으로 과제를 드려볼게요.

스마트폰처럼 촬영할 수 있는 기기가 있으면 좋습니다. 자신을 촬영해서 관찰해보면 평소 몰랐던 많은 것들을 알게 되죠. 다른 사람과 함께 해보는 것도 타인을 이해하고 자신을 다른 시각으로 보는 데 도움이 됩니다. 관찰 결과는 꼭 말로 표현하거나 글로 써야 합니다. 생각만 하는 것과 언어화하는 것은 완전히 다릅니다. 만약 혼자서 말로 표현할 것이라면 그것도 촬영해보는 것이 여러모로 훈련이 됩니다.

자, 그럼 시작해볼까요.

① 정면에 스마트폰을 셀카모드로 해서 촬영하도록 설치합니다. 촬영 중 직접 볼 수도 있고 녹화본으로 분석할 수도 있습니다.

② 녹화를 누른 후 익숙한 장소를 한 곳 떠올려봅니다. 그곳에서 보았던 것, 들었던 것, 느꼈던 것들을 하나씩 떠올리며 더 선명하게 그려봅니다. 만약 자신의 모습이 보여 집중력이 떨어지는 것 같으면 셀카모드로 찍지 않아도 좋습니다. 촬영할 때는 생각하는 데 더 집중해야 합니다. 1분 정도 생각한 후 끕니다.

③ 녹화를 누른 후 낯선 장소를 한 곳 떠올려봅니다. 보이는 것, 들리는 것, 느낄 수 있을 것 같은 것 등을 하나씩 상상하며 선명하게 그려봅니다. 1분 정도 생각한 후 녹화를 종료합니다.

④ 이후 익숙한 사람, 낯선 사람, 좋아하는 음식, 먹어보지 않은 음식 등을 하나씩 떠올리며 1분씩 촬영해봅니다.

⑤ 최소 6개 이상의 영상을 컴퓨터 등에 옮겨둡니다.

⑥ 영상들을 모아서 재생합니다. 랜덤재생, 반복재생을 클릭해 불규칙적으로 영상이 재생되도록 만듭니다.

⑦ 전체화면으로 영상을 보면서 어떤 생각을 하고 찍은 영상인지 맞춰봅니다.

이때 자세, 동작, 표정, 눈동자, 손, 호흡 등을 하나씩 살피면서 단서를 찾아

보세요.

⑧ 여러 번 보면서 처음에는 놓쳤던 것들을 확인해보세요.

〈번호별로 표 예시〉

순번	예상	이유	실제

전체 과제를 한 후 느낀 점 :

....

....

....

....

....

....

자, 그럼 이제 내면의 우울함에 저항하는 방법을 익혀봅시다.

먼저, 좀 불편할 수 있겠지만 예방주사를 맞거나 훈련한다는 생각으로 최근에 우울했던 순간으로 같이 가볼게요.

- 최근에 우울한 느낌이 들었던 것이 언제였나요?
- 그때는 어떤 상황이었나요?
- 그런 느낌이 들게 된 계기가 있었나요?
- 어떤 사람과 연관이 되어 있는 것인가요?

어쩌면 평소에도 문득문득 드는 생각이 있을지도 모르지요. 어떤 순간이든 좋습니다. 언제, 어떤 상황이었는지 한번 떠올려보세요.

....

....

....

(만약 도저히 떠오르지 않으면 자신에 대한 부정적인 생각을 적어보세요. 반대로 너무 고통스럽다면 일상적인 생각을 적어도 됩니다. 방법을 배우는 것이니 너무 무리하진 마세요.)

아마 많은 분들이 비교적 쉽게 상황을 떠올렸을 것입니다. 대부분 부정적인 감정을 떠올리는 데 더 익숙하기 때문이죠. 누구에게나 우울한 순간은 찾아옵니다. 다행히도 우리가 함께 겪고 있는 일이죠.

그럼 이제 그 우울했던 순간, 마음속에 떠오른 메시지를 적어보세요. 누군가에게 보여줄 목적이 아니니 최대한 솔직하고 깊은 내면의 소리를 찾아보세요.

어떤 생각이 떠올랐는지, 자신의 우울함은 무슨 생각에서 출발했었는지 찾아보세요. 이 메시지를 찾는 것은 조금 어려울 수도 있습니다. 머릿속에 떠오른 말을 생각으로 찾기보다 그 상황을 다시 겪어본다고 생각하면 더 자연스럽게 메시지가 떠오를 수 있습니다. 물론 그만큼 힘들겠지만요.

적으려다가 혹은 적는 와중에 이미 그것이 말도 안 된다는 것을 깨닫게 될지도 모릅니다. 자신의 우울함이 논리적이지 않은 생각에서 비롯되었다는 것을 순간적으로 느낄 수도 있습니다. 그래도 떠오른 것을 끝까지 적어보세요. 제자리에 멈춰 있는 것과 갔다가 돌아온 것은 위치가 같더라도 완전히 다른 경험입니다. 아무것도 안 쓰고 깨닫는 것과 써서 확인하고 깨닫는 것도 완전히 다릅니다.

논리적이지 않은 생각이 떠올랐는데 논리적인 이유로 바꾸거나 그럴듯한 다른 이유를 만들어서 적어서도 안 됩니다. 그냥 원래 머릿속에 떠올랐던 생각을 최대한 적어보세요. 물론 지금은 훈련 상황이라 당장 우울하지 않다 보니 정확한 생각이나 이유가 떠오르지 않을 수 있습니다. 기억은 원래 왜곡되기 마련이라 사실과 거리가 있을지도 모르죠. 그래도 포장된 이유를 적지 않으려고 애써야 합니다.

....

....

....

메시지를 다 적었으면 이제 그 생각의 근거나 이유와 결과를 구분해보세요. 떠오른 생각의 종류에 따라 구분하기가 힘들 수도 있습니다. 하지만 이후에 우울한 순간이 찾아왔을 때 제대로 할 수 있어야 하니 꼭 최대한 노력해보세요. 만약 어떻게 근거를 만들어야 할지 도저히 떠오르지 않으면 PART 3, 22장의 '논리력 편'을 다시 읽어본 난 후 시도해보면 더 쉽게 할 수 있을 겁니다.

예를 들면 다음과 같은 메시지가 떠올랐을 수 있겠죠.

'내가 건망증이 심해서 사람들이 날 무시해.'

그러면 결과는 사람들이 날 무시한다는 것이고, 근거는 건망증이 심한 것이 되겠죠. 만약 사람들이 날 무시한다는 생각만 떠올랐을 때에는 그 근거를 찾아보세요. 여러 가지 근거를 찾아도 좋습니다. 다 적어두세요.

....

....

....

그럼 한 가지만 더 떠올려볼 수 있을까요? 좀 더 과거로 거슬러 올라가보죠. 지금 적은 그 메시지와 비슷한 생각이 자신을 괴롭혔던 순간을 떠올려보세요. 최대한 과거로 거슬러 올라가보세요. 언제인지, 누가 있는지 살펴보세요. 그 당시를 살펴보면서 혹시 마음속에 새로운 메시지가 떠오르지 않나 확인해보세요. 단번에 떠오를 수는 없겠지만 천천히 상황을 더듬어보면 무언가 추가적인 메시지를 찾을 수도 있을 겁니다.

....

....

....

지금 적은 것들을, 우울함의 파도가 지나가고 감정을 다시 다스릴 수 있게 되었을 때, 즉, 논리력이 다시 충전되었을 때 다시 보고 비판적으로 판단해볼 겁니다. 언제라도 우울함의 메시지가 더 떠오른다면 이후에 그것을 파헤쳐보기 전까지 얼마든지 더 적어도 좋습니다.

　고생하셨습니다. 힘든 시간이었을 수도 있겠지만 잘해낸 당신이 자랑스럽군요. 우울함에 완전히 저항하려면 논리력과 이성의 힘을 이용해야 합니다. 여러분은 PART 3, 22장 '논리력 편'에서 그런 기술을 완전히 터득할 수 있습니다. 일단은 감정들에 대해 배우면서 차근차근 나가봅시다.

이번 과제로는 몸을 이완하고 편안하게 만드는 것을 해보려 합니다.

지금부터 적극적으로 그 방법을 배우고 이후로 필요할 때 언제든 써보세요. 자주 사용할수록 더 큰 도움이 될 것입니다.

하단의 QR코드 속 영상을 보고 따라해주세요.

●●● 4. 외로움 극복하기 실습 ●●●

오늘은 좀 특별한 과제를 내드릴까 합니다. 바로 요리입니다. 원래 요리에 자신이 있다면 해보지 않았던 요리에 도전해보는 것도 좋겠죠. 아주 간단하게 계란프라이 하나라도 좋습니다. 평소 해보지 않았던 스타일로 들기름과 간장으로 간을 한 계란프라이도 시도해볼 수 있겠죠. 어떤 것이든 좋습니다. 다만 꼭 정성을 들이고 요리를 맛볼 사람이 행복하길 바라면서 집중해주세요.

아래에 무엇을 할지 찾아서 적어보세요. 그리고 먹을 당신이 어떤 마음이면 좋을지 적어보세요.

그리고 먹고 나서 감사한 마음을 적어보세요.

....

....

....

....

....

....

....

....

....

....

....

〈나의 기쁨에 대해 알기〉

자, 그럼 이제 같이 해보죠.

여러분은 어떤 일들에 기뻐했나요? 아래 표에 적어보세요. 먼저 ①번 항목을 세로로 다 쓴 후 다시 그것을 보면서 ②번 항목을 채우는 순서로 해야 합니다. 그래야 더 객관적으로 생각해볼 수 있어요. 그리고 최소한 10개 이상 떠올려 써보세요.

① 먼저 자신이 기뻐했던 일들에 대해 쭉 써보세요. 무엇에 기뻐하는지 써보세요. 최대한 많이 떠오르는 대로 다 적어보세요.

② 그리고 그 기쁨들은 각각 어떤 목표가 있었던 것인지 한번 생각해보고 각 상황별로 적어보세요.

③ 다 적었다면 적는 과정에서 그리고 적은 것을 다시 읽어보면서 느낀 점을 적어보세요. 혹시 각각 기쁨을 더 크게 만들 수 있는 방법이 떠올랐다면 함께 적어보세요.

① 언제 기뻤나요? (기뻤던 상황)	② 왜 기뻤을까요? (기쁨과 관련된 목표)

④ 표를 다 작성했다면 그 밑에 느낀 점을 적어두세요.

....

....

....

....

〈나의 목표 정리해보기〉

두 번째 과제입니다. 여러분이 가진 목표들을 정리하고 분석해보겠습니다. 감정을 객관적으로 보는 데 도움이 될 겁니다.

먼저 앞의 표에서 한 가지 상황을 선택해 적어보세요. 그후에 다음의 6가지 항목을 순서대로 채워보세요. 모든 항목을 채우기 힘들더라도 최대한 고민하고 채우려고 애써보세요.

① 중요성 : 그 목표가 자신에게 주는 의미가 무엇인지 적어보세요. 그리고 목표
가 이뤄진 이후 모습은 어떤지 생각해보세요.

② 실현 가능성 : 타인과 비교 혹은 타인에 의해 이뤄지는 것은 아닌지 확인해보
고 실현 가능한 것인지 생각해 적어보세요.

③ 예상 노력 : 무엇을 해야 하는지, 어느 정도 노력을 해야 하는지 생각하고 적
어보세요.

④ 실현 기간 : 그 목표를 이루기 위해 어느 정도 시간이 걸릴지 적어보세요. 기
간이 너무 길다면 목표를 쪼개야 합니다.

⑤ 목표 나누기 : 단계별로 목표를 쪼갤 수 있는지, 있다면 당장 할 것은 무엇인
지 적어보세요.

⑥ 우연한 획득 가능성 : 우연하게 이뤄지는 일인지, 우연과는 관계가 없는 일인
지 생각해보세요. 우연성을 높이는 방법이 있는지 떠올려 적어보세요

• 기쁨이 된 목표 :

① 중요성 : ....

② 실현 가능성 : ....

③ 예상 노력 : ....

....

....

④ 실현 기간 : ....

⑤ 목표 나누기 : ....

....

....

⑥ 우연한 정도 : ....

• 기쁨이 된 목표 :

　① 중요성 : ....

　② 실현 가능성 : ....

　③ 예상 노력 : ....

　..

　..

　④ 실현 기간 : ....

　⑤ 목표 나누기 : ....

　..

　..

　⑥ 우연한 정도 : ....

　..

• 기쁨이 된 목표 :

　① 중요성 : ....

　② 실현 가능성 : ....

　③ 예상 노력 : ....

　..

　..

　④ 실현 기간 : ....

⑤ 목표 나누기 : ....

....

....

⑥ 우연한 정도 : ....

　잘하셨습니다. 정말 수고하셨어요. 기쁨을 더 크게 만드는 세 가지 방법 기억
하시죠? 중요성과 자신의 노력, 그리고 도전입니다.
　도전하는 여러분을 응원합니다!

●●● 6. 분노를 이해하고 다스리기 실습 ●●●

〈나의 분노에 대해 알기〉

그럼 이번에는 분노 이해하기 실습도 같이 해보죠.

여러분은 어떤 일들에 분노했나요? 다음 아래 표에 적어보세요. 먼저 ①번 항목을 세로로 다 쓴 후 다시 그것을 보면서 ②번 항목을 채우는 순서로 해야 합니다. 그래야 더 객관적으로 생각해볼 수 있어요. 그리고 최소한 10개 이상 떠올려 써보세요.

① 먼저 자신이 분노했던 일들에 대해 쭉 써보세요. 무엇에 분노하는지 써보세요. 최대한 많이 떠오르는 대로 다 적어보세요.

② 그리고 그 분노들은 각각 어떤 목표가 있었던 것인지 한번 생각해보고 각 상황별로 적어보세요.

③ 다 적었다면 적은 것을 다시 읽어보면서 느낀 점을 적어보세요. 혹시 각각 분노를 다스릴 방법이 떠올랐다면 함께 적어보세요.

① 언제 분노했나요? (분노했던 상황)	② 왜 분노했을까요? (분노와 관련된 목표)

④ 이를 통해 느낀 점은 무엇인가요? 그리고 어떻게 분노를 다스릴 수 있을까요?

....

....

....

....

....

〈분노 다스려보기〉

위의 표를 토대로 가장 아쉬움이 남는 분노 3가지를 뽑아 분석해보겠습니다. 아래를 하나씩 채워보세요.

먼저 어떤 상황인지 간략하게 제목을 적어봅니다.

① 분노한 순간으로 돌아가 생각해봅니다. 왜 분노했는지 떠올려 적어봅니다. 그

당시의 기분을 떠올려 이해해보세요. 당시 자신이 했던 말이나 머릿속 메시지를 떠올려보면 됩니다.

② 당시 분노의 대상이 누구였는지, 무엇이었는지 적어보세요. 여기까지 적은 후 잠시 기분전환을 해보세요.

③ 지금 시점에서 볼 때 그 분노가 생긴 진짜 목표가 뭐였을지 적어봅니다. 당시의 목표와 같을 수도 있습니다. 하지만 최대한 객관적으로 생각하고 적어보세요.

④ 진짜 목표에 맞는 대상은 누구인지 적어보세요. 혹시 분노한 대상 이외에 다른 대상이 더 있지는 않은지 생각해봐도 됩니다.

⑤ 자신의 목표가 그 대상으로부터 방해받더라도 목표를 이룰 수 있는 다른 대안은 없는지 생각해보세요. 혹시 그 대상에게 방해받은 대신 다른 것을 얻을 기회는 없었는지도 떠올려보세요. 가능한 대안은 다 적어보세요.

⑥ 좋은 대안들을 이루려면 어떻게 해야 하는지 필요한 절차가 있나 떠올려보세요. 혹시 필요하다면 계획을 세워봐도 좋습니다.

⑦ 대안을 선택했다면 어떤 상황이 되었을지 예측해보세요.

• 분노의 상황 : ....

	분노한 순간의 생각	이성적인 고민의 생각
목표	①	③
대상	②	④
대안	⑤	
전략	⑥	
예측	⑦	

• 분노의 상황 : ....

	분노한 순간의 생각	이성적인 고민의 생각
목표	①	③
대상	②	④
대안	⑤	
전략	⑥	
예측	⑦	

• 분노의 상황 : ....

	분노한 순간의 생각	이성적인 고민의 생각
목표	①	③
대상	②	④
대안	⑤	
전략	⑥	
예측	⑦	

●●● 7. 사랑 이해하기 실습 ●●●

    이번에는 관점에 대한 실습을 해보겠습니다. 먼저 깊은 관계가 있고 긍정적인 감정과 부정적인 감정이 섞인 한 인물을 떠올려보세요. 사랑하지만 이해할 수 없는 부분이 있던 이성을 떠올려도 좋고 가족을 떠올려도 좋습니다. 직장 동료나 선생님이나 친구 등을 떠올릴 수도 있겠죠.

    누구인지 어떤 관계의 사람인지 적어보세요.

....

    그럼 이제 그 대상을 한번 묘사해보세요. 평소 그 사람의 모습들을 묘사하지 말고 가장 인상 깊은 날의 기억을 떠올려 짧은 영상을 찍었다고 가정하고 그것을 묘사해주세요. 그 사람의 표정과 의상, 말투와 태도 등 떠오르는 것을 모두 적어주세요.

....
....
....
....

    그 대상이 자신에게 어떤 의미가 있고 어떤 부분이 부정적으로 느껴지는지 적어보세요.

....
....
....

잘하셨습니다. 적은 내용을 한번 읽어보고 잠시 머리를 식혀주세요. 잠깐 스트레칭을 하거나 차를 한잔 마시고 오는 것도 좋습니다.

그럼 이제 여러분이 저 위의 대상이 되는 겁니다. 그리고 그의 시선으로 여러분 자신을 묘사해보는 겁니다. 최대한 그 사람이 되어 생각해보세요. 저 위에 묘사한 옷을 입고 그 외모가 되었다 상상하며 여러분을 묘사해보세요. 평소 여러분의 모습들을 묘사하지 말고 그 사람이 느끼기에 가장 인상 깊은 날의 기억을 떠올려 짧은 영상을 찍었다고 가정하고 그것을 묘사해주세요. 그 사람이 보는 여러분의 표정과 의상, 말투와 태도 등 떠오르는 것을 모두 적어주세요.

....

....

....

....

그 대상 입장에서 여러분이 자신에게 어떤 의미가 있고 어떤 부분이 부정적으로 느껴지는지 적어보세요.

....

....

....

....

어땠나요? 타인의 시선으로 자신을 묘사하는 것이 쉽지 않지요? 그래도 좋은 경험이 되었으리라 생각합니다. 그리고 관점이 넓어질수록 사랑이라는 감정으로 인해 고통받는 일도 줄어들 수 있습니다.

자, 그럼 이번에는 막연히 생각했던 것을 숫자로 만드는 기술을 하나 배워볼까 합니다. 마음에 관련된 것은 원래 숫자로 되어 있지 않다 보니 만약 숫자로 만들 수 있다면 이성의 힘을 활용하는 데 큰 도움이 되죠.

지금 하려는 것은 AHP라고 하는 기법의 일부입니다. 숫자가 아닌 것을 숫자화하는 데 유용하게 사용되는 기법으로, 경영이나 사회과학 분야에서도 널리 쓰이고 있습니다. 전혀 어렵지 않으니 걱정하지 않으셔도 됩니다. 간단히 하나씩 비교해서 화살표만 써넣으면 됩니다. 이제 이 기법을 이용해 단순히 나열된 것에 우선순위를 매겨보겠습니다.

먼저 예시로 배워야겠죠. 중국요리를 먹는다고 생각해보죠. 여러분은 짜장면, 짬뽕, 볶음밥 중에 무엇이 제일 좋나요? 먼저 비교할 것들이 어떤 것들인지 정해야겠죠. 아래와 같이 세 가지를 적습니다.

① 짜장면
② 짬뽕
③ 볶음밥

그리고 이것을 아래와 같이 표에 적어둡니다.

	① 짜장면	② 짬뽕	③ 볶음밥	⇧의 합계
① 짜장면	X			
② 짬뽕		X		
③ 볶음밥			X	

모두 2번씩 적어야 하죠.

이제 각 칸별로 두 개씩 비교해야 합니다. X 표시가 있는 것은 같은 것끼리 비교이니 할 필요가 없겠죠.

예를 들어 ① 짜장면과 ② 짬뽕을 비교해서 ① 짜장면이 더 좋다면 다음처럼 적으면 됩니다. 세로축에 더 좋은 ① 짜장면이 있을 때는 ⇧, 가로축에 더 좋은 ① 짜장면이 있을 때는 ⇩ 이 되겠지요.

	① 짜장면	② 짬뽕
① 짜장면	X	⇧
② 짬뽕	⇩	X

한 개씩 비교한 후 ⇧과 ⇩ 표시를 합니다. 그리고 합계에는 가로의 ⇧ 개수를 더하면 됩니다. 전체 표를 작성해보니 다음과 같은 결과가 나왔습니다.

	① 짜장면	② 짬뽕	③ 볶음밥	⇧의 합계
① 짜장면	X	⇧	⇧	2
② 짬뽕	⇩	X	⇩	0
③ 볶음밥	⇩	⇧	X	1

⇧의 합계를 세보니 짜장면 2개, 볶음밥 1개, 짬뽕 0개가 나왔네요. 그러면 좋아하는 음식의 순위는 짜장면, 볶음밥, 짬뽕 순임을 알 수 있게 됩니다. 원래 막연했던 것이 좀 더 명확해지는 느낌이 들지요?

이번에는 사랑과 질투를 주제로 예시를 만들어보겠습니다.

여러분은 어떤 사람을 사랑하게 되나요? 아무런 조건을 따지지 않는다고 해도 모든 사람을 사랑할 수는 없겠죠. 상대가 물건이라면 여러 개를 사도 되지만 상대는 사람이고 우리의 시간은 무한하지 않습니다. 더구나 물건도 모든 물건을 살 수는 없죠. 분명 선택해야 하는 순간이 옵니다. 아무나 먼저 고백해주는 사람일까요? 그러면 선착순인 건가요? 아니면 고백을 받아줄 것 같은 사람? 아니면 아무나 가장 가까운 곳에 있는 사람일까요?

그냥 마음이 맞는 사람? 그렇다면 어떤 것이 마음이 맞는 것인가요? 말을 잘 들어주는 것? 좋아하는 것이나 싫어하는 것이 같은 것? 정치나 종교 등의 성향이 같은 것? 취향은 달라도 자신을 이해해주는 것? 마음이 맞는다는 말을 해석할 수 있는 여지는 너무 많네요.

상대가 오히려 가진 것이 없을 때 사랑하게 될 수도 있습니다. 내가 채워줄 수 있는 부분이 조건이 될 수도 있죠. 말을 잘 못 해도 진실한 것이 될 수도 있고, 숨소리나 목소리, 향기 등도 이유가 될 수 있을 겁니다.

- 나만을 사랑해주는 마음이 있는 것?
- 평범한 생활방식을 가지고 있는 것?
- 사랑을 많이 받고 성장한 사람인 것?
- 나를 이해해줄 수 있는 사람인 것?
- 가장 먼저 나에게 고백해준 사람인 것?
- 외모, 경제력, 지적 능력 등등 여러 가지 스펙이 뛰어난 것?
- 운명 같은 느낌을 줄 수 있는 것? 그러면 언제 어떤 부분이 운명처럼 느껴지는지?
- 이런 것들도 아니라면 그냥 성별이 나와 다른 것?

마음속에 수없이 많은 기준이 있을 겁니다.
한번 예시를 볼까요?

① 나만 사랑해주는 마음

② 꾸준히 운동하는 습관을 가진 것

③ 나에게 솔직하게 조언해주는 것

④ 나이 차이가 너무 많이 나지 않는 것

⑤ 안정된 직장을 가진 것

이렇게 5가지로 정리해봤습니다.

이제 아래 표에 세로축과 가로축에 요약해서 적어야겠죠. 그리고 한 개씩 비교해볼 겁니다. 비교를 두 번씩 하게 되니 모순이 없게 잘 생각해야겠죠. 마지막으로 합계를 구하면 됩니다.

	① 마음	② 운동	③ 조언	④ 나이	⑤ 직장	⇧의 합계
① 마음	X	⇧	⇧	⇧	⇧	4
② 운동	⇩	X	⇩	⇧	⇧	2
③ 조언	⇩	⇧	X	⇧	⇧	3
④ 나이	⇩	⇩	⇩	X	⇩	0
⑤ 직장	⇩	⇩	⇩	⇧	X	1

자, 그럼 어떤 결과가 나왔죠? 다음과 같은 순위로 나왔습니다.

① 나만 사랑해주는 마음

③ 나에게 솔직하게 조언해주는 것

② 꾸준히 운동하는 습관을 가진 것

⑤ 안정된 직장을 가진 것

④ 나이 차이가 너무 많이 나지 않는 것

여기까지는 예시일 뿐이었습니다. 이제 여러분께 질문을 드려보죠.

여러분은 어떤 사람을 사랑하게 되나요?

자신이 선택하고 결정한 이유가 있을 겁니다. 한번 지난 순간을 떠올려보세요. 무엇 때문에 사랑이 시작되었는지, 아니면 반대로 질투했던 순간을 떠올려봐도 좋습니다. 누구를 질투했는지, 누구 때문에 질투했는지 떠올려보세요. 어떤 것들이 있는지 한번 생각해보세요.

이제 그중에 가장 중요하게 생각하는 것 5개를 추려 적어보세요.

①
②
③
④
⑤

	①	②	③	④	⑤	⇧의 합계
①	X					
②		X				
③			X			
④				X		
⑤					X	

수고하셨습니다. 새로운 것을 해보시면서 흥미로우셨길 바랍니다.

물론 마음은 복잡합니다. 하나의 조건으로 결정되지는 않죠. 더구나 이런 조건들은 계속 변합니다. 좋은 사람을 만나 새로운 조건을 배우기도 하고, 안 맞는 사람을 만나 원래 조건을 버리게 되기도 하죠. 살면서 계속 수정해나가게 될 겁니다. 어느 한 조건이 부족해도 다른 부분이 크게 좋다고 느끼게 되기도 하고요.

그러니 오늘 적은 사랑의 조건표에 너무 과한 의미를 부여하지는 않는 것이 좋습니다. 다만 이성적으로 마음을 바라보고 자기 마음의 이유를 찾아보는 것은 좋은 훈련이 되었을 겁니다.

●●● 9. 시기심 이해하기 실습 ●●●

자, 그럼 시기심 이해하기 실습도 해보죠.

여러분이 부러워하는 사람이 있나요? 아니면 닮고 싶은 사람이 있나요? 있다면 누구인지 적어보세요. 닮고 싶지 않더라도 좋은 것을 가진 사람이 있나요? 능력이든 물질적인 것이든 무엇이든 좋습니다.

....

그 사람의 어떤 부분이 부러운가요?

....

....

....

이제 그 사람에게 어떤 칭찬을 할지 적어보세요.

....

....

....

방금 적은 칭찬을 찬찬히 보면서 비꼬거나 자기비하가 들어 있지 않는지 생각해보세요. 괜찮다면 다음으로 넘어가보죠.

이제 지금 적은 것을 더 많은 사람으로 확장해보겠습니다.

앞에서 한 것과 동일하게 누구인지, 무엇이 부러운지, 칭찬의 메시지를 적어보겠습니다.

누구인가요? (이름, 관계, 설명)	무엇이 부러운가요?
	①
- 칭찬 :	
	②
- 칭찬 :	
	③
- 칭찬 :	
	④
- 칭찬 :	
	⑤
- 칭찬 :	

잘했습니다. 필요하면 더 적어도 좋습니다. 이제 여러분이 적은 부러운 항목들을 보면서 바꿀 수 없는 것들은 제외하고 여러분에게 진짜 필요하다고 생각되는 것 5가지를 골라보세요.

예를 들어 바꿀 수 없는 것들 중에는 부모님에 관련된 것이나 키와 같이 타고난 것들이 있습니다. 반면 부모님과의 관계나 체형과 같은 것은 노력에 따라 조금이라도 바꾸는 것이 가능하죠. 그러니 신중하게 생각해보세요.

자, 5가지는 무엇인가요?

①

②

③

④

⑤

그러면 이제 앞에서 했던 것을 토대로 여러분이 무엇을 바라고 있는지 우선순위를 매겨보세요.

	①	②	③	④	⑤	⇧의 합계
①	X					
②		X				
③			X			
④				X		
⑤					X	

잘했습니다. 오늘 한 것은 목표가 될 수도 있고 아닐 수도 있습니다. 불필요한 시기심을 없애고 전략적인 생각을 하는 데 도움이 되었길 바랍니다. 선택은 항상 여러분의 몫입니다.

그리고 여기의 5가지 항목 외에 여러분이 이미 가진 좋은 것을 확장하는 것이 더욱 중요하고 우선하는 일임을 잊지 마세요. 이미 여러분은 많은 것을 가진 사람이니까요.

●●● 10. 내 감정 알아채기 실습 ●●●

지금부터 하는 실습은 1. 감정 이해하기 실습(264 ~ 265쪽)에서 했던 실습의 심화 버전이라고 할 수 있을 것 같군요.

여러분은 자신의 감정과 표현에 대해 얼마나 잘 알고 있나요?

일부 사람들은 자신의 얼굴을 보지 않고 얼굴을 바로 떠올리는 것을 힘들어합니다. 그리고 그보다 더 많은 이들은 자신의 표정을 떠올리지 못하죠. 아예 자기 표정을 모르는 경우도 많습니다. 거울로 보는 것은 거울을 보는 표정일 뿐이죠. 진짜 감정과 연결된 표정은 다른 사람만 보았을 수도 있죠. 이제 자기 표정을 확인하는 훈련을 해보겠습니다.

먼저 미소입니다.

1단계 : 미소 확인하기

① 먼저 스마트폰을 꺼내 셀카모드로 거울을 보듯 자기 얼굴을 보면서 촬영을 준비하세요.

② 녹화 버튼을 누르고 무표정 상태로 만들어보세요.

③ 5초 정도 유지한 뒤 '미소, 0'이라고 말하고 녹화를 끄세요.

④ 무표정 상태와 구분되지 않은 정도로 알아차리기 어려운 미소를 짓고 녹화해보세요.

⑤ 5초 정도 유지한 뒤 '미소, 1'이라고 말하고 녹화를 끄세요.

⑥ 같은 방법으로 1부터 5까지 만들어봅니다.

⑦ 10을 시도해봅니다. (10은 어려워야 맞는 겁니다.)

⑧ 녹화한 영상을 컴퓨터 등에 옮기고 제목을 붙여넣습니다. (미소, 1 …… 이런 식으로요.)

⑨ 무작위로 영상이 뜨도록 랜덤재생을 해봅니다.

⑩ 영상을 보면서 몇 점인지 맞혀보세요.

미소를 확인하는 것으로 연습이 익숙해졌으면 이제 다른 감정으로 넘어가보세요.

2단계 : 감정의 표정 확인하기

① 먼저 스마트폰을 꺼내 셀카모드로 거울을 보듯 자기 얼굴을 보면서 촬영을 준비하세요.
② 녹화 버튼을 누르고 무표정 상태로 만들어보세요.
③ 5초 정도 유지한 뒤 '0'이라고 말하고 녹화를 끄세요.
④ 무표정 상태와 구분되지 않은 정도로 알아차리기 어려운 감정을 떠올리고 녹화해보세요.
⑤ 5초 정도 표정을 유지한 다음 '그 감정 이름, 1'이라고 말하고 녹화를 끄세요.
⑥ 같은 방법으로 1부터 5까지 만들어봅니다.
⑦ 10을 시도해봅니다. (10은 어려워야 맞는 겁니다.)
⑧ 녹화한 영상을 컴퓨터 등에 옮기고 제목을 붙여넣습니다.
⑨ 무작위로 영상이 뜨도록 랜덤재생을 해봅니다.
⑩ 영상을 보면서 몇 점인지 맞혀보세요.

그동안 배운 감정들을 떠올리면서 많은 영상을 촬영해보세요. 기쁨, 슬픔, 분노, 불안, 자부심, 수치심, 좌절감, 사랑, 질투, 시기 등. 아마 시간이 오래 걸릴 겁니다. 하지만 지금껏 느껴보지 못한 것을 분명히 느낄 수 있게 될 겁니다. 꼭 시도해보시기 바랍니다.

자기 표정에 익숙해졌다면 다음 단계로 넘어갑니다.

3단계 : 표정 변화로 감정 변화 경험하기

① 미소 1 ~ 10 중 보기에 가장 편안하다고 느껴진 미소를 짓습니다. (하기 편한 것이 아니라 보기 편한 것입니다.)

② 다른 감정 10의 표정을 만듭니다.

③ 5초 후 바로 처음의 미소로 돌아갑니다.

④ 표정을 바꾸며 미묘하게 변하는 생각과 느낌을 느껴보세요.

이 실습을 하면서 무엇을 느꼈나요? 자유롭게 적어보세요.

....

....

....

....

....

....

....

....

"행복해서 웃는 것이 아니라 웃어서 행복한 겁니다."

- 윌리엄 제임스, 미국 심리학의 아버지,

《심리학 원리(The Principles of Psychology)》 저자 -

●●● 11. 삶의 균형 체크하기 실습 ●●●

그럼, 이번에도 직접 해보면서 여러분이 언제든 삶의 균형을 체크해볼 수 있도록 도와드리겠습니다

여러분의 현재를 먼저 체크해보죠. 여러분이 체크하기 편하도록 간이 체크리스트를 만들어보았습니다. 각 항목에 1 ~ 5점으로 점수를 매긴 다음 오른쪽에는 평균을 적으면 됩니다.

요소	체크리스트	점수	평균
안정	나의 미래는 예측 가능하다.		
	나의 일상엔 새로운 것보다 익숙한 것들이 더 많다.		
	나는 앞으로의 삶이 불안하지 않다.		
도전	나의 미래는 예측 불가능하다.		
	나의 일상엔 익숙한 것보다 새로운 것들이 더 많다.		
	나는 지금의 삶이 지루하지 않다.		
성장	나는 나만이 할 수 있는 것들이 많다.		
	나는 특별한 존재감을 가지고 있다.		
	나는 혼자 고민하거나 무언가를 익히는 데 많은 시간을 보낸다.		
기여	나는 남을 위해 하는 것들이 많다.		
	나는 소속감을 가지고 있다.		
	나는 다른 누군가와 많은 시간을 보낸다.		

이제 평균 점수를 아래 도표에 표시한 후 각 점을 이어보세요. 점선으로 된 마름모는 모두 5점인 상태를 뜻합니다.

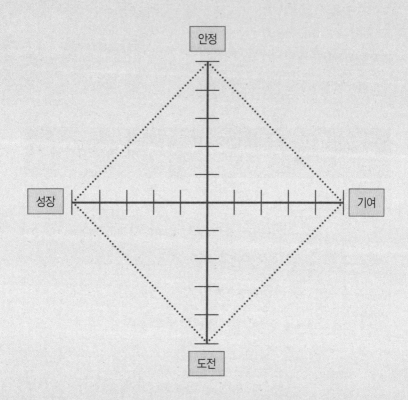

여러분 삶의 균형은 어떻습니까?

만약 균형이 맞지 않는다면 그 균형을 맞출 아이디어를 생각해보세요. 어떻게 그 균형을 맞출 수 있을지 적어보세요.

부족한 것?	무엇을 해볼 것인가?	어떻게 할 것인가?

만약 위의 아이디어들을 실행한다면 여러분 삶의 균형이 어떤 형태가 될지 다시 앞 페이지 도표에 그려보세요. 다른 색으로 그려서 기존의 마름모와 비교해보시기 바랍니다.

한 가지 더 해보겠습니다.

이번에는 여러분이 혹시 해야 한다고 생각하지만 미뤄두고 있는 일이 있다면 무엇인지 적어보세요. 앞서 적은 여러 아이디어 중 하나를 적어도 좋습니다.

....

....

....

그 일을 한다면 삶의 균형에 어떤 영향을 미치나요? 그리고 그 일을 할 때 균형에 더 긍정적이고 강한 영향을 주려면, 어떤 방법이나 전략을 써야 할까요? 특별하게 시도해야 할 일이나 방법이 있다면 적어보세요.

요소	영향 정도 (+-5)	특별히 시도해야 할 것이나 방법
안정		
도전		
성장		
기여		

이 균형을 찾는 방법은 다양한 방식으로 응용해볼 수 있습니다.

예를 들어 여러분이 갈등하고 있는 것이 있다면 각각의 선택마다 표를 그려, 어느 것이 더 균형 있는지 비교해볼 수 있습니다. 너무 하고 싶은 것이 있을 때 그것이 실제로 여러분에게 어떤 의미일지 예측해볼 수도 있죠. 아니면 과거의 자신이 시기별로 바랐던 것을 나열한 다음, 각각의 결과가 어떤 모습이었을지 그려보고 비교해볼 수도 있습니다.

이외에도 익숙해지면 다양한 방식으로 활용할 수 있을 겁니다. 그만큼 여러분의 삶을 더 객관적으로 바라볼 수 있게 되겠죠. 열심히 해주셔서 감사합니다. 새로운 시각을 얻으셨길 바랍니다.

●●● 12. 자부심 들여다보기 실습 ●●●

자, 그럼 이번에는 여러분이 인생을 즐길 수 있도록 도와주는 분석을 해보려 합니다. 여러분의 일상을 한번 들여다보고 확인해볼 겁니다.

먼저 오늘 하루 무엇을 했는지 생각해보세요. 그리고 아래와 같이 적어보세요. 이야기 형태로 적지 말고 항목을 적으면 됩니다. 아래의 표현 중 아랫줄처럼 쓰면 됩니다.

- 아침에 침대에서 뭉그적거리며 오늘 할 일을 생각했다. (X)
- 일찍 일어나기, 침대에서 뭉그적거리기, 하루 할 일 생각 (O)

항목은 가능하면 구체적으로 적으면 좋습니다. 예를 들어 그냥 음악 듣기여도 괜찮지만, 어떤 음악인지 장르별로 구분하거나 듣는 용도에 따라 구분해두는 것도 좋습니다. 다음과 같은 예시가 있을 수 있겠네요.

- 슬픈 음악 듣기, 경음악 틀어두고 OO하기, 젊은 시절 유행하던 노래 듣기, 빠른 템포 음악 듣기, 클래식 듣기, 메탈 듣기

하지만 너무 과하게 구분하려고 애쓸 필요는 없습니다. 평소 큰 의미를 두지 않는 행동이라면 간단하게 적으셔도 됩니다. 예를 들어 그냥 스마트폰 게임하기 이런 식으로 적어도 됩니다.

자, 그럼 오늘 한 일에 대한 항목을 아래에 적어보세요.

....

....

....

....

오늘 하루에 대해 떠올려봤다면 지난 한 주간 여러분이 무엇을 했는지도 차근차근 떠올려보세요. 추가할 내용이 있다면 더 적습니다.

....

....

....

이제 한 달, 올해로 확장해서 가끔이라도 주기적으로 하고 있는 일이 있다면 적어보세요.

....

....

....

다 적었다면 잠시 스트레칭을 하며 기분전환을 하고 오세요. 이 항목들은 나중에 또 다른 마음 분석 작업에도 쓰일 예정입니다.

자, 그럼 이제 위의 내용들로 다음의 사분면을 채워볼 겁니다.

사분면의 세로축은 자신과 타인, 그리고 목표에 좋은 영향을 미치는지로 구분됩니다. 자신과 타인, 목표에 좋으면 위쪽에 적습니다. 그렇지 않으면 아래쪽에 적습니다.

가로축은 기분입니다. 그 일을 할 때 기분이 좋으면 왼쪽, 아니면 오른쪽에 적습니다. 사분면별로 구분해보면 다음과 같습니다.

- 첫 번째, 오른쪽 위 1사분면은 나 자신과 타인에게는 좋지만, 기분이 좋지 않은 것입니다. 주변에 안 좋은 영향을 미칠 가능성이 크니 큰 목표에도 불필요한 일일 겁니다.

- 두 번째, 왼쪽 위 2사분면은 나 자신과 타인에게도 좋고 기분도 좋은 것입니다. 커다란 목표에 부합하는 일이라면 적어도 좋습니다.
- 세 번째, 왼쪽 아래 3사분면은 나 자신과 타인에게 좋지 않지만, 기분이 좋은 것입니다. 주변에 안 좋은 영향을 미칠 가능성이 크니 큰 목표에도 불필요한 일일 겁니다.
- 네 번째, 오른쪽 아래 4사분면은 나 자신과 타인에게 좋지도, 기분이 좋지도 않은 것입니다. 주변에 안 좋은 영향을 미칠 가능성이 크니 큰 목표에도 불필요한 일일 겁니다.

그런데 타인에게는 좋지만 나에게 안 좋다는 것은 그냥 타인에게도 안 좋은 것입니다. 왜냐하면 나는 그것을 지속할 수 없거나 지속해선 안 되기 때문입니다. 타인은 자신도 모르게 무언가를 해치는 꼴이 되죠. 그리고 나에게 안 좋은 것은 목표 달성에 아무 영향이 없는 것과 같은 것입니다.

같은 원리로 타인에게 안 좋은 일이 자신에게 좋은 경우는 아주 단기적인 경우에나 그럴 수 있습니다. 이런 일은 장기적인 관계를 방해하고 발전하지 못하게 만듭니다. 그래서 결과적으로 자신에게 안 좋은 일이 됩니다. 좋다는 것은 항상 우리 삶의 목표와 관계가 있습니다. 그에 따라 생각해보면 좀 더 정리하기 수월할 것입니다.

구분	기분이 좋음	기분이 좋지 않음
자신, 타인에게 좋고 목표를 향한 것	〈2사분면〉 나와 타인에게 좋은 것 목표를 향한 것 기분이 좋은 것	〈1사분면〉 나와 타인에게 좋은 것 목표를 향한 것 기분이 좋지 않은 것
자신, 타인에게 좋지 않음	〈3사분면〉 나와 타인에게 좋지 않은 것 목표와 관계없는 것 기분이 좋은 것	〈4사분면〉 나와 타인에게 좋지 않은 것 목표와 관계없는 것 기분이 좋지 않은 것

다 적어보셨나요? 이제 적은 것을 전체적으로 다시 훑어보면서 어떤 생각이 드는지 한번 적어보세요.

....

....

....

....

15번 실습에서는 이 일상의 사분면을 변화시키는 방법을 직접 해보죠.

●●● 13. 수치심의 3가지 기능 활용하기 실습 ●●●

자, 이번에는 수치심의 세 가지 기능을 활용할 수 있는 방법을 연습해보겠습니다. 세 가지 기능은 관리 기능, 스테이지 클리어 표시 기능, 예측(조기경보) 기능이었지요? 거기에 더해 외면의 메시지까지 총 4개의 분야로 체크리스트를 준비했습니다. 각각 기능들로 잡아낼 수 있는, 수치심을 외면하는 메시지들의 체크리스트입니다. 여러분과 가까운 사이인 사람이 이런 생각을 하고 있다면 어떨까요? 따끔하게 한마디 해주세요.

앞서 제가 들려드렸던 문장들은 이랬습니다.

"이건 내가 선택한 거야."
"나는 더 잘할 수 있는 사람이야."
"해봐야 아는 거지."

여러분은 이것보다 더 잘할 수 있습니다. 더 강력하게 정신이 번쩍 들도록 문장을 적어보세요. 각각의 문장별로 외면했던 수치심을 제대로 직면할 수 있도록 한마디 해주세요. 아래 체크리스트의 메시지들마다 그 아래에 그 내용을 적으면 됩니다.

〈체크리스트〉
① 관리 기능 : 자신이 세운 계획이 지켜지게 돕고 현재 상태가 괜찮은지 알 수 있습니다.

• 자신을 속이는 순간의 메시지
"이번 한 번은 괜찮아."

....

"나도 어쩔 수 없었어."

....

"누가 그걸 다 지키고 살겠어."

....

• 결과에서 교훈을 얻지 못하게 만드는 메시지

"어떻게든 잘 끝났으니 된 거잖아."

....

"일단 어떻게든 넘어갔으니 됐어."

....

"모두 좋다니까 됐어."

....

• 중도에 멈추게 만드는 메시지

"다음에 더 딱 맞는 기회가 있을 거야. 지금은 아니야."

....

"지금은 다른 것부터 해야 할 때야."

....

"그만둘 때 그만둘 줄 아는 것도 용기야."

....

"포기하면 편해."

....

② 스테이지 클리어 표시 기능 : 더 높은 곳으로 이동할 때가 되었음을 알려줍니다.

• 현재 수준에 만족하게 만드는 메시지

"내가 이걸로 대회 나갈 것도 아닌데, 뭐."

....

"그 정도는 내가 할 수 있는 게 아니지." (할 사람은 따로 있어.)

....

"그냥 시간 남아서 한번 해본 거야. 좀 하다 말 거야."

....

• 새로운 것을 시도하지 못하고 미루게 만드는 메시지

"~~ 준비가 되면 하려고." (지금은 시간 / 돈 / 조력자 / 능력이 없어.)

....

"언제가 한번은 좀 제대로 각 잡고 해봐야 할 텐데……."

....

"하려고 생각은 하고 있는데……." (곧 할 거야.)

....

"마음의 준비가 더 필요해."

....

"얼마가 들지 / 걸릴지 좀 더 분석해봐야 해."

....

• 원래 자리에 머물고 같은 방식을 고수하게 만드는 메시지

"아직 괜찮잖아."

....

"난 하던 대로 한 것뿐이니까." (하던 대로 해야지.)

....

"지금까지도 별문제 없었는데."

....

③ 조기 경보 기능 : 결과가 나오기 전 객관적인 예측을 해볼 수 있습니다.

• 미리 실패해버리는 망가진 경보기의 메시지

"그건 어차피 해봤자 되지도 않을 건데, 뭐."

....

"노력해봐야 시간만 쓰는 거지. 제대로 안 될 건데."

....

"내가 / 우리가 그게 될 리가 없잖아."

....

• 일이 잘못되고 있다는 것을 외면하는 경보기의 메시지

"그렇게까지 나쁜 건 아니지 않나?"

....

"아직 시간이 있잖아. 당분간은 신경 쓸 거 없어."

....

"어떻게든 결과만 나오면 될 거야."

....

"난 그래도 운이 좋은 편이었잖아."

....

• 자신이 원하는 것을 속이는 연막장치의 메시지

"좋아하는 일을 찾고 있는 중이야."(항상 말하지만 막상 하면 또 좋아하는
일을 찾음.)

....

"즐길 수 있는 일을 하고 싶은데……." (현재를 즐기지 못하는 이유를
환경에서 찾음.)

....

"모두를 다 무릎 꿇릴 거야."(결과가 좋으면 인간적으로 높아질 것이라는
착각.)

....

"어떤 대가를 치르더라도 반드시 출세하고야 말겠어." (모든 것은 대가
라는 착각.)

....

④ 외면의 메시지 : 수치심을 외면할 때 떠오르는 메시지들입니다. 앞의 메시지
   들과 함께 떠오르곤 합니다. 외면하는 것도 습관이 됩니다.

• 명분 뒤에 숨도록 만드는 메시지

"회사를 / 가족을 / 우리를 / 그룹을 위하는 길이라고 했어."

....

"난 할 일을 다하고 있는 것뿐이야."

....

"위에서 시키는 대로 한 것뿐이야."

....

"내가 하자고 한 거 아닌데."

....

• 책임 전가의 메시지

"부모님이 / 선생님이 / 배우자 때문에 할 수 없어."

....

"난 집안이 / 외모가 / 경제력이 안 좋아서 안 돼."

....

• 자기비하의 메시지

"내가 또 다 망쳤구나. 항상 이렇지."

....

"난 원래 되는 일이 없어."

....

"난 뭐든지 제대로 해내는 법이 없는 인간이야."

....

잘하셨습니다. 많은 메시지들에 일침을 놓아보았나요? 노파심에서 드리는 말씀이긴 하지만, 타인이 이런 말을 한다 해서 굳이 이런 일침을 놓을 필요는 절대 없습니다. 스스로 자신과 대화하기 전에는 결코 변하지 않습니다.

이처럼 나열된 리스트를 보면 수치심을 외면하도록 만드는 마음의 거짓말 기술이 그다지 새롭거나 특별한 것이 아님이 느껴질 것입니다. 흔하고 틀에 박힌 메시지들인데 그 상황에 놓이면 특별하게 들리죠. 더 귀 기울이게 됩니다. 하지만 미리 이런 메시지들을 알고 있다면 끌려가지 않을 수 있습니다. 여러분은 트릭을 알아버린 관객입니다. 이제 더이상 현혹되지 않습니다.

혹시 오늘 이런 메시지들을 접하고 생각해보면서 떠오른 것이나 생각하게 된 것이 있다면 한번 적어보세요.

....

....

....

....

....

....

....

....

....

....

●●● 14. 자부심 칭찬하기 실습 ●●●

이번에는 여러분의 자부심을 살짝 칭찬해볼까요?

여러분은 앞서 12. '자부심 들여다보기 실습' 시간에 작성했던 일상의 사분면을 기억하시죠? 302쪽을 잠시 펼쳐서 자신이 썼던 내용 중에 1사분면을 한번 보세요. 1사분면에는 '나와 타인에게 좋은 것, 목표를 향한 것, 기분이 좋지 않은 것'이 적혀 있을 겁니다.

기분이 좋지 않은데도 그것을 해 오고 있는 이유가 무엇인가요? 기분이 좋지 않았는데도 해 왔던 자신을 칭찬해주세요.

어떤 말을 전하고 싶은가요? 하나하나에 대해 칭찬을 건네고 응원의 메시지를 적어보세요.

....

....

....

....

....

....

....

....

....

....

그럼 이제 우리도 PART 2, 15장 '일상 리모델링 편'(127 ~ 129쪽)에서 배운 순서에 따라 일상을 리모델링해보죠.

① 기본원리 알기

우리가 그렸던 일상의 사분면은 일상을 4가지 영역으로 구분했습니다. 이것을 토대로 일상을 리모델링을 하는 것입니다.

구분	기분이 좋음	기분이 좋지 않음
자신, 타인에게 좋고 목표를 향한 것	〈2사분면〉 나와 타인에게 좋은 것 목표를 향한 것 기분이 좋은 것 ↔ 반복	〈1사분면〉 나와 타인에게 좋은 것 목표를 향한 것 기분이 좋지 않은 것 ⇐ 이동
자신, 타인에게 좋지 않음	〈3사분면〉 나와 타인에게 좋지 않은 것 목표와 관계없는 것 기분이 좋은 것 이동 ⇨	〈4사분면〉 나와 타인에게 좋지 않은 것 목표와 관계없는 것 기분이 좋지 않은 것 ×삭제

• 1사분면 전략 : 이동(자부심 이용)

1사분면에 있는 일상은 2사분면으로 이동시킵니다. 즉, 그 일을 할 때 기분이 좋게 만드는 겁니다. 자부심을 활용하는 것으로 가능합니다. 그 일 자체를 통해 자신을 더 존중하고 좋은 사람이라 여기도록 칭찬해주어야 합니다.

- 2사분면 전략 : 반복

2사분면에 있는 일상은 최대한 더 많이 할 수 있도록 시간을 확보하고 더 반복할 수 있는 환경을 만듭니다. 만약 여기 있는 일들을 많이 하지 못하고 있다면 왜 그런 것인지 판단해봅니다.

- 3사분면 전략 : 이동(수치심 이용)

3사분면에 있는 일상은 4사분면으로 이동시킵니다. 즉, 안 좋은 것을 알면서도 하는 것에 수치심을 느껴야 합니다. 수치심을 외면하면 안 됩니다.

- 4사분면 전략 : 삭제

4사분면에 있는 일상은 그냥 그만해야 합니다. 전혀 할 이유가 없는 일입니다. 왜 그 일을 하고 있는지 판단하고 원인을 제거해서 그 일을 인생에서 지워버리도록 합니다.

이것이 가장 기본적인 전략입니다. 최종적으로는 2사분면만 남을 수 있도록 일상을 변화시키는 것이죠. 상황에 따라서 실행하기 힘든 것도 있고 당장 할 수 없는 것도 있겠죠.

리모델링할 때도 상황과 환경에 따라 융통성을 발휘해야 합니다. 하지만 지식과 경험이 없을 때 융통성을 내세우면 생각지 못한 큰 부작용이 생길 수 있습니다. 우리도 먼저 마음을 이해하고 원리를 적용하면서 경험을 쌓아야 합니다. 처음에는 마음대로 되지 않는 일이 있을지도 모르지만, 경험이 쌓일수록 자기 마음에 대한 이해가 높아지고 결국 원하는 것을 이루게 될 겁니다.

② 자신의 일상과 마음 분석하기

일상의 사분면을 작성해보는 것입니다. 우린 이미 했습니다. 좀 더 세밀하게 분석하려면 자신이 하는 일을 그때그때 기록하는 방법도 있습니다. 시간별로 어떤 일을 했고 어떤 느낌이 들었나 기록하고 탐색할 수도 있지요. 만약 4사분면을 작성하면서 무엇을 써야 할지 생각해내는 것이 너무 힘들었다면 한번 시도해보는 것도 좋습니다. 하지만 항목을 어느 정도 채웠다면 생각나는 것을 그때그때 추가해보는 것으로 충분합니다.

③ 일상 재배치 및 부분 삭제하기

기본원리에 따라 일상을 리모델링해보는 겁니다. 방법은 간단해도 실제로 하는 것은 많은 노력이 필요합니다. 그래서 선택하고 시도하고 있는 여러분이 특별한 것이죠.

자, 원리를 적용해보죠.

첫 번째, 1사분면을 2사분면으로 이동시키기입니다. 이 작업은 바로 앞에서 해봤습니다. 기분이 나쁨에도 불구하고 목표와 나와 타인을 위해 하고 있던 자신을 스스로 칭찬해봤습니다. 자부심에 칭찬을 보낸 것이죠. 이제 앞으로 생각날 때마다 해야 합니다. 부정적인 메시지에 지지 말고 진심으로 잘하고 있다는 그 진심이 전해지게 칭찬해주세요. 그리고 그 진심을 느끼고 자부심을 알아봐준 자신에게 또 감사하는 겁니다. 계속 그렇게 자부심을 키워 가보세요. 가벼운 칭찬의 메시지를 보내도 좋습니다.

"이걸 이렇게 하다니 난 너무 멋진데?"

두 번째, 2사분면 반복하기입니다. 이것은 그 일을 할 시간과 공간을 확보하는 것으로 수월하게 이뤄질 겁니다. 다른 사분면에 있는 것들보다 우선순위를 둬야 합니다. 예를 들어 기분도 좋고 나에게도 좋은 것을 하려다가 누군가의 부탁 때문에 그 일을 미루고 안 좋은 일을 해서는 안 됩니다. 우선순위를 둔다는 것은 무엇보다도 그것을 중요하게 여긴다는 것입니다. 2사분면에 있는 일들을 더 늘리고 계획적으로 해나가야 합니다.

세 번째, 3사분면을 4사분면으로 이동하기입니다. 그동안 직면한 수치심을 이용해야겠죠. 중요한 작업이니 함께 해보겠습니다.

- 자신이 작성한 일상의 사분면 확인하기

  앞서 작성한 일상의 사분면 중 3사분면을 보세요. 자신에게 나쁜 일이고 목표에도 도움이 안 되는 일인데 기분이 좋은 것을 할 때, 어떤 메시지가 마음속에 떠올랐는지 한번 돌이켜보세요.

- 항목별로 마음의 메시지 발견하기

  어떤 생각을 했었나요? 항목마다 그때 떠올랐던 마음의 메시지를 적어보세요.

  ....
  ....
  ....
  ....

  이것이 수치심을 외면하게 만드는 메시지입니다.

- 체크리스트에서 비슷한 메시지 찾기

자, 그럼 이제 방금 적은 메시지들을 좀 더 객관적으로 살펴보겠습니다. 여러분은 지난 13. 수치심의 3가지 기능 활용하기 실습 시간에 수치심을 외면하게 만드는 메시지 체크리스트와 그에 저항하는 말들을 작성했습니다. 자신이 적은 메시지가 그중 어떤 것과 비슷한지 찾아보세요. 꼭 들어맞진 않아도 비슷한 메시지가 있을 겁니다.

• 자신만의 저항의 메시지 만들기

그리고 그 메시지에는 여러분이 적어둔 저항의 메시지가 있을 겁니다. 그 문장을 보며 위의 '항목별로 마음의 메시지 발견하기'에서 적은 메시지마다 저항의 메시지를 만들어보세요. 이 메시지들이 여러분이 수치심에 직면하도록 도와줄 겁니다.

....

....

....

....

....

과감하게 이런 표현을 써봐도 좋습니다.

"이런 데 시간을 쓸 정도로 내 인생은 싸구려가 아니야."

물론 모든 메시지는 여러분이 만들고 다듬어나가야 합니다.

네 번째, 4사분면 삭제하기입니다. 이 사분면에 아무것도 없었다면 아주 다행이지만 여기에 무언가가 있다면 생각보다 삭제가 까다로울 수 있습니다. 쉽게 안 할 수 있는 것이라면 애초에 안 했겠죠. 지금껏 존재해 왔던 어떤 이유가 있을 겁니다. 그리고 3사분면의 일들도 여기로 넘어올 것이기 때문에 삭제 작업은 어렵고 정말 중요합니다. 버릇을 이겨내거나 좌절감에서 벗어나는 노력이 필요하죠. 만약 지금 당장 모두 삭제하는 것이 좀 버겁다면, 일단은 줄이는 방향으로 노력해보세요.

그리고 버릇으로 고착화되어 있거나 좌절감 때문에 바꾸기 힘들다면, 다음 실습에서 어떻게 다뤄야 할지 함께 알아보겠습니다.

④ 새로운 것 시작하기

이제 여유가 생긴 공간에 새로운 것을 들여놓을 차례입니다. 그냥 여유를 두는 것도 좋은 선택일 수 있습니다. 하지만 3, 4사분면의 여러 가지 일들을 삭제하는 데 성공해서 무언가 새로운 것을 일상으로 넣어보고 싶거나 3, 4사분면에 쓰는 시간을 줄이고 싶다면 새로운 것을 시도해보는 것이 좋겠죠.

물론 새로운 것을 해본다고 해서 그것이 꼭 2사분면으로 가리라는 법은 없습니다. 1사분면에 있다면 2사분면으로 보내고, 해보니 3, 4사분면에 해당된다면 삭제하면 됩니다. 해봤기 때문에 알게 된 것이니 그만큼 자신에 대해 더 잘 알게 되는 것이죠. 경험으로 얻는 피드백입니다. 다만 귀찮고 힘들다고 다른 사분면에 넣고 빨리 포기해버리는 것은 안 되겠죠.

자, 그럼 오늘 무엇이든 새롭게 시작해보세요. 몇 가지 사례를 준비해봤습니다. 어떤 것은 이미 하고 있거나 많이 해본 것일 수도 있겠죠. 그러면 이외에 새로운 아이디어를 내보길 바랍니다. 저는 다음과 같은 것들을 추천해봅니다. 한꺼번에 모두 시작해도 좋지만 하나씩 추가해보는 것을 추천해 드립니다. 하나씩 추가하고 거기서 얻은 피드백을 적어보면서 자신의 삶에 어떤 영향을 미치는 것 같은지, 앞으로 어떤 영향을 미칠 수 있을지 생각해보는 겁니다.

> ∨ (가능하면 매일) 햇빛과 함께 산책하기
> ∨ 자기 전에 따뜻한 차를 우려내 마시기
> ∨ 레시피 보고 새로운 요리 해보기
> ∨ 비타민을 꾸준히 먹기
> ∨ 새로운 맛집을 한 번씩 찾아가보기
> ∨ 줄넘기하기
> ∨ 새로운 취미 모임에 정기적으로 나가보기

이런 시작이 누군가에게는 최선이 아닐 수도 있습니다. 자신에게 좋을 일을 골라 2사분면을 채워나가보는 겁니다. 처음에는 기분이 안 좋을 수도 있겠죠. 하지만 차근차근 2사분면으로 보내보는 겁니다. 그렇게 하기로 결정하고 무언가 시작한 자신을 칭찬해보세요. 내면에 전달되도록 깊게 생각해보세요.

무엇을 해보기로 결정했나요? 한번 적어보세요. 여러 개를 한꺼번에 계획을 세워 진행해볼 수도 있지만 일단 하나씩 해보도록 하죠.

....

이것을 통해 무엇을 얻을 수 있을 것 같은지 한번 적어보세요.

....
....
....

이건 그 일을 실제로 해본 후에 적어보세요. 이 일이 자신의 삶에 어떤 영향을 미치는 것 같은지, 앞으로 어떤 영향을 미칠 수 있을지 생각해보세요. 그리고 직접 경험하며 얻은 피드백을 적어보세요.

....
....
....
....
....
....

⑤ 유지 보수하기

일상의 사분면은 정기적으로 한 번씩 작성하고 보완하는 것이 좋습니다. 아무리 완벽해 보였던 공간도 시간이 흐르면 변화가 필요해집니다. 일상의 사분면으로 하고 있는 일들을 보고 자신에게 좋은 것을 다시 한 번 파악해보세요. 남보기 그럴듯해서 자신에게 좋다고 한 것은 없는지, 만약 그렇다면 정말 자신에게 좋은 것으로 바꾸려면 어떻게 해야 하는지 확인해보세요. 삭제시키고 새로 추가할 때마다 다른 일상과 함께 점검해보세요. 아마 분명히 변화가 시작될 겁니다.

지금까지 여러 실습에 걸쳐 해 오던 일상의 사분면을 완전히 다룰 수 있는 방법을 알려드렸습니다. 이것은 여러분이 앞으로도 계속 쓸 수 있는 좋은 도구가 될 겁니다. 일상이 바뀌면 마음을 바꾸는 것도 가능해집니다.

●●● 16. 좌절하지 않기 실습 ●●●

PART 2. 16장 '좌절하지 않는 버릇'에서 배운 내용을 떠올려보세요. 어떤가요? 좀 복잡하죠? 일상의 상황을 적용해보면 쉽게 이해할 수 있습니다. 회사에 매번 지각하는 한 사람의 사례를 보겠습니다.

• 회사에 자주 지각하는 상황

① 현재 상황이 어떻게 생겨나는지 확인하고 알기
: 매일 늦잠을 자고 일어나 아침에 혼이 나고 일이 밀린다. 저녁에 집에 오면, 다음날 회사 가기 싫은 마음과 아무것도 안 한 것 같은 마음에 잠이 잘 오지 않는다.

② 이 상황이 바뀌면 안 좋은 일이 생기는지 생각하고 확인하기
: 아침에 잠을 줄이면 더 피곤할지도 모르고 저녁에 일찍 자면 나만의 시간이 더 줄어들지도 모른다.

③ 이 상황이 바뀌면 자신의 인생이 지금보다 얼마나 즐거워질지 생각하기
: 아침에 일찍 일어나면 회사에서 좀 더 인정받고 저녁을 좀 더 기분 좋게 보낼 수 있다.

④ 견고했던 원래 자신의 생각 ①에 의심 품기
: 나도 회사에 일찍 가고 인정받는 쪽으로 변화할 수 있지 않을까?

⑤ 해야 하는 일에 대해 다시 정의하기
: 일찍 자고 일찍 일어난다.

⑥ 의심을 통해 바라는 것을 만들기
: 일찍 일어나 제시간에 회사에 가고 싶다.

⑦ 시도할 수 있는 생각을 떠올리기
: 일찍 잔다. 일찍 일어나 하루를 충실하게 보낸다.

⑧ 시도한 것으로 하나의 신념으로 만들어 굳히기

　: (실제로 일찍 일어나는 것을 시도해낸 후) 나는 내 삶의 주인이다.

어떤가요? 여러분도 바로 시도해볼 수 있겠지요? 자, 그럼 그간 늘 미뤘던 패턴을 한 번 깨는 버릇을 만들어보세요. 적용하기 쉽게 몇 가지 질문을 드리겠습니다.

혹시 했으면 좋았을 일들이 있지 않았나 한번 떠올려보세요.

그중 하나를 선택해 어떤 일인지 적어보세요.

....

이제 그 일을 자신에게 더 좋도록, 더 했다면 혹은 하지 않았다면 자신에게 어떤 변화가 있었을지 한번 적어보세요.

....

....

....

그러면 이제 그 당시 마음속 어떤 메시지가 자신을 방해했는지 한번 돌이켜보세요. 당시 마음의 메시지가 떠오른다면 바로 아래에 적어보세요.

....

....

....

자, 그럼 이제 방금 적은 메시지가 13. '수치심의 3가지 기능 활용하기 실습' 시간에 작성했던 수치심을 외면하게 만드는 메시지 체크리스트 중에 어떤 것과 비슷한지 찾아보세요.

확인하셨나요? 자, 이제 해야 하는 일을 떠올려보세요. 그리고 하고 싶은 바람을 아래에 적어보세요.

....

....

....

  이제 그것을 할 수 있다고 생각하면서 하나의 신념을 만들어 적어보세요.

....

....

....

  잘하셨습니다. 이제 여러분은 좌절에 쉽게 빠지고 그것으로 인해 고통받는
쳇바퀴에서 벗어날 수 있습니다. 밧줄을 끊고, 더 높이 뛰어오를 수 있습니다.
우리에게는 신념이 생겼으니까요. 오늘 마음에 새긴 신념을 잘 간직하길 바랍
니다.

●●● 17. 강박 극복하기 실습 ●●●

이번에는 여러분의 어떤 상황, 행동, 관계 중에서 두 가지를 골라 아래의 표를 채워보세요. 아이디어가 필요하다면 과제 표 1, 2 뒤의 예시 표 1, 2를 참고해도 좋습니다.

• 과제 1

주제 : ....

항목	내용
소리치기	
근육 키우기	
지식 쌓기	
장비 구하기	

• 과제 2

주제 : ....

항목	내용
소리치기	
근육 키우기	

지식 쌓기	
장비 구하기	

· 예시 1

주제 : 연인의 사랑을 얻기

항목	내용
소리치기	계속 사랑을 확인하고 상대를 시험하기
근육 키우기	능력과 매력을 키우는 것(실제로는 더 구체적으로 써주세요.)
지식 쌓기	사랑이라는 마음의 원리 배우기, 상대 마음을 더 많이 들으려 애쓰기
장비 구하기	자신을 외적으로 꾸미기, 상대에게 선물하기

· 예시 2

주제 : 회사에서 인정받기

항목	내용
소리치기	할 일을 확인하고 도움을 요청하기
근육 키우기	더 많은 일을 직접 해보기
지식 쌓기	관련 사례를 찾아보기
장비 구하기	녹음기나 기타 장비를 사서 업무 효율을 높이기

●●● 18. 불안 다루기 실습 ●●●

대화가 아닌 어떤 상황에서라도 불안을 이겨내기 위해서는 다음을 기억해두세요.

√ 뭐든 완벽하려는 욕심을 버려라.

√ 불안은 당연한 것임을 인정하라.

√ 신체가 먼저 불안함을 느낄 땐 신체를 조절하라.

• 오늘의 과제
   - 호흡이 느려지는 연습하기

• 불안노트
   - 매일 30분 걱정하는 시간 만들 것
   - 해당 시간만 적극적으로 걱정할 것
   - 걱정을 머리로 하지 말고 글로 적을 것
   - 걱정의 정체를 찾을 것

• 적는 법
   - 당장 내 힘으로 어쩔 수 없는 것 → 삭제
   - 필요는 있지만 당장 해결책이 없는 것 → 제쳐두기
   - 쉽게 해결할 수 있는 것 → 당장 하고 잊어버리기

우리는 PART 2. 19장에서 '사랑'에 대한 이야기를 해보았습니다. 이성 간의 사랑뿐 아니라 사랑이라는 감정과 그와 연결된 다른 마음들에 대해 같이 생각해볼 기회가 되었길 바랍니다.

지금부터는 여러분의 생각을 자유롭게 적어보기 바랍니다. 사랑에 대한 자신의 생각을 적어도 좋겠죠. 그 외에도 자신의 상황에 맞도록 생각나는 것을 한번 적어보세요. 함께해 오며 느꼈겠지만 직접 쓴 글도 하루만 지나 읽어보면 새롭습니다. 그리고 그것을 읽으며 또 새로운 생각이 들고 자기 마음에 대해 더 잘 알게 되죠.

....

....

....

....

....

....

....

사랑을 이해한다고 해서 사랑으로 상처받지 않는다거나 모든 사랑의 상처가 다 아물 수는 없을지도 모릅니다. 그리고 사랑은 이해한 것 같아도 계속 이해할 수 없는 일들이 벌어지곤 하죠. 타인을 새롭게 이해하게 되기도 하고 자신의 바닥을 보게 되기도 합니다. 그래도 항상 새롭게 시작하고 최선을 다할 수 있을 거라 믿습니다. 우리는 자부심을 알고 후회를 남기지 않는 방법을 알기 때문입니다.

●●● 20. 감정의 레시피 실습 ●●●

자, 이번에는 여러분이 계획한 감정의 레시피를 실습하겠습니다. 부정적인
감정이 시작되었을 때 그 감정이 지속되지 않도록 만들기 위해 어떤 시도를 할
지 적어보세요. 먼저 164쪽 상단 표에 적었던 5가지 감정을 아래 표에 적고, 어
떤 행동과 메시지를 선택할지 생각해 적어보세요.

이때 행동은 앞서 적었던 긍정적인 감정이 떠오를 때 하는 행동과 메시지를
적어도 좋지만 새로운 것을 생각해내 적어도 좋습니다. 그리고 필요하다면 언
제든 수정해도 좋습니다. 중요한 것은 부정적인 감정이 지속되지 않도록 하고
긍정적인 감정은 더 많이 즐기는 방법을 찾는 것입니다.

① 감정 (부정적인 5개의 감정)	④ 긍정적인 감정이 떠오를 때 버릇처럼 하는 행동과 메시지

이번에도 과제를 내드리겠습니다. 여러분의 자존감을 높이는 첫걸음이 될 수 있을 것입니다.

여러분에게 좋은 것들이 무엇인지 한번 써보세요. '나에게 좋은 것.' 그래서 계속해야 하는 것이 무엇일까 고민해보세요.

최소한 5가지 이상 적어보세요.

....

....

....

....

....

....

....

다 적은 후에 자신에게 물어보세요.

"이것들이 정말 나에게 좋은 것인가?"

"남들이 좋다고 해서 내가 좋다고 생각하고 있는 것은 아닌가?"

물론 남들의 시선이나 사회적인 기준도 필요할 수 있습니다. 객관적으로 볼 필요도 있으니까요. 그렇지만 남의 생각을 따라갈 필요는 없습니다. 여러분이 적은 것들을 잘 보고 과거의 자신과 현재의 자신, 그리고 미래의 자신이 과연 이것들을 좋다고 생각할지 고민해보세요.

그리고 또 하나의 과제를 드리겠습니다. 여러분들이 꼭 달성할 수 있을 법한 사소한 목표들을 3개 만들어보세요. 거창하거나 인생에 큰 도움이 되지 않아도 됩니다. 목표를 세우는 것만으로도 자존감에 큰 영향을 줍니다.

....

....

....

....

....

....

....

....

목표를 적었다면 사소하게라도 달성하는 방향으로 조금씩 움직이세요. 속력은 상관없습니다. 방향만 맞으면 됩니다.

훌륭히 과제를 수행하고 있는 스스로를 자랑스럽게 여기셔도 됩니다.

●●● 22. 논리력 실습 ●●●

  그럼 이번에는 여러분이 여러 과제를 해볼 차례입니다. PART 3. 22장 '논리력 편'(180 ~ 191쪽)에서 나온 사례를 보고 더 생각해볼 수 있도록 몇 가지 예시 문장을 과제로 가져왔습니다. 한번 다음 주장과 판단들에 적절한 근거를 만들어보고 어떤 추리인지 적어보면서 앞에서 배운 논리력을 다져보세요. 그리고 어떤 오류가 있는지도 찾아보세요.

• 학창시절 나보다 공부 못했던 친구보다는 성공하게 될 거야.

....

• 젊은 친구, 신사답게 행동해. (겸손하게 행동해.)

....

• 난 좀 쉬어도 돼.

....

• 지각하면 안 되지.

....

• 나는 남들보다 ~를 더 잘해.

....

• 멘탈은 좀 약한 편이야.

....

• 나는 친해지면 말을 잘하지만, 평소에는 말이 없는 스타일이야. 그러니
  먼저 다가와줘야 해.

....

- 그는 한 번도 먼저 연락을 안 해. 날 싫어하는 것이 틀림없어.

....

- 그는 날 보고도 인사를 안 하고 지나갔어. 날 무시하는 거야.

....

- 왜 난 이렇게 사기 치는 인간들만 만날까. 난 착하게 사는데.

....

그럼 이번 과제를 한번 해볼까요?

266쪽 2. '우울함에 저항하기 실습' 때 적었던 우울한 메시지를 다시 보고 적어도 좋습니다. 그것을 오늘 배운 세 가지 필터로 비판해보세요.

간단하게 예시를 보여드리겠습니다.

"나는 항상 착하게 사는데 사람들은 왜 날 이용하려 들까?"

· 판단 : 사람들이 날 이용하려 들어서는 안 된다.
· 근거 : 나는 항상 착하게 산다.

· 반박하기
  - 내가 항상 착하게 산 것이 맞을까?
  - 사람들이 날 이용하려 한 것이 맞을까?

· 다른 가능성 찾기
  - 사람들은 그냥 그렇게 살고 있는 것은 아닐까?

· 오류 찾기
  - 이용하는 것과 착한 것이 무슨 연관성이 있나?

아마 여러분은 훨씬 더 많은 것들을 찾을 수 있을 겁니다.

• 2번 실습에서 가져온 메시지 혹은 새로 쓴 우울한 메시지

....

....

• 반박하기

....

....

....

• 다른 가능성 찾기

....

....

....

• 오류 찾기

....

....

....

아래는 마음지도 참고 예시입니다. 혹시 예시를 보고 더 떠오르는 것이 있다면 더 적어도 좋습니다. 하지만 이때부터 추가로 적는 것은 표시해두는 것이 좋습니다. 직관적으로 떠오른 것이 아닐 수 있기 때문입니다.

〈참고 예시〉

② 현재 가진 것 중 원하지 않는 것	① 현재 가진 것 중 원하기도 하는 것
생각만 하고 도전하지 않는 것, 과도한 게임 습관, 늦잠 자는 것, 뱃살, 흡연 습관, 대출, 우울함	부모님, 친구들, 좋은 취미, 운전면허, 비교적 좋은 체력, 구독한 잡지
③ 갖지 못한 것 중 원하지도 않는 것	④ 갖지 못한 것 중 원하는 것
굽은 허리, 허리디스크, 나쁜 술버릇, 전자발찌, 종기	적극적인 마음, 자동차, 애인, 좋은 직장, 자격증, 최신기기

●●● 25. 사보타지 탐색하기 실습 ●●●

그럼 또 새로운 과제를 드려볼게요.

'스타로부터 스무 발자국' 영화에 등장한 다른 인물의 독백을 보고 그녀 마음의 사분면을 그려보세요.

그녀는 바로 엄청난 실력이 있음에도 그에 걸맞은 인정을 받지 못한 가수 리사입니다. 그녀는 1989년 이후 당대 최고의 그룹이었던 롤링스톤즈의 모든 공연에 여성 보컬로 섰을 정도로 대단한 실력을 갖추고 있었죠. 하지만 그로 인해 솔로로서의 경력은 제대로 쌓지 못했다는 평도 있었죠. 이제 그녀의 말을 들어보죠.

> "연애할 때는 에너지를 받잖아요. 어떤 부부가 방에 들어올 때 그 모습을 보면 둘이 떨어져 있어도 뭔가 이어져 있는 게 느껴져요. 전 못 느껴봤죠.
> 저를 만인의 연인이라고 늘 생각했어요. 제 마음의 일부는, 나라는 사람의 일부는 만인의 것이라고요.
> 애들이 있거나 결혼한 친구와 얘기할 때 가끔 그런 생각을 해요. 나도 결혼해서 애도 낳고 저런 걸 다 해볼 걸 그랬나?
> (고개를 저으며) 근데 전 괜찮아요.
> (크게 웃으며) 진짜 괜찮아요.
> 롤링스톤즈의 리더 믹이 노래할 때 그걸 듣고 마치 관객이 한 사람도 없는 것처럼 제 방식대로 반응하며 함께 노래했죠. 이상하게 자유로운 기분이었어요. 아무 거리낌 없이 거리를 돌아다니고 싶어요. 선글라스를 쓰거나 몰래 다니기도 싫고 가슴이 드러날 것을 걱정하며 사는 그러고 싶은 생각이 없어요. 유명해지려고 뭐든 하려는 사람이 있고 그냥 노래만 하겠다는 사람도 있어요. 무엇보다 중요한 것은 특별한 공간에서 사람들과 함께하는 거예요. 그리고 그런 점이 제겐 더 천직이라 느껴져요."

과연 저 인터뷰 당시 리사의 내면은 어땠을까요? 리사가 되었다고 생각하고 적어보기 바랍니다.

② 현재 가진 것 중 원하지 않는 것	① 현재 가진 것 중 원하기도 하는 것
③ 갖지 못한 것 중 원하지도 않는 것	④ 갖지 못한 것 중 원하는 것

여러분의 미래는 아무것도 정해지지 않았습니다. 마치 물처럼 지금까지 흘러온 것에 영향은 받겠지만, 앞으로 어디로 흘러갈지는 모릅니다. 여러분의 미래도 지금까지의 삶에 영향을 받지 않을 수는 없겠지만, 이제부터 선택은 여러분이 하는 것입니다. 항상 모든 기회는 열려 있습니다. 그것이 기회라고 생각한다면 말입니다.

자, 그럼 이번에는 잎에서 몇 번에 걸쳐 함께 해본 마음지도 분석과 사보타지 탐색을 통해 느낀 점과 그 과정에서 자신에 대해 알게 된 점을 써보시기 바랍니다. 자유롭게 어떤 내용이든 좋습니다.

....

....

....

....

....

....

....

....

....

....

....

....

지금부터는 감각에 대해 좀 더 본격적인 연습을 해보겠습니다.
첫 번째는 감각으로 경험을 떠올려 당시의 감정을 불러오는 연습입니다.

① 촬영을 시작해야 하니 스마트폰을 꺼내주세요.

② 즐거웠던 경험을 하나 떠올려보세요. 무엇이든 좋습니다.

③ 녹화를 시작하며 눈을 감고 그 경험을 시각을 이용해 바라보려고 해보세요.
눈앞에 무엇이 보이는지. 위아래로 살펴보세요. 주변에는 무엇이 있는지 둘
러보세요. 1인칭의 시각으로 주변을 살펴보세요. 충분히 했다고 생각이 되
면 멈추고 '시각, 즐거운 경험'이라고 말하고 녹화를 끄세요. 10초 이상의 시
간 동안 떠올리려 노력하고 원한다면 더 길게 해도 됩니다.

④ 잠시 휴식을 취합니다.

⑤ 녹화를 시작하며 눈을 감고 그 경험을 청각을 이용해 들으려고 해보세요. 무
엇이 들리는지. 가까운 곳에 있는 사람의 목소리, 주변에서 들리는 배경음 등
을 충분히 차근차근 들어보세요. 충분히 했다고 생각이 되면 멈추고 '청각, 즐
거운 경험'이라고 말하고 녹화를 끄세요.

⑥ 잠시 휴식을 취합니다.

⑦ 녹화를 시작하며 눈을 감고 그 경험을 촉각을 이용해 느껴보려고 해보세요.
피부에 무엇이 느껴지는지. 몸의 감각을 다시 느끼려 해보세요. 몸의 각 부분
에 느껴지는 감각, 주변의 온도나 습도, 무언가가 닿는 감촉 등 주변의 것들을
충분히 느껴보세요. 충분히 했다고 생각이 되면 멈추고 '촉각, 즐거운 경험'이
라고 말하고 녹화를 끄세요.

⑧ 잠시 휴식을 취한 후 자신이 촬영했던 영상을 다시 보며 어떤 감각을 이용할
때 가장 감정의 변화가 컸는지 확인해보세요.

⑨ 가장 효과적이었던 감각을 시작으로 세 가지 감각을 하나씩 추가해서 세 가

지 감각이 다 동시에 느껴지도록 해보세요. 이것이 어렵다면 다른 경험을 떠올리며 반복적으로 연습해보면 도움이 많이 될 것입니다.

⑩ 연습을 하며 알게 된 것과 느낀 점을 여기에 적어두세요.

....

....

....

....

두 번째는 상상한 것을 체험해보는 연습입니다.

다음과 같이 가본 적이 없는 공간에 있다고 생각하며 시각, 청각, 촉각을 활용해 설명해보세요. (말하는 것을 녹음하거나 촬영해두어도 좋습니다.)

아틀란티스의 해저 도시, 바닷속 용궁, 진짜 토끼가 사는 달, 그리스의 파르테논 신전, 크리스마스 날 남극의 펭귄 도시, 택시가 날아다니는 미래의 서울 등, 상상으로 가볼 곳을 하나 골라보세요. 사람에 따라 앞서 한 연습보다 아주 쉬울 수도 있고 너무 어려울 수도 있습니다. 만약 너무 어렵다면 영화에서 본 장면으로 들어갔다고 상상하면서 경험해봐도 좋습니다. 이번 연습은 시간이나 방식의 제약 없이 최대한 자유롭게 상상을 해보도록 하세요.

세 번째는 원하는 미래를 경험해보는 연습입니다.

① 여러분이 바라는 미래의 모습을 상상해보세요. 그건 몇 년 후의 일인가요? 10년? 20년? 언제든 좋습니다. 여러분이 바라고 목표로 하고 있는 것이 이루어진 미래를 상상해볼 겁니다.

② 이제 감각을 이용해 그 상상을 경험해볼 겁니다. 3개의 감각을 이용해 하나씩 선명하게 만들어보세요. 주위에 무엇이 보이고 들리고 느껴지는지, 함께 있는 사람은 누구이고 어떤 모습인지, 어떤 말을 하고 있는지, 어떤 태도를 취하

고 있는지, 하나씩 하나씩 채워가면서 생생하게 불러오세요.

③ 최대한 생생해졌을 때 그 선명함을 유지하면서 그 경험을 충분히 즐기고 느껴보세요. 최대한 충분히 경험하고 즐겨보세요. 그리고 몸에 어떤 느낌이 드는지, 어떤 마음이 떠오르는지 잘 기억해두세요.

④ 충분히 경험했다면 잠시 쉬었다가 다음 질문에 대한 대답을 적어보세요.

"여러분은 방금 경험한 미래에 무엇을 얻었나요?"

"그 미래를 다시 실현하기 위해 어떤 마음과 능력이 필요한가요? 무엇을 해야 할까요?"

....

....

....

....

....

좋습니다. 이번 시간에 여러분이 한 작업은 많은 상황에서 아주 유용하게 사용될 기법입니다. 틈나는 대로 연습해서 여러분의 것으로 만들어두면 여러분이 마음의 주인이 되는 데 큰 도움이 될 것입니다.

PART 3. 28장 '앵커링 편'에서 여러분은 몸에 스위치를 다는 과정을 배웠습니다. 이번 과제는 바로 이 스위치(242쪽 '나의 열정 스위치')를 강화하는 것입니다. 오늘은 최소 5번 이상 반복해서, 그 스위치를 확실하게 만들어보세요.

◉ 협상에서의 앵커링

참고로 협상에서도 '앵커링 효과'라는 것을 이용합니다. 상대가 처음에 제시한 가격에 따라 협상 금액이 달라진다는 것입니다. 이를 뒷받침하는 실험 결과도 많이 있습니다. 처음에 큰 가격이 제시되면 그 기준에서 많이 벗어나지 못한다는 것이죠.

오늘 우리가 배운 것과 다른 원리이지만, 심리적 기준을 만든다는 면에서 같다고 볼 수 있습니다.

이제는 내 마음속 트라우마에 대해 진단을 해봅시다.

먼저 최근에 부정적인 감정이 일었던 순간을 떠올려보세요. 언제였고, 어떤 상황이었나요?

....

....

....

....

그때 마음속에 떠올랐던 메시지가 무엇이었나요? 생각나는 것은 모두 적어 보세요.

....

....

....

....

그 순간의 메시지가 아주 특별한 것이었나요, 아니면 혹시 그 순간이 아닐 때에도 비슷하게 마음속에서 떠오를 때가 있었던 메시지는 아니었나요? 비슷한 메시지가 있다면 적어보세요.

....

....

....

....

만약 그 메시지가 자주 자신의 생각을 차지하고 있다면 한번 그 생각이 시작된 지점으로 거슬러 올라가보세요. 언제부터 그런 메시지가 마음속을 떠다니기 시작했나요? 언제였는지 적어보세요.

....

....

....

왜 그것이 시작되었을까요? 떠오르는 생각을 모두 적어보세요.

....

....

....

....

생각을 더듬어본 후 적어보면서 다시 생각을 정리해보세요.

만약 처음에 떠올렸던 부정적인 감정이 너무 특별해서 과거에 비슷한 메시지가 떠오른 적이 한 번도 없다면 다른 순간을 떠올려봐도 좋습니다.

제가 여러분께 이것을 해보라고 하는 이유는 여러분이 혹시 현재 겪고 있을지 모를 무기력감 등 부정적인 상황의 발생 원인이 될 만한 '트리거'를 찾고자 함이에요.

다 적었다면 잠시 숨을 크게 쉬어보세요. 깊게 숨을 내뿜으면서 부정적인 생각을 내보내고 깊게 숨을 들이마시면서 맑고 유쾌한 생각까지 빨아들여보세요.

이제 새로운 마음으로 다시 그 글을 읽어보면서 한 가지를 더 해봅시다.

먼저 그 순간이 정말로 지금의 여러분에게 영향을 미치고 있는 것이 맞는지 생각해보세요. 지금까지의 나에게 영향을 미쳤다고 해서 미래의 나에게까지 영향을 미쳐야 하는 건 아니잖아요. 과거의 사실을 최대한 객관적으로 바라보며 이것이 지금까지 어떠했든, 미래의 나에게 영향을 꼭 줘야만 하는 것인지 생각해보세요. 그리고 과거에 겪은 일에 비해 현재의 자신에게 너무 과한 영향을 주고 있는 것은 아닌지 생각해보세요. 스스로 부정적인 메시지를 더 키워 오고 있던 것은 아닌지 생각해보세요. 과거의 부정적인 감정이나 생각이 고스란히 유지되고 있는 것도 키워 온 것이나 다름없습니다. 왜냐하면 모든 기억은 서서히 옅어지기 마련이니까요. 그 기억을 자주 꺼내지 않는 한 말입니다.

인생이 고통스러운 이유는 고통스러운 기억을 더 자주 떠올리기 때문입니다. 자주 떠올리면 기억이 강화되고 일상을 지배하게 됩니다. 예를 들어 이별은 슬프죠. 고통스럽고 슬픔도 오래갑니다. 불쑥 그 기억이 지금 순간으로 비집고 들어오기도 하고 잠을 잘 못 이룰 수도 있습니다. 심한 경우는 그 기억을 떠올릴 수 있을 만한 장소 근처에도 가지 못할 수도 있죠. (트라우마의 세 가지 특성 - 재체험, 과각성, 회피) 하지만 이별한 것은 과거의 순간입니다. 이별하고 난 후 이별은 없어요. 그후의 고통은 이별의 기억으로 인해 생겨나는 것입니다. 어쩌면 스스로 그 기억을 더 떠올리려고 선택한 측면이 있을지도 모릅니다. '이 기억을 더 떠올려야지.'라고까진 생각하지 않았겠지만, 그 기억이 떠오르는 것에 저항하지 않고 어떤 일이건 그 기억을 대입해 생각하고 있을지 모르죠.

많은 연구 결과에 따르면 실제로 3개월 이상 지난 사건은 현재 행복 수준에 미치는 영향이 미미하다고 합니다. 복권에 당첨되었어도 3개월 후 삶의 행복 수준은 다시 원래대로 돌아간다는 얘기죠. 반대의 경우도 마찬가지입니다. 트라우마도 감정처럼 자신을 보호하려는 것이기도 합니다. 그러니 자책하거나 한 번에 밀어내려 하지 않아도 됩니다. 일단 어렵게 꺼낸 여러분의 트라우마에 공감하고 이해해줄 필요가 있습니다.

그러니 마음을 향해 이렇게 말해보세요.

'네가 그동안 나를 무기력하게 하고 무언가를 시도하지 못하도록 했던 것은 내가 무언가 새로운 것에 도전할 때 더 큰 상처를 받아서 무너져버릴까 봐 그러지 못하도록 나를 보호해줬어. 어쩌면 심리적으로 나에게 깁스가 되어줬던 것도 사실이지. 나는 그런 일을 겪었지. 지금도 충분히 힘들고 힘든 일을 겪고 있어. 그리고 힘들 수 있어. 하지만 너도 그리고 나도 우리를 위해서 계속해서 나아가야 하는 존재야. 그동안 고마웠어.'

'아, 내가 이런 상처가 있었구나.' '과거의 이런 일 때문에 지금의 내가 이렇구나.' 이런 것을 찾았다면 대성공입니다. 어쩌면 깊이 숨어 있던, 혹은 그간 외면했던 것을 한 번에 뿌리 뽑는다는 것은 쉽지 않은 일이겠죠. 차근차근 해나가면 됩니다.

과거를 돌이켜보라는 것은 과거로 돌아가 이해하고 도닥여주라는 의미입니다. 힘들었겠지만 잘 해내셨습니다. 정말 뿌듯하고 감사합니다.

이제 마지막 과제만 남았네요. 마지막까지 힘냅시다!

⊙ **PTSD에 관하여 (외상후 스트레스 장애)**

극심한 충격으로 엄청난 스트레스를 받게 되면 PTSD를 겪는 경우가 있습니다. 스트레스를 받으면 나오는 호르몬인 글루코코르티코이드가 증가한 후 줄어들지 않기도 합니다. 부정적인 상황이 발생하면 '문제'지만 지속되면 '장애'입니다. 충격을 받은 지 1달이 넘게 지났는데도 다음과 같은 경험을 하고 있다면 전문가의 도움이 필요합니다.

- 계속 겪는 것처럼 생생하게 떠오르고 그 빈도가 줄어들지도 않을 때
- 평소에도 항상 두근거리거나 거의 못 자는 등 큰 변화가 있을 때
- 장소, 사람 등 관계된 모든 것에 여전히 반사적으로 도망치게 될 때

스트레스 호르몬에 장기간 노출되면 뇌의 해마가 작아진다는 연구 결과도 있습니다. 그러면 PTSD에 더 취약해집니다. 악순환이 시작되죠.
안타까운 이야기지만 성장할 때 학대를 받으면 해마가 작아지면서 PTSD에 걸리기 더 쉬워집니다. 학대를 받았다고 PTSD에 걸리는 것은 아니지만, PTSD에 걸린 사람들 중에는 학대 받은 경험이 있는 사람이 많습니다. 하지만 큰 사고로 무언가를 잃었어도 제대로 된 조치를 취한다면 좀 불편하더라도 그전처럼 생활할 수 있게 됩니다. 마음도 마찬가지로 제대로 된 방법만 찾는다면 반드시 나아질 수 있습니다.

●●● 30. 인생 돌아보기 실습 ●●●

자, 이제 마지막 실습을 함께 해볼까요? 이번에는 지난 인생을 돌아보는 표를 만들어보겠습니다. 다음에 맞춰 하나씩 채워보세요. 한 줄이 한 해입니다.

① 나이 : 맨 윗줄에 가장 오래된 기억의 나이를 적고 아래로 한 살씩 올려 적습니다. 만약 1페이지로 모자란다면 하단에 종이를 붙여도 좋습니다. 매년 한 줄씩 추가해보면 재미있는 결과물이 될 것입니다.

② 어떤 일이 있었나요? : 그해에 가장 인상 깊었던 일을 적어보세요. 기억나지 않는 해가 있다면 일단 넘어가고 기억나는 해부터 작성해보세요. 기억이 꼬리에 꼬리를 물고 계속 떠오를 것입니다.

③ 점수 : 본인이 그해의 점수를 매긴다면 몇 점일까요? 잘 기억하면서 적어보세요.

① 나이	② 어떤 일이 있었나요?	③ 점수

수고하셨습니다. 많은 시간이 걸렸지요?

다 했다면 한번 생각해보세요.

한 해의 점수는 무엇으로 결정되었나요? 본인이 생각하는 가치가 무엇이었나요? 만약 행복이었다면 언제 행복했나요? 그 행복을 결정하는 것은 무엇인가요? 표를 보면서 다시 한 번 본인에 대해 파악하고 느낀 바를 적어보세요.

에필로그
: 내면의 부정적인 것도 이제는 다룰 수 있습니다

자신을 배워 가는 것은 길고 긴 터널을 지나는 것과 비슷합니다. 처음 터널에 들어가기 전 세상은 밝지만 좁습니다. 목적지도 없죠. 하지만 목적이 생기면 터널을 지나야 합니다. 그리고 터널에 발을 디디는 순간부터는 점점 더 어두워지죠. 언제 끝날지도 모르는 어둠이 시작됩니다. 누군가는 왔던 길을 되돌아가기도 하죠. 그러다 터널이 끝날 때쯤에야 다시 밝아지기 시작하죠. 완전히 밝은 빛을 만나기 직전에는 눈이 부셔서 아무것도 안 보이는 순간이 찾아오기도 합니다. 그렇게 터널을 지나야 새로운 세상을 만나게 됩니다.

그런데 그 세상이 처음 터널을 지나기 전보다 더 좋은 모습만 있다는 보장은 없습니다. 하지만 그 긴 터널을 다 지나고 나서야 더 넓은 세상을 볼 수 있습니다. 그제야 삶의 지도가 넓어지는 것입니다. 진짜 세상이 시작되는 것이죠. 물론 또 새로운 터널을 지나야 하는 순간이 오겠지만요.

우리도 마찬가지입니다. 아이들은 자신의 좋은 면만 볼 수 있습니다. 처음에는 자신의 부정적인 면이나 잘못된 것을 스스로 알아채지 못합니다. 주변에서도 좋은 말만 해주는 경우가 많죠. 하지만 성장해 가면서 내면의 부정적인 마음과 악한 자신을 깨닫고 고뇌하는 시기를 지납니다. 괴로운 시기죠. 솔직한 타인들의 목소리에 상처받기도 하고, 스스로 깨닫는 과정에서 큰 좌절에 빠지기도 합니다.

하지만 어두운 터널에 적응해 조금씩 무언가가 보이는 것처럼 그런 것들을 인정하고 다스리는 법을 배워 갑니다. 이 과정에서 어떤 이는 자신의 부정적인 부분을 보지 못하거나 보지 않는 상태에 머물러버립니다. 누군가는 어느 순간 악한 부분을 깨닫고 자기혐오에 빠지죠. 자신을 치장하거나 외적인 면에 과하게 집중하는 사람들이나 자존감은 낮으면서 과도한 자신감에 타인을 무시하는 것도 이런 상황입니다. 자신의 부정적인 면을 인정하지 못하고 거짓된 자신을 꾸미는 데 집중하는 것이죠. 이들은 새로운 세상을 겁내는 사람들입니다. 터널에서 주저앉거나 돌아가버린 것이죠. 터널을 지나기 전의 세계와 이후의 세계를 알아야 지도가 넓어지듯, 자신의 부정적인 면을 직시해야만 진정으로 자신을 알게 됩니다. 자기 마음을 다스리려면 자신을 알아야하죠. 자신의 부끄럽고 부족한 면을 솔직하게 들여다보는 것도 연습이 필요합니다.

그런데 아무도 알려주지 않습니다. 학교나 사회에서도 가르쳐주지 않죠. 어쩌면 부모님도 연습하는 중일지 모릅니다. 성숙한 인간이 된다는 것은 정말 어려운 일이고 오랜 시간이 걸리는 일이니까요.

"산이 되려면 옥석도 잡석도 모여야 한다."는 옛말이 있습니다. 우리는 모두 크고 높은 산일 수 있습니다. 잡석이 있어야 하죠. 잡석을 전부 내다 버리면 언덕조차 되지 못합니다. 어른이 된다는 것, 성숙한 인간이 된다는 것은 내면의 잡석을 제거한다는 의미가 아닙니다. 내면의 부정적인 것들을 알지도 못하거나 외면하고 그냥 버리는 것만이 능사가 아니라는 것입니다. 내면의 감정과 목소리들을 직시하고 그것이 가지는 장점과 단점, 존재하는 이유 등을 찾아야 합니다. 그러다 보면 그런 것들을 다루는 법을 알게 되고, 한편으로는 도움이 되기도 한다는 것을 깨달을 수 있게 됩니다. 그 과정에서 진정으로 자신을 이해할 수 있습니다.

인생을 알을 깨고 나오는 것에 비유하곤 합니다. 그래서 한 번만 알을 깨고 나오면 모든 것을 깨우치고 삶의 주인이 될 것이라고 생각하죠. 하지만 살면서 배우고 느껴 보니 우리의 삶은 오히려 양파의 가장 안쪽에서 밖으로 나오는 것 같습니다. 매번 새로운 세계가 열리지만 계속 껍질이 존재하는 것이죠. 지속적으로 자신도 몰랐던 모습을 배우고 새로운 세상에 적응해 가는 것이 성숙해지는 과정일 겁니다. 그 길을 걸으며 항상 스스로 선택하는 이가 있다면, 그 사람은 마음의 주인이고 인생의 주인공이 될 수 있겠죠.

그래서 얼마나 많은 것을 스스로 선택할 수 있는지가 중요합니다. 선택할 수 있는 것인데 선택할 수 없다고 착각하기 쉬운 것들이 많습니다. 예를 들어 건강은 선택할 수 없는 것처럼 보이기도 하죠. 하지만 우리는 우리가 더 건강하도록 선택할 수 있습니다. 체온을 따뜻하게 유지하고, 규칙적으로 잠을 자고, 꾸준히 운동하고, 잘 씻고, 물을 많이 마시고, 건강할 만한 환경을 만들고, 좋은 음식을 잘 먹는 등, 우리가 더 건강하기 위해 선택할 수 있는 것은 너무 많습니다.

우리는 항상 더 많이 선택할 수 있습니다. 우리는 언제나 그럴 만한 잠재력과 더 큰 가치가 있습니다. 잠재력은 내면에서 나오죠. 그리고 감정을 통해 목소리를 냅니다. 감정을 이해하고 다룰 수 있게 된다면 자신의 잠재력을 깨닫게 됩니다.

여러분은 그 여정을 함께해 온 것입니다.

그럼 이제 마지막으로 여러분이 그런 잠재력을 더 키우기 위해 시도하길 바라는 것이 있습니다. 맨 마지막 페이지를 채워주세요.

마지막 페이지를 채우기 위해서는, 먼저 직접 썼던 글들을 다시 한번 읽어보고 그 느낌을 적어두길 바랍니다. 그리고 책에서 익힌 도구와 생각법을 자주 활용하는 것으로 미래에 무엇을 얻을지 떠올려보세요. 그 미래를 감각적으로 경험해보고 그 느낌을 적어보길 바랍니다.

이 책을 읽고 과제를 수행하면서 우리는 마음에 대해 배우고 익혔습니다. 자신의 내면과 나아가 사람에 대해 이해했죠. 그 여정을 함께해주어 감사합니다. 원하는 미래를 펼치는 데 반드시 도움이 되리라 믿습니다.

항상 응원하겠습니다. 이 진심이 전해졌길 바라며.

....

....

....

....

....

....

....

....

....

....

....

....

....

....

....

....

....

"진정으로 행복한 사람은 그 행복을 티 내려고 애쓰지 않는다."

- 임철웅 -